JN113261

憲法学のさらなる開拓

憲法理論研究会編

敬文堂

〈目次〉

第一部　憲法理論の開拓

第二部　情報・言論をめぐる今日の諸問題

第三部　教育・家庭・生存権をめぐる開拓

第四部　経済・労働・平和をめぐる今日的問題と歴史

第一部　憲法理論の開拓

憲法訴訟の現在と未来
――客観訴訟の位置付けを中心に――

渋谷秀樹
（立教大学名誉教授）

はじめに

憲法学の一領域として憲法訴訟論がある。筆者は、二〇〇〇年一〇月に慶應義塾大学で開催された日本公法学会において「司法の現状分析――公法学の影響――憲法訴訟――」というタイトルで総会報告(1)を行った。その後、二〇〇四年の法科大学院制度の創設により判例を中心とする授業が必要になった。それに伴い憲法規範の裁判における処理を理論化する憲法訴訟論は表面的には盛んになった。しかし、講学上盛んになった憲法訴訟論が裁判実務にどのような影響を与え、またどのようにその成果が取り入れられていったかについての検証はなされていない。

本稿では、最二小決平成二六年七月九日判時二二四一号二〇頁（以下「平成二六年決定」という）を裁判実務の現状を映す鏡ととらえて、憲法訴訟論の影響の一端の考察を試みる。(2)平成二六年決定が絞り込んだ争点は、選挙訴訟において選挙無効の理由として何を主張できるか、であった。憲法訴訟論の視角からみるとこの事案に伏在する争点はさらに存在している。争点を整理すると、第一に、そもそも司法とは何か、第二に、司法権と違憲審査権とはどのような関係にあるか、第三に、違憲審査権はどのように行使されるべきか、以上三点に及ぶ。平成二六年決定の判示は、このうち第三の争点についてのみであった。本稿では、これら三点について順次考察することにしたい。

一　司法の定義

(一) 司法概念の歴史性

国家が成立すると、政府の中に紛争解決機能(3)をもつ組織が必須となる。その機能をもつ組織を普通名詞として「裁判所」と呼ぶとしよう。近代国家が成立すると、政府の統治活動を立法作用・行政作用・司法作用に分割して異なる機関にそれぞれを配分すべしとする権力分立論がその共通の基本原理となる。紛争解決機能を担う組織として裁判所が再定義された後にあっても、その裁判所が具体的に担う領域は、それぞれの国の事情によってさまざまであった。例えば、大陸法系諸国では、民事事件と刑事事件を扱うのは司法部の系統に属する司法裁判所（通常裁判所）であり、行政事件を扱うのは行政部の系統に属する行政裁判所であった。これに対して、英米法系諸国では、民事・刑事・行政の各事件を司法部の系統に属する裁判所が担った。日本の司法部は、明治憲法六一条が示すように明治憲法の下では前者の系統に属する裁判所構成となった。ところが、日本がアジア太平洋戦争の敗戦を経験した後、現行憲法七六条が端的に示すように、後者の系統に属する裁判所構成に改変された。

ここで銘記すべきは、裁判所の機能が理論的・思弁的に構成されたものではなく、実践的・歴史的に構成されたという点である。つまり、紛争解決機関である裁判所の機能を示す「司法」という概念自体が、実践的・歴史的に構成されたもので、それはそのときどきの政治的・社会的・経済的状況に応じて変わりゆくものと考えなければならない。[4]

（二）最高裁の示した司法概念

さて、現行憲法下において最高裁の示した司法の概念はいかなるものであったか。まず引照すべきは、警察予備隊違憲訴訟・最大判昭和二七年一〇月八日民集六巻九号七八三頁（以下「警察予備隊最大判」という）である。その理由において、最高裁は「わが裁判所が現行の制度上与えられているのは司法権を行う権限であり、そして司法権が発動するためには具体的な争訟事件が提起されることを必要とする。我が裁判所は具体的な争訟事件が提起されないのに将来を予想して憲法及びその他の法律命令等の解釈に対し存在する疑義論争に関し抽象的な判断を下すごとき権限を行い得るものではない。……わが現行の制度の下においては、特定の者の具体的な法律関係につき紛争の存する場合においてのみ裁判所にその判断を求めることができる」とした。この判決は、司法の概念そのものに言及していないが、司法権発動の前提要件を「具体的な争訟事件」とか「特定の者の具体的な法律関係につき紛争の存する場合」とした。

その後、教育勅語合憲確認等請求事件・最判昭和二八年一一月一七日行集四巻一一号二七六〇頁（以下「教育勅語最判」という）では、「わが国の裁判所は、日本国憲法に特別の定のある場合を除いて一切の法律上の争訟を裁判する権限を有するものであるが（裁判所法三条）、その法律上の争訟とは、当事者間の具体的な権利義務ないし法律関係の存否に関する紛争であつて、且つそれが法律の適用によつて終局的に解決し得べきものであることを要する」とした。[5] この判決に示された「一切の法律上の争訟」という文言は、裁判所法三条一項にある文言と同一である。

（三）「具体的争訟事件」の再定義

警察予備隊最大判が司法権発動の前提要件とした「具体的争訟事件」と裁判所法三条一項にある「法律上の争訟」を同一ととらえ、法律が個別に定める客観訴訟は、同条同項にある「その他法律において特に定める権限」とするのがその後の学説・判例の一般的な理解となった。(6) 平成二六年決定も、「本件訴訟は、選挙人が民衆訴訟（行政事件訴訟法五条）である公職選挙法二〇四条の選挙無効訴訟として選挙人たる資格で提起したものであるところ、民衆訴訟は、裁判所法三条一項の『法律上の争訟』ではなく同項の『その他法律において特に定める権限』に含まれるものとして、『法律に定める場合において、法律に定める者に限り、提起することができる』ものとされている（行政事件訴訟法四二条）」とした。

ところで、筆者の関心は、警察予備隊最大判の判決理由にある「具体的な争訟事件」・「具体的な……紛争」と教育勅語最判の判決理由にある「法律上の争訟」（裁判所法三条一項）は同義か否かにある。これまで実際に提起された客観訴訟は、例えば、住民訴訟であれば特定の施設や行事に対する公金支出が、あるいは選挙訴訟であれば施行された選挙がまずあって、それらの行為が帯びる違憲の瑕疵、すなわち前者であれば政教分離原則違反、後者であれば投票価値の平等といったように、政府機関の具体的な行為について、その行為が帯びる瑕疵を争点とするものであった。それらは、警察予備隊違憲訴訟や教育勅語合憲確認等請求訴訟のような法律そのものや国会の議決のような抽象的な意思決定の合憲性を争う訴訟ではなく、政府機関の具体的な行為に憲法上の瑕疵があったか否かが争点となるという意味で具体的争訟事件であった。

従来の議論に欠けていたのは、「法律上の争訟」を理解する際の主観的法規範（権利）と客観的法規範（制度）の区別の視点ではなかったか。つまり、警察予備隊最大判にある「特定の者の具体的な法律関係」というとらえ方にしても、「教育勅語合憲確認等請求訴訟最判にある「当事者間の具体的な権利義務ないし法律関係の存否」というとらえ方にしても、そこでいう「法律関係」とは当然のごとく主観的法規範をめぐる関係を想定していたと思う。

ところが、憲法上の規範には政教分離原則のように客観的法規範も存在し、このような規範に反する具体的行為によって違憲状態が生じた場合にその状態を除去し正常な法的関係に戻すことも、ここでいわゆる「法律関係の存否」に関する紛争になるのではないか。ここでいう「具体的争訟事件」とは、かつて筆者が引照した紛争の定義そのもので、それによると「紛争とは、⑴具体的かつ特定的な行為主体の間における、⑵生活上の真剣な利害の対立に基づくあらそいであり、——⑶を意味の次元でとらえれば——要求とその拒絶という伝達を伴うあらそいである」と考えれば足りる。[7]

（四）主観的法規範侵害がない場合でも具体的争訟事件は存在する

伝統的な訴訟が想定したのは、主観的法規範によって保護された利益を侵害された者のみが出訴できるとする主観訴訟の原則であった。日本の行政訴訟の中核を構成する抗告訴訟の、さらにその基本的訴訟形態である取消訴訟の原告適格を定める行政事件訴訟法九条一項が「法律上の利益を有する者」のみに出訴を認めるのも、この原則の典型的な現われであり、また不法行為による損害賠償を定める基本条項たる民法七〇九条にいう「他人の権利又は法律上保護される利益を侵害した者」という文言も、日本の法体系が主観的法規範侵害の場合に裁判所による救済を認めるこの原則を当然の前提とするものであった。その結果、主観的法規範を侵害された、あるいは侵害されようとする者のみが裁判所に救済を求めることができるとされた。

しかし、憲法の定める規範に下位の法規範または具体的行為が違反した場合にそれらは無効となることを憲法九八条一項が明言し、さらにその実効性の保障すなわち憲法保障の最終的な担い手を憲法八一条が最高裁判所と規定した以上、主観的法規範が侵害された場合にのみ違憲の訴えを提起できるとするのは論理の一貫性を欠くことになる。ところが他方で、司法裁判所が扱うのは主観訴訟であるとする前述の原則との折り合いもつけなければならない。そこでこの「折り合い」、つまり憲法上の客観的法規範の保障と主観訴訟の要請をつなぐ道具立てを考えなければならない。

客観的法規範の保障の特殊性、つまり権利侵害の救済ではなく、違法行為の是正機能に鑑みると、客観的法規範に違反した行為を裁判所が是正するために訴権を法律によって特定の者に対して付与することがその道具として存在しうるのではないか。そして、この道具の一つとして、すでに実定法は客観訴訟としての民衆訴訟を用意したと解することができる。ここでは、まず訴権の立法化の事実が先行し、その創設の意味を理論上説明する方法を提示したことになる。

しかし、この説明には、前述の紛争の定義「(1)具体的かつ特定的な行為主体の間における」という要素をみたさなければならないという要請を付加しなければならない。具体的争訟事件が憲法上の司法行使の要件となるからである。それを意識しないまま、日本の実定法にある客観訴訟は、具体的紛争を前提としつつ、一定の者に対して訴権を付与してきた。例えば、地方自治法二四二条の二で定められた住民訴訟は、住民監査請求という手続を踏んだ住民に対して訴権を付与し、当該地方公共団体の行為の客観的法規範違反を争うことを認めたものと理解できる。すなわち、この訴訟は、具体的な金銭給付に係る作為不作為がまずあり、それに対する住民監査請求手続を踏んだ者に対して訴権を与えたものと解するのである。

現行裁判制度は、主観的法規範、すなわち権利ないしは法的利益が侵害された場合に、それが帰属する者に出訴の道を保障している。この主観的法規範は憲法上の権利のみならず、法律または条例で創出されあるいは慣習法上形成されてきた実体的権利であっても、その侵害は法律上の争訟の構成要素である権利義務関係の争訟となり、出訴の道が開かれる。換言すると、主観的法規範を創出できる立法機関（＝国会または地方議会）が、実体的権利を制定すれば、主観訴訟の要件の重要な要素はみたされる。

これに対して、主観的法規範が憲法上もなくまた制定法上も慣習法上もない場合においても、立法機関が訴権、すなわち出訴の要件を法律または条例によって定めたとすれば、その要件を満たした者に出訴の道が開かれることになる。その際、立法裁量が問題となるが、立法機関には、主観的法規範（実体的権利ないし法的利益）を創出することができるのと同様に、訴権をその裁量によって創出する権能が付与されている。もっとも、実際に裁判所が訴訟の本案審理をする際には、憲法上の司法権発動の要件たる具体的争訟性が存在しなければならない、という制約が被ることになり、この制約が存在することによって裁判所は、警察予備隊最大判のいう「具体的な争訟事件が提起されないのに、将来を予想して憲法及びその他の法律命令等の解釈に対し存在する疑義論争に関し抽象的な判断を下すごとき権限を行い得るものではない」として設定した限界内にとどまることができる。

（五）総　括

従来の判例・学説は、司法の中核たる具体的事件争訟性イコール「法律上の争訟」ととらえていたが、具体的事件争訟性は、「法律上の争訟」よりも広いものであって、法律上の争訟が含意する主観的法規範侵害ではない客観的法規範侵害も立法機関が訴権の法律による創出を通じて、紛争に具体性がある限り、当該法律の認めた要件を満たす者は出訴可能となり、現行の客観訴訟もそのような訴訟として設けられたと理論的に説明できるのではないか、というのが以上の論述の趣旨である。

なお、裁判を受ける権利を定めた憲法三二条の視角からみると、この条項は、一義的には主観的法規範に違反する状態が生じた場合に、その法規範によって保障された法的利益ないし権利を侵害された者に出訴の道を保障したものであるから、客観的法規範に違反する状態が生じた場合においても、実定法が訴権を付与した者に出訴の道を保障したものと解すべきことになろう。

二　司法権と違憲審査権の関係

(一) 憲法の想定する違憲審査

憲法はどのような類型の違憲審査を憲法上可能としているのか。従来の議論は、法令などの抽象的法規範の違憲審査を行う権能を併せもつか否かにあった。警察予備隊最大判は先に引用したように、「将来を予想して憲法及びその他の法律命令等の解釈に対し存在する疑義論争に関し抽象的な判断を下すごとき権限を行い得るものではない」とした。ここで注意すべきは、その前提として「具体的な争訟事件が提起されないのに」という条件が付されている点にある。仮に現行の法律が定める客観訴訟が具体的な争訟事件でないとすれば、この判旨に従えば、客観訴訟を定めた条項自体が違憲無効となるはずである。憲法上禁止されている訴訟形態を法律は創設できないからである。

憲法七六条に規定された司法権の行使の要件が裁判所法三条一項の「法律上の争訟」の裁定に限定されるとした場合、「法律によって特に定められた権限」の行使、つまり司法権行使が想定されている局面以外の局面で違憲審査権を行使していることになり、実定法が創出した客観訴訟は憲法の想定する違憲審査権の行使の範囲を越えたとみなされるはずである。しかし、このような訴訟を違憲とした判例は皆無であり、むしろ「法律上の争訟」ではない客観訴訟において違憲か否かの判断を実際数多く行ってきている。これは、それらの客観訴訟が「法律上の争訟」ではないが「具体的な争訟事件」であることを当然の前提としていると解することができよう。

以上のことからして、司法権の行使は、「法律上の争訟」の存在を中核としつつ、さらにそれよりも広くとらえられる「具体的争訟事件」を前提要件としていると解すれば矛盾なく説明できるのではないか。

（二）客観訴訟における違憲判断の先例

違憲判断を回避する消極主義が裁判所に蔓延するなか、裁判所が積極果敢に憲法判断を下した異例の領域は、客観訴訟の中の民衆訴訟と位置付けられる住民訴訟と選挙訴訟であった。住民訴訟としては周知のごとく憲法二一条の定める政教分離原則違反が争われた訴訟(8)が、選挙訴訟としては投票価値の平等違反が争われた訴訟(9)が、ここでは紙幅の制約があるので一々あげないが、それぞれ多数にのぼる。これらの訴訟では、客観訴訟において客観的憲法規範に違反するか否か(10)をなんの躊躇もなく判断してきた。

これに対して、平成二六年決定は、「公職選挙法二〇四条の選挙無効訴訟は、同法において選挙権を有するものとされている選挙人らによる候補者に対する投票の結果としての選挙の効力を選挙人又は候補者が上記のような無効原因の存在を主張して争う争訟方法であり、同法の規定において一定の者につき選挙権を制限していることの憲法適合性については、当該者が自己の選挙権の侵害を理由にその救済を求めて提起する訴訟においてこれを争うことの可否はおくとしても、同条の選挙無効訴訟において選挙人らが他者の選挙権の制限に係る当該規定の違憲を主張してこれを争うことは法律上予定されていない。そうすると、選挙人が同条の選挙無効訴訟において同法二〇五条一項所定の選挙無効の原因として本件各規定の違憲を主張し得るものとはいえないから、この点に関する論旨は採用することができず、所論はその前提を欠くものといわざるを得ない」とした。

この訴訟では、公職選挙法一一条一項二号の「禁錮以上の刑に処せられその執行を終わるまでの者」と三号の「禁錮以上の刑に処せられその執行を受けることがなくなるまでの者（刑の執行猶予中の者を除く。）」に選挙権と被選挙権を認めない規定が違憲であると主張された。このような者に投票を認めず実施された選挙には違憲の瑕疵があるというのである。これらの条項については、すでに違憲とする高裁判決[11]も出ており、かつ、ことは国民主権の原理に直接かかわる、選挙権という基本的な権利に関する問題提起であった。

選挙訴訟がすべて客観訴訟か、という点については、公職選挙法二〇八条を主観訴訟と見る説もある[12]が、客観訴訟とするのが行政事件訴訟法の前提となっているし、通説とみてよい[13]。選挙訴訟は、主観的法規範によって保障された権利を侵害されていない者に出訴を認めるもので、訴訟要件を満たす以上は主張制限を法律は設けておらず、その趣旨は、行政事件訴訟法四三条が同法一〇条一項を客観訴訟への準用から除外していることから明らかである。

抗告訴訟は行政訴訟における主観訴訟の典型的な訴訟類型である。そこでは、主観的法規範侵害を出訴の要件（行訴法九条一項）とし、本案における主張の段階でもその当事者に関連する主観的法規範または客観的法規範の侵害の主張を求めている（行訴法一〇条一項）。その立法政策の当否はともかく、論理の一貫性はある。主観的法規範侵害を出訴の要件としない客観訴訟について、あえて一〇条一項を準用条項から外したのは客観的法規範侵害のみならず第三者の主観的法規範侵害をも認めたと反対解釈するのが筋であろう。それは、客観訴訟が客観的法規範侵害の主張を認めた以上、より要保護性の強い主観的法規範侵害の主張をそれが仮に訴外第三者を保護するものであろうとも、認めないのは違憲性を含む違法性一般の是正制度として創出された客観訴訟の制度趣旨に反する。

三　違憲審査権の行使のあり方

(一) ブランダイス・ルール第四準則と第七準則の意味

平成二七年決定において気になるのは、補足意見として付された千葉勝美裁判官の補足意見である。そこにはこの事案で違憲の主張を取り上げなかったことを正当化するために、ブランダイス第四準則[14]と第七準則[15]の日本語訳を筆者のかつての論稿[16]を引用して紹介したのち、この準則の趣旨として、「司法の本質を見すえ、必要な場合を超えてまで憲法判断を展開することには慎重であるべきものとする考え方であり、このブランダイス・ルールの法理は、その後米国連邦最高裁の判例法理となっている」とし、「裁判所が、事件の結論を導くのに必要かつ十分な法律判断に加えて、当事者の主張に対する念のための応答として憲法判断を付加的に判示することは、このブランダイス・ルールの法理に抵触するおそれがある。もっとも、その憲法判断が当審の確定した先例として既に存在し、あるいは異論のない明白な判断であるといえる場合には、そのような処理もあり得るところであろう。しかし、受刑者の選挙権の問題に関しては、諸外国の法制度が区々に分かれ、特に英国など欧州において様々な議論が行われており、近年、諸外国における制度の見直しを含む法制上の対応や議論の動向は極めて流動的な状況にある。このことを踏まえると、本件制限規定の合憲性に係る判断を付加することは、上記の場合に当たるとはいえず、ブランダイス・ルールないしその精神に照らして疑問のあるところといわなければならない」とするのである。

アメリカ合衆国最高裁のこれらの準則に言及した判決[17]では、そもそもその訴えを裁判所がとりあげることができるか否かの段階、すなわち合衆国憲法三条二節一項が規定する「事件（case）」または「争訟（controversy）」の要件（＝「事件争訟性の要件」）の充足に関するものと本案審理の段階における「争点の取捨」の際の憲法判断回避など種々のものが憲法上の厳格な準則と自制の準則との区別もなく混在して示されている。千葉補足意見で言及された第四準則は本案段階のもの、そして第七準則は「法の解釈」の局面のもので、後者には、「法律の違憲判断の回避」（純粋の合憲解釈）と「法律の合憲性に対する疑いの回避」の二種類が含まれているとされる(18)。

（二）ブランダイス・ルールの受容の際の留意事項

ここで考えるべきは、ブランダイス・ルールを今の日本の裁判にどのように使うことができるかにある。まずはこのルールが示された時期のアメリカ合衆国の状況を認識すべきである。

第一に、このルールは明文で違憲審査権を規定しない合衆国憲法の下で判示されてきた憲法判断をめぐる諸判決をアット・ランダムに整理したものに過ぎない。第二に、千葉補足意見の言及する第四準則・第七準則は、厳格な意味でのルールではなく、明文の根拠規定のない違憲審査権行使によって生じる政治部門との軋轢を回避するための自制の教訓として示されたものに過ぎない。第三に、このルールの示された時期においては、日本と同じく主観訴訟に司法の範囲を限定する合衆国においても主観訴訟の客観化の傾向は顕著ではなかった。しかし、その後、社会の裁判所の機能に対する期待に応えるため、訴権の法律による創出（環境訴訟など）や判例の展開など(19)によって訴訟の客観化が進む傾向にあることに留意すべきである。

結局のところ、第四準則・第七準則には、不用意に憲法判断、ましてや違憲判断をすべきではないという趣旨は含まれているが、この事案と直接的な関係はないとみるべきである。

むすびにかえて

日本における客観訴訟の実践の蓄積は、違憲判断消極主義にみちた日本の憲法判例の歴史の中で、選挙訴訟など果敢に違憲判断へと取り組んできた領域に属するとみてよい。ところが、平成二六年決定は、ブランダイス・ルールについての独自の理解を通じて、この機能を後退させるようにみえるのが残念である。現行憲法が制定されて七〇年以上を経過した現在、裁判所は、裁判例の蓄積によって客観訴訟の憲法保障機能の実質化を図っていたことをもっと認識すべきではないか。

翻って、憲法学説は、憲法保障の実質化をめざすのであれば、憲法の基本概念の一つである司法の概念の再検討に正面から取り組むべきではないか。また、憲法訴訟論の役割は、客観訴訟がこれまで日本の憲法判例の展開に大きな役割を果たしてきたことを評価し、その機能のさらなる充実のための理論を構築することにある。外国の憲法裁判の紹介にあたっても日本における憲法訴訟をより豊かにするための示唆をもっと意識すべきではないか。

（1）渋谷秀樹「司法の現状分析――公法学の影響――憲法訴訟――」公法研究六三号五七頁（二〇〇一年）。
（2）以下の叙述は、渋谷秀樹「司法権と違憲審査権――客観訴訟の審査対象」判例時報二三七五・二三七六合併号三頁（二〇一八年）特集「統治構造において司法権が果たすべき役割（第三回）」と一部重なる部分がある。
（3）この中には、犯罪人の処罰によって社会の一般予防・特別予防をする機能も含まれる。
（4）司法概念の歴史性については、渋谷秀樹「司法の概念についての覚書き」立教法務研究三号三三頁（二〇一〇年）、渋谷秀樹『憲法』六三三頁以下（第三版、二〇一七年）参照。

(5) 板まんだら事件・最判昭和五六年四月七日民集三五巻三号四四三頁も「裁判所がその固有の権限に基づいて審判することのできる対象は、裁判所法三条にいう『法律上の争訟』、すなわち当事者間の具体的な権利義務ないし法律関係の存否に関する紛争であつて、かつ、それが法令の適用により終局的に解決することができるものに限られる」とする。

(6) 学説における代表的定義は、「具体的な争訟について、法を適用し、宣言することによって、これを裁定する国家の作用」であり（清宮四郎『憲法Ⅰ』三三五頁（第三版、一九七九年）、これを前提とするものと解されている。芦部信喜『憲法』三四九頁以下（高橋和之補訂、第七版、二〇一九年）も同旨と解される。

(7) 渋谷・前掲書注（4）六三七頁参照。引用は、六本佳平「紛争とその解決」岩波講座『基本法学8紛争』三頁、六頁（一九八三年）である。

(8) 津地鎮祭訴訟・最大判昭和五二年七月一三日民集三一巻四号五三三頁等。

(9) 衆議院議員投票価値不平等訴訟・最大判昭和五一年四月一四日民集三〇巻三号二二三頁等。

(10) 政教分離原則を判例は制度的保障と呼ぶがこれは客観的法規範ととらえるのが正確である。これに対して、平等は個人の平等処遇を求める主観的法規範すなわち平等権の側面もあるが、選挙訴訟では選挙民全体の平等処遇を求める客観的法規範すなわち平等原則の側面が選挙訴訟では争われたと解すべきである。

(11) 大阪高判平成二五年九月二七日判例集未登載。

(12) 塩野宏『行政法Ⅱ　行政救済法』二八六～二八七頁（第六版、二〇一九年）は「主観的訴訟」とする。

(13) 美濃部達吉『行政裁判法』一四〇～一四二頁（一九二七年）、雄川一郎『行政争訟法』五一頁、五四頁、一一四～一一五頁（再版、一九六六年）等。

(14) 第四準則は、「最高裁は、事件が処理可能な他の根拠が提出されているならば、訴訟記録によって憲法問題が適正に提出されていても、それの判断を下さないであろう。この準則は、多種多様な形で適用されてきている。例えば、もし、事件が、憲法問題を含む根拠と法律の解釈または一般法の問題の根拠とのいずれによっても裁判されうるならば、最高裁は、後者のみによって裁判するであろう。〔引用判決略〕連邦憲法に関する問題について州の最上級裁判所によって下された判断を争う上訴は、判決が、州の別の根拠に基づいて維持されうるという理由で、しばしば斥けられている。〔引用判決略〕」とするもの。

(15) 第七準則は、「連邦議会の制定法の有効性が問題とされたときは、合憲性について重大な疑念が提起されている場合でも、当最高裁は、その問題が回避できる当該法律の解釈が十分に可能か否かをまず確認することが基本的な原則である〔引用判決略〕」とするもの。

(16) 渋谷秀樹「憲法判断の条件」樋口陽一編『講座憲法学　六巻　権力の分立（二）』一三一頁（一九九五年）。なお、このルールについては、さらに渋谷秀樹『憲法訴訟要件論』二五五頁以下（一九九五年）、渋谷秀樹「主張適格——憲法上の争点を提起する当事者適格」山本龍彦＝大林啓吾編『違憲審査基準——アメリカ憲法判例の現在』二五三頁、二五四頁以下（二〇一八年）を参照。

(17) Ashwander v. Tennessee Valley Authority, 297 U.S. 288, at 346-348. (1936).

(18) 芦部信喜『憲法訴訟の理論』三〇〇頁以下（一九七三年）参照。

(19) *See e.g.* Flast v. Cohen, 392 U.S.83 (1968). 雄川一郎「行政訴訟の客観化の傾向と原告適格法」『法協百年論集一巻』六三三頁（一九八三年）は、「一九六〇年代以降のアメリカ行政訴訟における原告適格（standing）法の特色は、そのいわゆる自由化」にあり、「自由化を推進してきたのは、……公益訴訟ないし公法訴訟——……訴訟の客観化——的な思考が判例に反映してきた」とする（六四九頁）。

法の表示理論はいかにして憲法理論でありうるか？

瑞慶山　広　大
（九州産業大学）

序

本稿は法の表示理論と呼ばれる学説が憲法理論として受容可能なものとなるための理論構成を提案すると共に、それが乗り越えるべき課題を列挙する。先ず、法の表示理論の中でも範型とされるアンダーソンとピルディス（以下、「A&P」と言う）の主張を概観した（↓一）後、スミスの批判に依拠してその問題点を確認する（↓二）。次に、こうした問題点を解消し、法の表示理論を最も魅力的にする理論構成として、私が「帰結主義的構成」と呼ぶものを提案する（↓三）。引き続いて、法の表示理論を憲法理論として受け止めるために、その最善と思われる理論構成によっても尚残る課題を示す（↓四）。最後に、法の表示理論が関連する個別論点に一点触れて、本稿の結びに代える。（↓五）。

本論の開始前に、数点の用語説明が必要であろう。「法の表示理論 expressive theories of law」とは、法規範が通常有する法効果とは別に、法が社会に対して発するメッセージもまた、法の作用やその統制にとって重要な要素であると主張する理論であり、主に米国憲法学において一部の論者が一九九〇年代から二〇〇〇年代前半にかけて積極的に論じたものである。「法の」となっているものの、その中身には単なる法文に加え、政府による法適用行為や裁判所の判断のように、広く国家行為一般が含まれる。「憲法理論」とは、①或る法を道徳的正当性や政治的適切性といった観点からではなく、飽くまで合憲／違憲のコードで評価するもので、②その評価に際して法学が利用可能な基準を提供するものとする。

一　A＆Pによる法の表示理論の概要

ここでは、法の表示理論（以下、単に「表示理論」とも言う）の範型を示したとされる、哲学者エリザベス・アンダーソンと憲法学者リチャード・ピルディスのそれを概観する。A＆Pは行為一般を対象とする道徳理論として行為の表示を取り上げ、それを国家に当て嵌めることで憲法理論としての「法の」表示理論を展開した(1)。

A＆Pは「他者に対して適切な態度（attitude）を表明するように行為しなければならない」との道徳的主張を行う。態度の表明が問題になるのは、態度が行為理由を提供するからである(2)。この主張は次のように再構成して理解しよう。或る態度を外部に示すような行為をなせば、他者にとってもそのような態度に基づいて行為をなす理由になる。そのため、道徳的に不当な態度を示すような行為をなすことは、そうした不当な態度に基づく行為の蔓延を招く。従って、実際に行為されたこと自体とは別に、そこに付随している態度の表明自体が道徳的評価の対象になるのである。こうした行為に付随する態度の表明のことを彼らは「表示」と呼ぶ(3)。表示は行為者が実際に有していた態度とは異なる意味を表明することがある。悲哀の歌を唄うミュージシャンは歌唱行為によって悲しみを表明しているが、だからと言ってそのミュージシャンが実際に悲哀を感じている必要はない。

こうした道徳理論における表示が、国家行為に拡張された結果生まれたのが法の表示理論である。法の制定・適用を典型に国家行為が表明する態度＝表示には、憲法上の価値に反するものがありえ、それを表明することは表示的害悪を発生させる。それ故、そのような国家行為は表示という要素に基づいて違憲とされるのである(4)。

その後、A＆Pは表示を認識するための源泉として「行為の公的意味 the public meaning of action」なる概念を登場させる。これは社会的に構築されたものであり、共同体の他の実践や歴史、共有された意味の観点からそれを有意義にするような解釈の産物である。そのため、行為の表示は行為者の主観的な意思ではありえず、その行為の受け手の認識とも異なり、更には社会において共有された理解でもないと言う(5)。行為の表示は誰にも知られずしてその意味を有するのである。A＆Pが行為の表示に厳格な客観性を求めていることがここから判明する。

二　A＆Pに対する批判

A＆Pの表示理論に向けられた種々の批判の内、スティーブン・スミスによるものを紹介する。彼は「法の表示」なる概念が首尾一貫したものとして理解できず、なぜ憲法理論の中にその概念を導入する必要があるのかも説明されていないと論難する(6)。

先ず、A＆Pは個人の精神状態（態度を含む）が外的行為に付随して表明される態様を「表示」と呼ぶけれども、個人においてならともかく、それが国家を含む団体にも適用できるかは疑わしいとする。団体が共同して意思を持つ（例えば立法者意思）という主張でさえ理論的には説明が難しいところ、彼らはこれを法の服従者や社会一般のそれにまで拡張しており、さらなる困難を抱え込んでいる。

次に、しかし、彼らは議論の途中で突如として表示の意味を規約（convention）――「このような行為があればこのような表示的意味があるものとして取扱う」という一種のルール――から導こうとし始める。表示を行為の公的意味とした部分から明らかなように、それは特定人・集団の精神状態に依存しない客観的意味であるという主張に移行しているのである。確かにこうすることにより、団体が精神状態を有するかという難問を回避することができる。けれども、ではなぜA＆Pは当初、個人や団体の実際の精神状態の表明という定義をしたのであろうか。それと行為の公的意味とはどのような繋がりを有するのか。これらについて彼らは然したる説明を提示していない。

客観的な行為の公的意味という概念も疑わしい。A＆Pはその概念を精緻化するに至っていないけれども、次のような可能性が考えられる。第一に、それを非コミュニケーション的な意味と考えることができる。だが、言論を用いないコミュニケーションがあるとしても、そこにはその活動に参加する主体がいるはずであり、その主体が団体である場合には結局、団体が精神状態を有することができるかという当初の難問に戻らざるをえない。第二に、それを規約上の意味と捉えることができそうである。しかし、規約上の意味なるものは、行為実践に参加している主体が各々で「これが規約上の意味である」と考えているものに過ぎず、ここでも結局具体的な主体を排除することができない。それに、規約上の意味なるものが参照されるのは通常、逸脱事例を批判するときであり（〇〇を意味したいときには普通そんな風に行動しない）、表示の意味は規約から導出されると言ってもその規約が何であるかは殆ど判明しない。第三に、合理的観察者のような仮想された存在が認識する理想的な意味を念頭に置いていると考えることもできよう。ところが、そのような仮想的人間を置く場合でも、その仮想上の人間がどのような思考をするかを設定する際に主体性という要素を組み込まざるをえないのであり、さらに、そうした仮想上の人間の認識を利用する実際の人間の主観性が入り込むことを否定できないから、個別の主体を離れた客観的意味の探究はここでも失敗している。詰まるところ、A＆Pは表示の正体について、社会において行為に付随する「客観的意味。」以上のことを何ら論証していないのである。

このようにA＆Pの表示理論に首尾一貫性が欠如しているならば、憲法理論において「法の表示」という要素が必要とされる理由も見出し難い。彼らは「国家は人々に対して適切な態度を持って行動せよ」と主張しているのだろうか？　だとすれば、この主張自体は説得的だが、表示という概念が出る幕はない。（理論上の困難は置くとして）国家が適切な態度を有していたかどうか、或る国家行為をなす理由は何であったか、を探求すれば済む話である。他方で、それら概念とは別に「法の表示」が単独で違憲性を導く道徳的性質を有していると主張しているのだろうか？　ならば法の表示理論は独自の主張となるけれども、彼らの首尾一貫しない説明では当該理論は説得力を獲得できない。行為の公的意味のような具体的な人や集団に還元されず、認識される必要もない意味が、なぜ憲法上問題とされるのかは不明なままである。

要するに、A＆Pは論証過程で「主客の混在 subject-object shuffle」を行なっている。表示概念を主観性と客観性との間で振幅させることで批判に適切に応答することができず、「他の表示主義法学が自覚的に意図してきたものを明らかに超える」議論をしているのである。(7)

三　帰結主義的構成の擁護

スミスの批判の大部分を回避することのできる法の表示理論の理論構成として、ここでは帰結主義的構成と私が呼ぶものを提案する。法の表示が憲法理論として重要な要素になるのは、それによって社会における個人が実際に不利益を被るという帰結を生じさせる（またはその可能性が高い）からである。この理論構成の背後には社会規範による統治と言うべき問題意識が存在した(8)。

社会規範による統治とは、人々の行動が社会規範(9)を通じて規制されており、国家が、その社会規範の生成・維持・改変に大きな影響を与えることを通じて、人々の行動を間接的にコントロールするという事象を指している。こうした一見法とは無関係の社会規範とそれに基づく人々の行動のコントロールに、実は法や国家が関わっていると指摘したのが、ローレンス・レッシグやキャス・サンスティンといった論者である(10)。たとえ禁止や義務付けといった強制的な手段を用いずとも、国家は社会規範を操作することで人々の行動を規制することが可能である。そして、こうした規制手法を従来の法強制による規制と併用することでより効率的・効果的な国家統治が実現可能になる一方、そうした新たな規制手法に対する法的統制論の構築の必要があることを彼らは指摘した。そして、サンスティンは法が強制手段を用いているかどうかとは独立に、法が発するメッセージが人々の行動に影響を与え、以て社会規範にも影響を与えることがあると論じた。このメッセージこそ、法の表示である(11)。つまり、法が発するメッセージは人々の行動を変容させる力を内包させているが故に私人に対して規制効果を発揮することがあり、この規制効果を憲法適合性評価の対象に組み入れるべきことが企図されていたのである(12)。

法の表示理論は、このような問題意識と結び付けて、帰結主義的構成を採ることで最も魅力的になる。即ち、法の表示により、実際に人々の行動が変化し(13)、それによって何らかの害悪を受ける者が発生したことを理由に、当該法の表示を問題視するのである。ここで「表示」なる要素が他の概念と代替できない役割を果たすことに注意しよう。表示理論が「表示」なる要素に拘るのは、それにより引き起こされた現実社会における害悪を国家に帰責する説明を行うためである。そのような帰責が成功するからこそ、表示を伴う法や国家行為の憲法適合性を問うことができる。社会における実際の人々の行動や社会規範の変化に伴う帰結を問題視するのだから、表示の理解は徹頭徹尾「受け手」のそれに依存する。因って、国家が実際に有していた意図や態度はここでは無関係である。同時に、A&Pが言うような、表示を誰の理解にも依存しない行為の公的意味とする見解も退けられる。帰結への影響力を持つには、表示はその受け手によって認識されている必要があるからである。法の表示理論にとって関連性のある表示とは、「法や国家はこう考えているのだ」と受け手が理解するメッセージである。

四　憲法理論としての課題

社会規範による統治論に結び付けられた法の帰結主義的表示理論は多くの批判を回避できる一方、依然として乗り越えるべき課題も存在するし、帰結主義的構成を採るがために新たに抱え込んだ問題点もある。それらを列挙し、その解決の方向性に言及する。

第一に、法の表示が人々の実際の行動に影響を与え、社会規範を改変する力を持つとする社会規範による統治論自体の成否が問題とされよう。帰結主義的構成を採る以上、法の表示が現実社会において何らかの害悪を発生させたことを証する必要があるわけだが、これは現行の憲法学の道具立てではかなり困難である。特定の法の表示があったとしても、人々の行動や社会規範に影響を与えないこともあるだろうし、後者の変動があったとしても、それが前者に依るものなのか否かを分析するハードルは高い[14]。そこで、帰結主義的構成によっても、或る法の表示が実社会において憲法上の害悪とされる帰結を発生させる可能性が高い、という程度にまで主張を軟化させることが考えられる。（特に司法を念頭に置い[15]た）法制度的限界を理由に、法の表示を特定の害悪的帰結発生を捕捉する「良き媒介項 good proxy」

として利用するのであり、こうすれば法学が利用可能な基準に基づく憲法適合性審査が比較的容易になる。だが、このようにしても、あらゆる事項について法の表示が帰結に影響を与える性質を有するとすることはできず、一種の類型化処理を施して、法の表示が良き媒介項として機能する事柄とそうでないものに分ける必要がある。どのような法分野或いは状況下で法の表示が帰結に強い影響力を持つかは、依然として他の社会科学の力を借りて探求すべき論点である。(16)

第二に、帰結主義的構成においては、法の「受け手」による表示の認識が問題になるが、そうした認識をどのように調査すればよいかが問題になる。特定の受け手に注目する解決策は役に立たない。或る法の表示の意味について、社会構成員全員の見解が一致することなど期待できないからである。そこで、法がどのような表示を発しているかを読み取る「社会の認識」(17)が必要になるわけだが、問題は全く解決しない。社会による法の表示認識とは、誰の、或いは何の認識なのだろうか？　この論点について、法の表示理論の「品質保証」(18)をしているとされる、米国の国教禁止樹立条項に関連して主張されたエンドースメント・テストに登場する客観的・合理的観察者の概念を深化させる方向での研究が見られる。例えば、ハーバマス等に依拠して絶えざる対話によって表示の意味を確定していこうとするデボラ・ヘルマンがそうである。他にも、米国商標法の審査で用いられる商標の類似性判定のための消費者調査方法を応用して、社会による法の表示の認識を実証的に調査する手法を司法に導入することを提案するシャリ・サイードマン・ダイアモンドら、表示理論自体は社会内少数者の抑圧に途を開くと批判しつつ、その問題設定には見るべきものがあるとして、合理的少数者の視点から国家の不当な動機を捉えようとするマイケル・ドーフ、裁判上の実体的・手続的制約を課すことで裁判官の表示の認定過程の合理性・客観性を担保しようとするジェシー・ヒル等がいる。(19)このように、法的言説の場において法の表示の社会認識を把握する方法を更に精緻化していく必要があろう。

第三に、法の表示理論が機能する具体的事例として米国の論者が提出するのは、少数派に対する差別取扱いが問題になる平等保護条項や、国家が特定の宗教に対して助長または排除のメッセージを送っているかを判定する（エンドースメント・テスト）国教禁止樹立条項である。これらは（異論はあるものの）日本において客観法的統制がなされる分野である。表現の自由のような主観的権利とは異なり、こうした分野においては特定人に対する憲法的害悪を考慮せずとも、国家が社会一般に向けてなした行為を直接に取り上げることが比較的容易であり、それ故に法の表示という突飛に思える主張が可能となる一定の土壌が日本にもあると思われる。しかし、憲法理論としての法の表示理論はあらゆる国家行為に向けられているため、例えば法の表示によって特定の表現活動や経済活動が行いづらくなったことも憲法適合性判断の対象としうる。少々無理矢理に日本の憲法学の用語で説明すれば、憲法上の権利に対する事実上の制約を法の表示という概念を利用して認めることができるかという論点になろう。このような憲法適合性審査の基本構造に法の表示なる要素を組み込むことができるかどうかも、この理論にとって乗り越えるべき課題となる(20)。

五　法の表示理論の展望——結びに代えて

法の表示という概念やその背景となる社会規範による統治論は、日本の先行研究においても触れられることはあった(21)が、その憲法理論としての可能性を包括的に論究するものは未だ存在しない。実際の事例解決においてこの理論がどのように役に立つのかを見通しづらいというのがその理由の一つであろう。最後に、法の表示理論が現下の憲法学の課題にどのような影響を与えるかを例示する。

一例として、非強制的手段を用いることの多い日本のヘイトスピーチ対策立法に一定の理論的貢献をなすことが考えられる。(22) 表示理論は、非強制的な手段のみを用いる法であっても、法の表示が社会に与える影響を測定するため、非強制的な施策であってもヘイトスピーチを抑止する有効な対策であることを論証するかもしれない。他方で、法の表示を憲法上の統制対象とするのも表示理論の特徴である。仮にヘイトスピーチ対策立法が規制対象としている表現活動が憲法上保護されるべきものであるなら、非強制的手段をとっていたとしても、その表現活動の抑止を狙う立法は法の表示の観点からして違憲の評価を受ける。強制がないからという理由で憲法適合性の評価を免れることができなくなるのである。こうした意味で、法の表示理論は上記のようなヘイトスピーチ対策立法に棹も水も差すだろう。

法の表示理論は由緒正しき法律家（authentic jurists）にとって極めて特異な主張に感ぜられるだろう。しかし、それが憲法上の問題として拾い上げようとしていた問い、即ち強制の伴わない法・国家行為による統治や規制手段の多様化にどのように憲法学の考察の光を当て、その統制を企てることができるかという設問は、憲法理論が解答義務を負う正当なものである。法の表示理論はその解答のために幾つかのヒントを与えてくれるように思われる。

〔附記〕本研究はＪＳＰＳ科研費（18J13718）、及び（公財）末延財団オンライン・データベース提供事業の支援を受けた。

（1） 詳細な紹介は、①瑞慶山広大「「法の表示理論」の憲法論的意義と論点――アドラーとアンダーソン＝ピルディスとの応酬を手掛かりに」法学政治学論究一一六号（二〇一八）一〇三頁以下、②同「憲法論における「法の表示」の意義と課題」比較憲法学研究三二号（二〇二〇刊行予定）第二節、を見よ。

（2）Elizabeth S. Anderson & Richard H. Pildes, *Expressive Theories of Law: A General Restatement*, 148 U. PA. L. REV. 1503, 1508–14 (2000). ここでの彼らの主張は不明瞭で、そのまま受けとめることは困難である。再構成前の主張につき、瑞慶山・同前②脚注20と、それに対応する本文、を参照。

（3）精確な定義は「行為や言明（またはその他の表明手段）が或る精神状態を表明する仕方」。精神状態には信念や観念、理論、感情、態度、欲求、意図などが含まれうる。*Id.* at 1506.

（4）*Id.* at 1513.

（5）*Id.* at 1522–25.

（6）A&Pの主張に対する批判のより詳細な検討は、瑞慶山・前掲注（1）②第三節、を見よ。

（7）以上は、Steven D. Smith, *Expressivist Jurisprudence and the Depletion of Meaning*, 60 MD. L. REV. 506, 549–74 (2001) を纏めたものである。最後の鍵括弧内引用は、at 509 n.9.

（8）帰結主義的構成のもう少々詳しい検討は、瑞慶山・前掲注（1）②第四節、を見よ。

（9）社会規範には多様な定義がありうるが、ここでは「個人の行動を統制し、社会的サンクションを通じて国家機関以外の第三者により分散的に強制されるルール」と理解しておこう。Robert C. Ellickson, *The Evolution of Social Norms: A Perspective from the Legal Academy*, in SOCIAL NORMS 35 (Michael Hechter & Karl-Dieter Opp eds., 2001).

（10）*See* Lawrence Lessig, *The Regulation of Social Meaning*, 62 U. CHI. L. REV. 943 (1995); Cass R. Sunstein, *Social Norms and Social Roles*, 96 COLUM. L. REV. 903 (1996). 彼らの議論について参照、瑞慶山広大「統治技法としての社会規範――「間接規制」の憲法的統制のための視座構築」慶應義塾大学大学院法学研究科論文集五七号（二〇一七）九一頁以下。

（11）*See* CASS R. Sunstein, *On the Expressive Function of Law*, 144 U. PA. L. REV. 2021 (1996). サンスティンは「法の表示的機能」と呼ぶが、同じ意味である。この論文は縮約版の形で彼の最新論文集に所収されている。CASS

R. SUNSTEIN, HOW CHANGE HAPPENS, Chap. 3（2019）. サンスティンは法の表示が法的に関連性を持つ理由として、社会規範の改変力の他に、共同体の自己理解の表明も挙げている。Cass R. Sunstein, *Incommensurability and Valuation in Law*, 92 MICH. L. REV. 779, 820–24（1994）. だが、帰結主義的構成を擁護するならば、後者は前者に吸収して理解すべきだろう。

（12）A&Pはこの社会規範による統治論に直接与していない。だが、共著者の一人であるピルディスはサンスティンと著した別の共著論文において、行政政策形成における法の表示の重要性を強調していた。*See* Richard H. Pildes & Cass R. Sunstein, *Reinventing the Regulatory State*, 62 U. CHI. L. REV. 1（1995）. ここから、ピルディスらが社会規範による統治論を意識していたと考えても強ち不当ではないだろう。

（13）スミスもこうした帰結主義的構成に対して一定の理解を示す。Smith, *supra* note 7, at 517–18. また、レッシグやサンスティンが構想していた法の表示理論はこの帰結主義的構成であったとも指摘されている。*Id.* at 521–22.

（14）*See* Robert E. Scott, *The Limits of Behavioral Theories of Law and Social Norms*, 86 VA. L. REV. 1603（2000）; Smith, *supra* note 7, at 546; エリク・ポズナー（太田勝造監訳）『法と社会規範――制度と文化の経済分析』（木鐸社、二〇〇二）一八九―一九〇頁。

（15）Andrew Koppelman, *On the Moral Foundations of Legal Expressivism*, 60 MD. L. REV. 777, 779（2001）.

（16）関連する近時の邦語文献として例えば、飯田高「人々の「信念」と法――The Republic of Beliefs とその周辺」東京大学法科大学院ロー・レビュー一三号（二〇一八）二八頁以下、高木彩『社会規範はどのように迷惑行為に影響を及ぼすのか――記述的規範と命令的規範の相違と注目からのアプローチ』（ナカニシヤ出版、二〇一九）、太田勝造「社会規範のインフォーマルな制裁の効果についての人々の評価」柏木昇ほか編『日本とブラジルからみた比較法――二宮正人先生古稀記念』（信山社、二〇一九）二〇七頁以下。

（17）法実践において社会認識やそれを代表する仮想的人格は随所に登場する。日本の憲法判例に限っても、国家と宗教とのかかわり合いを評価する「一般人」や「社会通念」、わいせつ判断の指標となる正常な性的羞恥心を有する「普通人」、犯罪構成要件の明確性判定の主体となる「通常の判断能力を有する一般人」等、様々な場所で顔を出すのである。それらの曖昧性の故にこうした概念が憲法適合性判断の指標となることに否定的な論者が少なくないことは確かだが、例えば最後者の犯罪構成要件明確性の判断のように、そうした概念を一切排除することが困難な事項が存在し、その意味で法学は「社会の認識」という抽象とのお付き合いに別れを告げることはできないように思われる。尚、日本判例におけるこうした一般人等の概念のインテグリティ欠如を指摘するものとして、山本龍彦「「読む」人、「読まぬ」人――「一般人基準」雑考」中林暁生＝同『憲法判例のコンテクスト』（日本評論社、二〇一九）五六頁以下。

(18) Anderson & Pildes, *supra* note 2, at 1546.

(19) Deborah Hellman, *The Expressive Dimension of Equal Protection*, 85 MINN. L. REV. 1 (2000); Shari Seidman Diamond & Andrew Koppelman, *Measured Endorsement*, 60 MD. L. REV. 713 (2001); Michael C. Dorf, *Same-Sex Marriage, Second-Class Citizenship, and Law's Social Meanings*, 97 VA. L. REV. 1267 (2011); B. Jessie Hill, *Anatomy of the Reasonable Observer*, 79 BROOK. L. REV. 1407 (2014).

(20) 日本においても、法の表示と憲法上の権利・原則とが衝突する可能性を念頭に置く学術成果は存在する。例えば、平等原則の文脈においてだが、法の表示という概念に新たな憲法ドグマーティク構築の潜在力を見出すものとして、石川健治「ドクマーティクと反ドクマーティクのあいだ」同ほか編『憲法訴訟の十字路――実務と学知のあいだ』（弘文堂、二〇一九）三三一頁。石川はケネス・カーストが言う「法の表示 law's expression」を紹介する際に文献を参照していないものの、念頭に置くのは次の文献だろう。KENNETH L. KARST, LAW'S PROMISE, LAW'S EXPRESSION: VISION OF POWER IN THE POLITICS OF RACE, GENDER, AND RELIGION (1993). また、法の表示という概念は用いないものの、米国における国家のシンボリック・スピーチを一素材にして、従来必ずしも強制とは見られていなかった国家行為に私人の抑圧の契機を看取し、その憲法的統制を試みるものとして、徳永達哉『国家のシンボルとシンボリック・スピーチ』（成文堂、二〇二〇）。

(21) 法の表示理論を直接検討対象とするのは、安西文雄「平等保護および政教分離の領域における「メッセージの害悪」」立教法学四四号（一九九六）八一頁以下、福嶋敏明「法・政府行為の表現的次元とその問題性に関する一考察――アメリカ合衆国における「法の表現理論」をめぐる議論状況」早稲田法学会誌五四巻（二〇〇四）二一五頁以下。それに憲法理論としての可能性を見出すのは、志田陽子『文化戦争と憲法理論――アイデンティティの相剋と模索』（法律文化社、二〇〇六）二三二―二四一頁、小泉良幸『個人として尊重――「われら国民」のゆくえ』（勁草書房、二〇一六）第四章。より広く国家の私人規制行為の多元化を問題とするものは、横大道聡『現代国家における表現の自由――言論市場への国家の積極的関与とその憲法的統制』（弘文堂、二〇一三）四―九頁。

（22）この点に関する先行研究として例えば参照、山邨俊秀「ヘイト・スピーチに対する非強制的施策に関する原理的考察（一）～（三・完）――Corey Bretschneider の価値民主主義（Value Democracy）論と民主的説得（Democratic Persuasion）論の考察を中心として」広島法学四〇巻二号一三四頁以下、四一巻一号二四二頁以下、同三号（二〇一六―二〇一七）八六頁以下、檜垣伸次「ヘイト・スピーチ解消法と政府言論――非規制的施策の可能性」福岡大学法学論叢六三巻二号（二〇一八）四九五頁以下。

部分無効と立法者意思

山﨑皓介
（北海道大学）

はじめに

違憲審査制が一定の法創造機能・政策形成機能を有することはいうまでもない。その際、法規範を無効とすることそれ自体という消極的立法作用に加えて、より積極的な立法作用が伴いうることに注意が必要である。すなわち、違憲の法規範が欠落することによって、それを含む複数の法規範からなる法制度に多かれ少なかれ変更が生じうるのである。法令上付与される権利・利益の授益者範囲が違憲判断によって拡大される場合などは、そうした変更の分かりやすい例であろう。

このような違憲審査に伴う積極的立法作用は、部分無効による「書き換え」の問題として論じられてきた(1)。ここで部分無効とは、一般的には、「規定の文言の一部または意味（適用範囲）の一部」を違憲無効とする判断を指す(2)。しかしながら、上記のような積極的立法作用あるいは「書き換え」は、そのような一つの条項を「全部」とする「部分」無効の場合に限らず、法制度あるいは法律全体を「全部」として、ある条項（＝「部分」）を違憲無効とする場合にも起こりうる(3)。したがって、この「書き換え」

の問題は、違憲審査に普遍的に潜在しているということができる[4]。
その一方で、わが国においては、部分無効が当事者の権利・利益実現の手段として認識・活用されていることにも注意しなければならない[5]。この場合、部分無効の可否は、権利・利益実現の要請と憲法上の権限配分との緊張関係が裁断される場の一つに他ならない。そうすると、それは単なる技術的な問題ではなく、裁判官の実践的判断に大きく影響しうる重大な問題というべきであろう。かくして、「司法権に許容された立法作用のあるべき限界〔傍点原文〕」が「真正面から主題化されるべきこととなる」[6]。

一　問題の所在——なぜ立法者意思か

それでは、部分無効の可否について、より具体的に何が問われるべきか。本稿では、実務への影響力が大きいと考えられる、国籍法事件判決の調査官解説を検討の端緒としてみたい。

周知のとおり、部分無効の立法作用という問題が顕在化したのが、国籍法事件判決[7]である。改正前国籍法三条一項は、「父母の婚姻及びその認知により嫡出子たる身分を取得した子で二十歳未満のもの」に、届け出による国籍取得を認めていたが、これにより、日本人父と外国人母との間に出生し、かつ生後認知された非嫡出子の中で、その後に父母が婚姻した者（準正子）とそうでない者（非準正子）との間に、同条の国籍取得に関して区別がなされていた。同判決多数意見は、この区別が憲法一四条一項に違反するとしたうえで、同項を「過剰な要件〔準正要件〕を設けることにより本件区別を生じさせている部分のみを除いて合理的に解釈」し、非準正子の国籍取得を認めたのであった。

同判決の調査官解説は、多数意見のように「既存の規定が対象としていない者にも権利利益を付与」する場合には、「立法権の侵害にならないかという点について特に慎重な検討が必要になると考えられる」としつつ、部分無効の可否一般について、次のように論じている。(8) まず、芦部信喜教授が紹介するアメリカ合衆国最高裁判例では、「もし法律の違憲的な部分または違憲的な適用が除去されてしまえば、議会は、残りの有効な部分または有効な適用だけでは満足しなかっただろう、という蓋然性が明白かどうか」が基準とされているが、(9)「そのような立法者の意図を具体的にどのように把握するかは困難」である。そうすると、

「結局、一部違憲無効の解釈については、当該法令の立法理由ないし立法趣旨をはじめ、法令全体の基本理念、他の規定等との関係その他法令全体の体系的な整合性、残余の規定の持つ意味、効果等を総合考慮した上で、残部のみをもって有効な規定と解することの客観的合理性の有無によってその可否を判断すべきであり、残部の規定だけではおよそ法制度として成り立たない場合にそうしたことができないのはもとより、立法府が残部に代わる規定を別途創設したか、又は残部だけなら規定自体を設けなかったであろうと認められる場合に、裁判所が残部の規定を有効なものとして適用することは、立法府の裁量を無視するものとして許されないと考えられる。」

以上の見解は、一見、穏当であるが、大きく二つの点で、なお問題があるように思われる。第一に、部分無効の可否を決するにあたっての指針ないし方向づけを欠いている。この見解では、「支配的な学説」(10)であった立法者意思テストが、「残部のみをもって有効な規定と解することの客観的合理性」に換骨奪胎されているのであるが、結局、そのような「客観的合理性」も価値評価の問題とならざるをえない。もちろん、実践的には、事案ごと個別具体的に、例示されているような諸事情を考慮して判断しな

ければならないし、およそ合理的解釈とはそのようなものであろう。しかしながら、立憲主義的な観点からは、当事者の権利・利益に直結しうる問題である以上、そのような判断は、実践的判断の余地を十分に残しつつも、可能な限り法解釈論的に方向づけられるべきである。

第二に、部分無効が「立法府の裁量を無視するものとして許されない」場合に、いかなる処理によるべきかが不明確である。この点、伝統的には、部分無効の限界は、全部無効との関係で論じられてきたが[11]、その一方で、違憲の法規範を有効なものとして維持するという意味での違憲確認も有力に説かれてきたところである[12]。これでは、部分無効論の全体像がなお曖昧であるといわざるをえない。

これらの問題に答える手がかりは、「立法者意思」にあるように思われる。客観化・合理化されているとはいえ、調査官解説も立法者意思テストという従来の定式を踏襲している。しかしながら、なぜ立法者意思を問うのか。確かに、立法裁量を侵害するか否かの判断に当たっては、なんらかの意味における立法者意思がなんらかの形で関係してくることが予見されるが、それは、少なくとも所与のものではないはずである。右二つの問題点は、こうした、より基礎理論的な考察が十分になされてこなかったことの皺寄せではないか。

二　可分性の法理・再訪

なぜ立法者意思かという探究は、はたして可分性の法理（severability doctrine）へと向かう。合衆国最高裁判例に現れた可分性の法理においては、立法者意思（legislative intent）こそが部分無効の可否の「試金石」とされてきており[13]、先に見たように、わが国の部分無効論の出発点もこの判例法理にあるからである。判例法理は、先例拘束性の下、それ自体として法的正当性を持つが、ここでは、あえて、その法理学（法律学的方法論）的分析に拘ることが合目的的である。以下では、そのような観点から、可分性法理の生成、展開、および学説上の再構成（の一例）をみていくこととする。

（一）法理の生成

可分性法理の起源は、一八五四年のマサチューセッツ州最高裁判決 Warren v. Mayor & Aldermen of Charlestown であるとされている。[14] 本判決では、チャールズタウン市のボストン市への吸収合併を規定する州法律の中の合併後の選挙区に関する規定が、選挙権行使を事実上不可能にするものとして違憲とされたが、それにより当該州法律全体が無効となると判示された。その際、法廷意見を執筆した Lemuel Shaw 判事は、次のように述べたのであった。

「……立法府が〔法律の〕各部分をひとまとまりのものとして意図し、もしその全てが効力を持ち得ないなら〔有効な〕残部を独立に可決しないであろう、ということを信じるに十分な理由があると言えるほどに、〔法律の〕各部分が、条件（conditions）、約因（considerations）、または補償（compensations）として互いに結びつき合い、相互に依存している場合には、その一部分が違憲であるならば、このように……依存し合っている全ての条項は、違憲部分とともに無効とされなければならない。」

問題は、こうした発想がどこからでてきたかである。第一に、それは、「約因」等の言葉からも窺えるように、契約法のアナロジーであった可能性がある。この点、すでに一九世紀前半には、アメリカ各州で、[15] 契約の一部が無効である場合に部分無効となるか全部無効となるかという可分性問題が定着しており、実際、当時のマサチューセッツ州最高裁も契約の可分性問題を処理していた。[16] 古典的契約法においては、契約自由の原則の下、「契約法の主要な目的は、可能な限り当事者の意思を探求しこれに法的な効果を与えることにおかれる（意思理論（will theory）の支配）[17]」ところ、このWarren判決において、〈契約の可分性に関する当事者意思の探求〉が、〈法律の可分性に関する立法者意思の探求〉へと引きうつされたと推察されるのである[18]。

第二に、契約法を媒介しえたものとして、当時の制定法解釈観が重要である。もともと、アメリカが独立する以前のイギリスでは、議会主権の概念が誕生して以降も、法とは判例や制定法のテクストを手がかりに発見されるものであるという観念を通じて、裁判所と議会は協働的な法形成主体として考えられており、そうした中で、制定法のエクイティ（equity of the statutes）の伝統が維持されてきた[19]。制定法のエクイティとは、立法目的や条理・正義を内実とする制定法の「精神」ないし「理性」こそが制定法の本体であるとして、比較的自由にテクストの適用範囲を拡張ないし限定する解釈を指す[20]。ここで注目されるのは、そのような柔軟な解釈を正当化するレトリックとして、「もし彼〔＝立法者〕がここにいたならば、彼はどうしたであろうか[21]」という形で、非常に広い意味での「立法者意思」の概念——「ほとんど正義の観念と同義であった」——が頻繁に用いられていたことである[22]。一九世紀前半のアメリカ州裁判所は、こうした制定法解釈観を基本的には継承しており、Shaw判事も立法者意思のレトリックを時に用いつつ、しばしば法形成者の役割を引き受けていた[23]。可分性法理の中核にある反実仮想の立法者意思という要素は、英米法の伝統の中にすでに用意されていたのである。

（二）法理の展開

Warren判決で示された可分性の法理は、その後、諸州に広まり、ついに合衆国最高裁も、一八八一年のAllen v. Louisianaにおいて同判決を引用しつつ、可分性問題を「違憲の条項が当該法律の全面的な範囲と結びついており、もし違憲の条項が無効とされたなら、立法府の意思であると思われるものを実現することができなくなるか」という形で定式化した。[24] その後、一九世紀の終わりから二〇世紀初頭にかけての、多くの社会経済立法が違憲と判断された、いわゆるロックナー時代には、合衆国最高裁は、可分性問題にも積極的に取り組み、多くの法律が不可分無効とされた。[25]

こうした合衆国最高裁の動向もまた、制定法解釈観と無関係ではありえない。一九世紀後半以降、合衆国最高裁においては、主観的な立法者意思を積極的に実現することを制定法解釈の目的とするインテンショナリズムが主流となっていったが、[26] これに呼応するように、しばしば、可分性も「制定法解釈および立法者意思の問題」[27]、あるいは「立法者意思の解釈の問題」[28] として積極的に判断されており、影響がみてとれる。この点、どちらの領域においても、リーガル・リアリズムの立場から、そこで探求される「立法者意思」が裁判官の政治的選好の隠れ蓑となっているとの批判が当時なされており、[29] そのこと自体、両者の連関を裏書きしているといえよう。

ロックナー時代が終焉を迎えた後は、しばらく議論が停滞していたが、特に二〇〇〇年代以降、Nat'l Fed'n of Indep. Bus. v. Sebelius[30] 等の大きな事件もあり、再び可分性の法理への注目が集まっている。もっとも、すでに判例法理として確立しきっていたためか、ここに至って、同法理と制定法解釈理論との関連性は希薄になっているように見受けられる。例えば、厳格なテクスチュアリストにして、「立法者意思」概念を徹底的に排除する Antonin Scalia 判事[31] が、Sebelius 判決反対意見における可分性判断では、一転して立法者意思テストを適用し、オバマケア全体を無効としたことは象徴的である。[32]

(三) 法理の再構成

以上のように、可分性の法理は、制定法解釈観と密接に連関しながら生成・展開してきた。しかしながら、右に予示しておいたように、同法理は、必ずしも今日の制定法解釈理論には還元できない要素をも含んでいる。

この点を剔抉するものとして、例えば、Laurence Tribe の次のような見解[33]が示唆に富む。まず、部分無効とは、あくまで裁判所における適用の拒否であって、文字どおりの「削除（excise）」・「廃止（repeal）」を意味するわけではない。そこでなされているのは、「無効な条項が『マイナス』された『法』——立法府が制定しなかった『法』——の執行」ではなく、「当該事件に適用されうる法の総体、すなわち、法律全体（一切の違憲部分が『マイナス』された法律ではなく）プラス憲法、を規準とした面前の事件の解決〔傍点は原文イタリック。以下、同じ。〕」である。こうした立法作用に対する裁判所の責任を軽減せしめる、部分無効の「今少し穏健な捉え方」がなされた上で、合衆国最高裁の「重度の意思依拠型アプローチ」が退けられる。すなわち、合憲部分のみでは制定されなかったかもしれないという「単なる見込み」によっては、決して無効と判断されるべきでない。不可分無効は、「単に制定法解釈の問題として」、立法府が明示的にそれを命じる法（不可分性条項）を制定していた場合、および「通常の解釈カノン」として、残部が「適用〔可能な内容〕をまったく意味しえない」場合に限られる。

このように、Tribe は、可分性判断を制定法解釈方法論上のルールによって可能な限り羈束的なものにしようとするのであるが、その際に指摘される、次のことが重要である。すなわち、立法者意思の探求といっても、「(a) 部分無効の場合に、議会がしたであろうこと……の証拠（evidence）を、議会制定法が何を意味しているかについての我々の理解を形成するものとして扱うことと、(b) 制定されていない議会の願望または意向を、裁判所の探求の目的そのものとして扱うこと」の間には、原理的にも、実践的にも、「重大な相違」があるというのである。[34]

可分性の法理とは、つまり、残余の合憲部分が無効となるかどうかを規定するものに他ならないが、この無効は、本来的に、立法権の行使としてしか説明がつかないはずである。ところが、合衆国最高裁は、そのような立法権行使を明証するテクスト不在の場合にまで、(35) 仮想の「立法者意思」を探求してきた。こうした「立法者意思」が脆弱性を有することはいうまでもないのであって、学説上も、この点について、数多くの批判がなされてきた。(36) そして、この合衆国最高裁のプラクティスを推し進めていけば、理論上は、〈テクスト≠法＝立法者意思＝理性〉ということにならざるをえない。制定法のエクイティが通用している時代ならば格別、程度の差はあれ、テクスト・文理を出発点とすることでは広く一致している今日、(37) この法理は、明らかに制定法解釈理論から遊離している。

三　結論――部分無効論の再構築へ

なぜ立法者意思か。可分性の法理は、古典的契約法のアナロジーをきっかけとして、漸次変化する制定法解釈観に裏打ちされながら生成・展開し、判例法理として正当性を獲得するに至ったが、その過程で、〈法＝立法者意思〉型のプラクティスが、制定法解釈理論の変遷に取り残される形で、温存されてきた。要するに、アメリカにおいて、部分無効の可否を決する基準が立法者意思とされているのは、彼の国に固有の歴史的・制度的事情によるとしかいいようがない。(38)

翻って、法解釈方法論上、立法者意思の意義を限定的に捉えてきたわが国において、(39) この法理がそのままに妥当しないことは、今や明らかである。今後は、このことを踏まえた上で、部分無効論が再構築されなければならないが、その方向性について、筆者の現時点での見立てを示すことで本稿の結びにかえることとしたい。

まず、部分無効が許されない場合の処理については、〈法＝立法者意思〉でない以上、合憲部分の無効は、それを命じる法（不可分性条項）が明示されている場合に限られるべきである。[40] そうすると、立法作用への対処は、基本的には、憲法九八条一項が規定するルールに対する例外としての違憲確認（違憲有効）によることとなる。これは、法的理論構成としては、憲法上の権限配分に基づく同項の体系的解釈となろう。

そして、部分無効の可否を判断する際の指針ないし方向づけについては、このような法的理論構成を軸に、裁判所―政治部門間の権限配分を機能的に考察していく中で見出される他ないだろう。その際、もともとは〈法〉として実現されるべきものであった〈立法者意思〉が、権限配分違反の基準へと転用されることに理由はない。したがって、調査官解説のように、それが前面に出てくることはない。むしろ、残部維持の「客観的合理性」を「立法者意思」に仮託することがバイアスとなって、権利・利益の実現に不利に働く可能性に注意すべきである。この点で、立憲主義を形式面で支える憲法九八条一項の原則性が、改めて確認されなければならない。その上で、権限配分の機能的考察としては、例えば、当事者の権利・利益を実現する作用を司法権の内実とみる立場[41]などが、今なお参照されるべきであろう。こうした方向づけがあってはじめて、「客観的合理性」の評価が正当化されうるはずである。

（1）宍戸常寿「司法審査――『部分無効の法理』をめぐって」辻村みよ子・長谷部恭男編『憲法理論の再創造』（日本評論社、二〇一一年）二〇六頁。合憲限定解釈も「書き換え」の問題として論じられるが、本稿では立ち入らない。

（2）宍戸常寿「合憲・違憲の裁判の方法」戸松秀典＝野坂泰司編『憲法訴訟の現状分析』（有斐閣、二〇一二年）八二頁。

（3）宍戸・同右八一頁注一七。

（4）実際、アメリカにおいて「部分違憲（partial unconstitutionality）」というときには、いずれの場合も含めて考えられている。Kevin C. Walsh, *Partial Unconstitutionality*, 85 N. Y. U. L. Rev. 738, 739 (2010).

（5）松本哲治「一部違憲判決と救済」土井真一編著『憲法適合的解釈の比較研究』（有斐閣、二〇一八年）一八〇－一八一頁、宍戸・前掲注（1）二〇六頁。

（6）山元一「判批」平成二〇年度重判解一五頁。

（7）最大判平成二〇年六月四日民集六二巻六号一三六七頁。

（8）森英明「判解」最判解民事篇平成二〇年度三〇〇頁－三〇一頁。

（9）芦部信喜『憲法訴訟の理論』（有斐閣、一九七三年）一七二－一七三頁。そこで引用されているのは、Carter v. Carter Coal Co., 298 U.S. 238 (1936) である。

（10）長谷部恭男『憲法の境界』（羽鳥書店、二〇〇九年）七二頁。

（11）青柳幸一「法令違憲・適用違憲」芦部信喜編『講座憲法訴訟第三巻』（有斐閣、一九八七年）七－九頁。

（12）宍戸・前掲注（2）八四－八五頁、森・前掲注（8）三一二頁。

（13）Ayotte v. Planned Parenthood, 546 U.S. 320, 330.

（14）68 Mass. 84 (1854).

（15）*See* James Kent, 2 Commentaries On American Law, 6th Ed., 468 (1848).

（16）*See*, e.g., Rand v. Mather 65 Mass. 1 (1853).

（17）望月礼二郎『英米法〔新版〕』（青林書院、一九九七年）三二〇－三二一頁。

（18）Mark L. Movsesian, *Severability in Statutes and Contracts*, 30 Ga. L. Rev. 41, 57–62 (1995); *see also* Amesbury v. Bowditch Mut. Fire Ins. Co., 72 Mass. 596, 607 (1856).

（19）William D. Popkin, Statutes In Court; The History And Theory Of Statutory Interpretation 23–29

(1999).

(20) Ibid., at 11-13.

(21) Eyton v. Studd, 75 Eng. Rep. 688, 699 (1574).

(22) 望月・前掲注(17)一二四－一二五頁。

(23) Popkin, *supra* note 19, at 80-88.

(24) 103 U.S. 80, 84 (1881).

(25) John C. Nagle, *Severability*, 72 N. C. L. Rev. 203, 218-219 (1993).

(26) 福永実「アメリカにおける制定法解釈と立法資料(二)」広島法学三九巻一号(二〇一五年)一七－二九頁。

(27) *Carter*, 298 U.S. at 313.

(28) Dorchy v. Kansas 264 U.S. 286, 290 (1924).

(29) *Compare* Max Radin, *Statutory Interpretation*, 43 Harv. L. Rev. 863, 864 (1930) *with* Robert L. Stern, *Separability and Separability Clauses in the Supreme Court*, 51 Harv. L. Rev. 76, 115 (1937).

(30) 567 U.S. 519 (2012).

(31) Antonin Scalia & Bryan A. Garner, Reading Law: The Interpretation Of Legal Text 391-396 (2012).

(32) 567 U.S. at 692-694 (Scalia, Kennedy, Thomas & Alito, JJ., dissenting).

(33) Laurence H. Tribe, Constitutional Choices 81-83 (1985).

(34) Ibid. at 318 n.118.

(35) アメリカでは、法律内に、一切の条項・適用が可分であるとする概括的規定(可分性条項)が挿入されることがままあるが、合衆国最高裁は、それを立法者意思探求の補助としてのみ位置づける。*See* INS v. Chadha, 462 U.S. 919, 932-35 (1983); *Dorchy*, 264 U.S. 286, 290.

(36) Brian C. Lea, *Situational Severability*, 103 Va. L. Rev. 735, 747-749 (2017).

(37) *See generally* Robert A. Katzmann, Judging Statites 29 (2014).

（38）紙幅の都合上、主題化できなかった問いが、「立法者意思とは何か」である。可分性については、実在の意思およびテクストが不在であることがほとんどのため、それは、仮想的なものとならざるをえない。そのような「立法者意思」は、結局、わが国にいう「立法者の合理的意思」と逕庭ないと思われる。*See* Lea, *supra* note 36, at 746–747.

（39）宇佐美誠「立法者意思の再検討」中京法学三四巻三・四号（二〇〇〇年）二七〇－二七一頁。

（40）ただし、国籍法事件判決のように、平等原則を貫徹するための解釈として、全部無効が選択肢となりうる場合は別である。それは、〈法＝立法者意思〉による無効ではなく、憲法による無効だからである。*See* Sessions v. Morales-Santana, 137 S. Ct. 1678, 1698–1701 (2017).

（41）佐藤幸治『現代国家と司法権』（有斐閣、一九八八年）二七七－二七八頁。ただし、「救済法」というレトリックの有効性については、検討の余地がある。

ディシプリンとしての憲法学
——フランス第三共和制の場合——

春山　習
（早稲田大学）

はじめに

本稿はフランス第三共和制下の憲法学の歴史を通して、当時の憲法学がいかなるものであったかを明らかにしようとするものである。(1)憲法学がどのような性質の学問であるか、あるいは「戦後憲法学とはなにか」といった問いは、日本においても常に問題になってきたように思われる。もっとも、憲法学は地域や時代によってさまざまであるから、ディシプリンとして憲法学を歴史的にとらえる視点が有益であろう。すなわち、憲法学とされているものがどのように歴史的に成立し、展開してきたかを分析するのである。(2)本稿は、このような「ディシプリンとしての憲法学」という観点から、フランス第三共和制期における憲法学の誕生、展開、変容を明らかにし、憲法を学の対象として措定することを可能としている諸条件を分析したい。その際に、特に大学制度と憲法学との関係性に着目する。憲法学に限らず、近代的な学問が大学という場において形成されてきたことは疑いえないからである。

フランス第三共和制のフランス憲法学は、かつて樋口陽一によってその実証主義的傾向が強調され、

「政治学的傾向」をもつと特徴づけられた。(3)また、高橋和之によってエスマンに代表される「伝統的国家理論」と、デュギに代表される「社会学的国家理論」とが対置されてきた。(4)これらの先行研究は憲法理論の特徴を明らかにしてはいるけれども、当時の憲法学が成立した環境、特に大学のあり方が視野に入っておらず、それゆえに、なぜ政治学的傾向が生じたのか、なぜ社会学的国家理論が生じたのか、という点は明らかにされていない。本稿は、大学制度に注目し、ディシプリンとしての憲法学の輪郭を描きたい。

一　一九世紀フランスにおける大学

ナポレオンによって一八〇六年にパリに設置された帝国大学がフランスの近代高等教育の始まりである。もっとも、その内実は現代の大学とは異なり、それぞれ独立した単科大学のようなものとして学部(ファキュルテ)が存在していた。(5)国家のエリートである教師や軍人は、グランド・ゼコールの先駆けである理工科学校や、高等師範学校において養成されており、一般的な教養教育は大学の文学部と理学部が担当していた。それに対し、神学部、法学部、医学部は、聖職者、法曹、医師を養成するための職業訓練校のようなものに過ぎなかった。法曹養成の目的は、一八〇四年に制定された民法典の解釈運用の担い手の育成である。(6)

したがって、一九世紀前半には民法、ローマ法を中心とする伝統的な法学が圧倒的な優位を占めていた。そこでは民法を修めることが、法学部で養成されるべき知、いわばジェネラルな知として通用していたのである。(7)憲法学はといえば、第二帝政時代にペッレグリーノ・ロッシが憲法学をパリ大学で教えていたけれども、その講座はすぐに廃止されたうえに、基本的には憲法典たるシャルトを逐条的に解説するというものであり、概説書も出版しておらず、後継者も育つことはなかった。(8) 制度的裏付けがなければ学問はディシプリンとして自立しえないことをよく示しているといえよう。

ディシプリンと関わるフランス大学制度のもう一つの特徴として講座制がある。教授職とセットになる講座（chaire）は公教育大臣によって設置されるが、法学部で教えられる科目の全てが講座というわけではなく、その前段階として講義（cours）が置かれることもある。どのような講座が存在するかは、ディシプリンの確立にとって極めて重要な意義を持っている。たとえば、一八七〇年のパリ法科ファキュルテ（法学部）においては、全二四講座中、民法とローマ法が十講座を占めていたという。(9) 憲法学講座はまだ存在しない。

民法・ローマ法を中心とする法曹養成のための法学部という状況が一変するのが普仏戦争での敗北である。敗戦の大きな原因の一つとして挙げられたのが、特に自然科学における学問的な格差であった。ドイツに追いつくためには大学制度の改革が必要不可欠であるとの認識が共有された。この経緯からして、大学改革においては自然科学をモデルとした科学（science）性が最重視された。それによって「社会科学」とされる学問の講座が大学に相次いで設置されることになったのである。(10)

法学部においても、伝統的な法曹養成から、より広くエリート層を育てようと方針を転換した結果、内部におけるディシプリンの再編成が行われた。例えば法史学、社会学、政治経済学（経済学）、統計学、産業法、植民地法などである。特に社会学は、科学的な新たな学問として大きな注目を集めた。憲法学はその中の一つとして、この時期に初めて講座として設置される。すなわち、一八七九年に博士課程の選択科目として設置され、それが一八八一年に必修化され、一八八九年には学士課程の必修科目になったのである。憲法学は民法などの伝統的な法学とは異なる新たな学問として現れた。

さらに、こうした改革に伴い、法学部内における博士課程も二つに分割された。一八九五年には政治経済学博士が新設され、さらに教授資格試験も単一のものであったのが、一八九六年には四つの専門分野に分かれ、それぞれ公法学、経済学の試験に特化されるようになる。[11] これによって民法を前提とする法学の専門家ではなく、公法学の専門家が養成される制度的前提が整うことになる。

二　憲法学講座

このような憲法学講座の歴史的経緯をどのように位置付けるべきだろうか。有力な論者であるギョーム・サクリストは、当時政権を握った共和派の政府によって、共和主義イデオロギーを伝播するために憲法学講座が設置され、それゆえ、保守的な民法学者などとの対立が生じていたと主張する。[12] 憲法学という学問のイデオロギー性を強調する説である。

しかし、すでにみたように、改革の結果として設置されたのは憲法学だけではない。また、共和派が政治をコントロールするのは一九世紀末であるが、一八七九年以前から大学改革は議論されてきた。したがって、憲法学の誕生をイデオロギーのみに還元することは難しい。むしろ、憲法学の特徴は、憲法学を取り巻く、法学に限らない新たな学問領域の影響と、民法などの伝統的法学との相互関係に基づいていたと考えられる。[13]

つまり、一方で、法律家の養成という使命から切り離されることによって、憲法学は旧来的な法学教育にとどまらない新たな学問領域として民法やローマ法などの伝統的法学と自らの差別化を図らなければならなかった。他方で、実務家養成とは無縁のものだとしても、法学部内部の学問であると規定されることによって、憲法学と同時期に新たに創設された社会学や政治経済学系の学問に対しては、あくまで憲法学は法学の一領域であることを主張しなければならなかった。これは憲法学が、伝統的法学と、政治経済学的な、いわば新たな科学的学問との狭間に誕生した構造の反映であると考えられる。この両者の関係性をいかにとり結ぶかが、ディシプリンとしての憲法学の重要な課題だったのである。こうした点に注目し、個々の論者の「憲法学」を検討したい。

三　憲法学の誕生：アデマール・エスマン

アデマール・エスマンの主著は一八九六年に出版された『憲法原理』である。(14)『憲法原理』は、第三共和制期で初の体系的な憲法学の著書であり、それ自体がこれまで述べてきたような諸条件の総体であるとさえいえよう。この意味で、『憲法原理』の出版をもって第三共和制における憲法学の誕生とみなすことができる。

エスマンは、何よりも、諸個人にはるかに優越する力を持つ「国家（État）」という現象を法的に把握しようとした。個人を対象とする私法とはここで区別される。その方法は、比較法と歴史的方法という「科学的」手法を用いつつも、帰納と演繹という伝統的法学方法論を用いることで、民法学からも、社会学のような非法学的学問からも区別された憲法学を論じた。(15)今からみると憲法学が社会学との差異を説明するというのは奇妙にみえるけれども、当時は、社会学が社会科学のモデルとして存在していたのである。従来エスマンについてはその「政治学的傾向」が強調されてきたが、エスマンは、いわゆる法学的な方法論をも重視しており、実証的方法だけがことさらに強調されているわけではない。

エスマンは憲法学の対象および方向性を規定した。その特徴は、伝統的法学との相対的な近さである。民法学の方法や新たな科学的方法論とのバランスの中で、エスマンは巧みに憲法学を構築したといえよう。

このような方法論に基づいて、エスマンは国民主権、議会制、人権宣言といった近代フランス憲法の基本原理を詳述し、ディシプリンとしての憲法学の基礎を築いた。『憲法原理』は、学生や研究者向けの概説書として広く普及し、スタンダード・テキストとして長らく憲法学の共通認識を構築した。学生や院生の大半を占めるパリ大学の教授としてのエスマンの権威は絶大であった。エスマンが凡庸にみえるとすれば(16)、その大きな理由は、彼の著作があまりに広く普及したからであろう。一九世紀末以降には、パリ大学だけでなく、全ての地方大学にも憲法学講座が置かれ、「憲法学者」という集団が生まれてくる。知的エリートたちがエスマン憲法学を読み、それをめぐる言説空間が形成される。この意味で、エスマンは、憲法学というディシプリンの基礎をつくったと評価することができるのである。

四　憲法学の展開：レオン・デュギとモーリス・オーリウ

エスマンといういわばスタンダードに対して、批判的に憲法学を構築しようとした学者が存在する。レオン・デュギとモーリス・オーリウである。エスマンは伝統的法学の方法に科学的方法を折衷したけれども、この関係性を別のかたちでとり結んだのが彼らである。彼らは、デュルケームやタルドといった先進的な社会学に依拠することで、それぞれ憲法学のアイデンティティを確立しようとした。

その特徴を簡単に述べれば、デュギは、とりわけ初期の学説に顕著であるが、法ヴォロンタリスムを批判するために、科学としての社会学に法学を包摂しようとする傾向を持っていた。つまり法則性を科学の最も重要なものとして考え、法学独自の法則性を主張したのである。デュギの科学性へのこだわりは明らかである。「憲法の研究は民法学より広い領域を持ち、より大きな射程を持つ。あらゆる政治的変動、法改正、法外の変革の上に位置するのである。憲法学の講義は、真にかつ排他的に科学的なものであるし、そうでなければならない」と。[17] その現れが客観法という、実定法に左右されない社会法則なのであるが、次第に法学独自の領域を確保しようとする際に、最終的には意思的な要素を取り込まざるをえなくなる。もっとも、後期になり社会学に包摂されていた法学がデュギの中で自律性を取り戻すとき、やはり法学と社会学との関係性が再構築されることになる。

これに対し、オーリウは、当初社会学に警戒感を持ちつつ、法学独自の領域を確保しながらこれを接合させたといえる。すなわち科学としての社会学は客観的、外面的な観察であり、法学はあくまで意思や正義といった伝統的な要素を扱い続けるという考え方である。この二元的方法の中で、オーリウはデュギと比較すれば、科学と法学との関係性をうまく取り持つことができた。オーリウによれば「法とは社会を安定させるための道具なのであり、法学は科学ではない。むしろ科学の重要性を誇張してはならない」。[18] デュギとの対照性が際立っていよう。両者の方法論は、科学と法学のどちらをより重視するかというバランスの中で、憲法学を自律化させようとする試みだったと考えられるのである。

両者の国家論はしたがって、エスマンが十分に法学の対象としてくみつくすことのできなかった「社会」という領域から国家を構築する。「社会のなかの国家」という観点は両者に共通する視点である。デュギはドイツ国家法人説への批判から、国家の権力性を制限するために、権力の条件そのものを社会それ自体、客観法の中に求め、オーリウは国家法人の権力性はそれとして容認するものの、その権力が形成される過程、権力が行使される環境をさまざまな観点から複合的に考察し、国家を基礎づけようとした。[19]

こうして、ディシプリンの観点からいえば、両者は極めて独創的な法学を構想した。しかし、その独創性ゆえに、また、方法論や対象に形式的指標がないために、その継承は困難であった。伝統的法学と、両者の憲法学との間には距離がありすぎたと考えることもできよう。もっとも、このようなディシプリンとしての憲法学の構築という点で、両者はやはりエスマンの同時代人であると位置づけることができる。最後に、一世代あとの憲法学がどのように変容したのかを、ジョゼフ・バルテルミを素材に検討したい。

五　憲法学の変容：ジョゼフ・バルテルミ

ジョゼフ・バルテルミは、一八七四年に生まれ、エスマンが逝去した後のパリ大学の憲法学を担った。彼の著書『憲法概説』は、一九三三年の第二版に至ると、エスマンの『憲法原理』に代わって新たなスタンダードとなり、新たな「古典」となった(20)。もっとも、その後、ヴィシー政権のもとで法務大臣を務めたこともあり、彼に対する現代フランス憲法学の評価は芳しくない。オリヴィエ・ボーには「憲法学の墓堀人」と呼ばれ(21)、サクリストには、共和主義的だったエスマンの後を保守的なバルテルミが継ぎ、保守革命が起きたと評価されている。しかし、バルテルミのこうした評価は、これまで述べてきたような制度的要素にも大きく影響されているように思われる。

まず、バルテルミの方法論は、デュギ的なイデオロギー批判を伴う、事実の観察に基づく政治学的方法と、それに基づき、現実社会に役立つような処方箋を出すなどして、積極的に社会に関わってゆくという社会工学的方法という二つの態度の総合として位置づけることができる(22)。「政治学的方法」は、バルテルミになると「政治学」にいわば格上げされ、憲法学とほとんど同義のものとして考えられている。実際、バルテルミは自身の概説書の序文で次のように述べる。「我々はラーバントの見解にもかかわらず、抽象としてではなく生きた現実として現在の諸制度を研究することで、教授のガウンを危うくすることを恐れなかった。なぜ有用で実証的な観察の学が憲法学ではないのだろうか？　解剖学だけではなく生理学、そして諸制度の病理学もまた、科学的研究の対象になりうるのである。そして本書は憲法学の本であると同時に政治学の本でもある[23]」と。

バルテルミにとって、憲法学の対象は、かつてのような「国家」ではなく、「デモクラシー」に移行している。デモクラシーの到来は不可避の「事実」として認識され、これをどのように「組織化」するかが最大の課題とされるのである。こうしてバルテルミは、地方大学教授時代には、執行権強化論と比例代表制論という改革論を積極的に打ち出し、その後パリ大学教授になってからは、レフェランダムなどの投票に関わる改革論や、委員会、コンセイユ・デタなど組織的な改革論を主張し、自らも下院議員として政治に参画していった。基本的には、現にある議会制を最もよい妥協として肯定し、それに対する漸進的改革案を主張したといえよう。いずれも当時喫緊の課題とされていたものばかりである。この政治との関わりはバルテルミの社会工学的方法によって正当化される。彼の「政治学的」方法とはこのような意味である。

バルテルミは、ディシプリンとしての憲法学にとっていかなる位置を占めるのだろうか。まず、バルテルミの憲法学の形成には、エスマンらとバルテルミとの世代の違いが大きく寄与していると考えられる[24]。バルテルミが大学教授となった時代（一九〇六年）には、すでに大学改革は一区切りがつき、エスマンはパリ大学で確固たる地位を占めていた。他方でデュギ、オーリウも大家となりつつあった。この二つの世代の間には、すでに紹介したように、博士課程における法学と政治経済学との分離（一八九五年）、学問の専門分化のための教授資格試験改革（一八九六）という制度的断絶が存在する。バルテルミは新たな大学制度のもとで学者になった最初の世代であった。

こうした時代において、バルテルミの憲法学が担った課題はエスマンらと同じではありえない。エスマンらとは異なり、バルテルミは教授資格を得た時点で「公法学」、さらにいえば憲法学の専門家だったのであり、したがって、先人たちのように国家理論や憲法を支配する原理から出発し、新たなディシプリンを模索する必要はなかった。「国家」はすでに存在するものとして特別な正当化は不要であり、必要なのは、議会におけるデモクラシーの実現という具体的な問題への解決策である。

バルテルミにおいては、エスマンらのディシプリンとしての憲法学との比較において、次の三点の「変容」を指摘できると思われる。第一に、憲法学は、伝統的法学に社会科学を取り入れた国家論から、制度の運用面を主に扱い、現実的な問題に処方箋を出す「政治学化」した憲法学へと変容した。第二に、伝統的法学との緊張関係や、ドグマティックな国家理論の必要性は意識されなくなった。第三に、ディシプリンを構築するための意識的な方法論、伝統的法学の帰納と演繹、実定法の解釈といったものは軽視され、事実の観察と現実の問題に対応しうる言説に価値が与えられた。バルテルミにとって「憲法学」というディシプリンは「政治学」と同義となり、国家論は議会制論とほとんど区別のないものとなった。

他方で、連続性も指摘できる。[25] 第一に、バルテルミの議会制論を検討すれば、その構想はあくまで議会が中心である点で、議会制を換骨奪胎しようとするファシズムや権威主義的な改革論とは、少なくともヴィシー政権以前は異なるものであった。第二に、政治学的方法をエスマンから学んだと述べているように、「社会科学的」側面である実証主義的方法論は確実に継承されている。第三に、議会制擁護と通じるが、共和制としてのフランス国家は必要不可欠な前提条件であり、国家論を論じるまでもなくそれは守るべき対象であった。国家論の不要性は、逆にいえば国家の安定性をも意味する。

おわりに

フランス第三共和制において、憲法学というディシプリンは、その誕生から強く歴史的、制度的に規定されていた。すなわち、フランスでは、憲法学は広い意味での社会科学と、伝統的法学の折衷から生まれた。「ディシプリンとしての憲法学」は、基本的には、大学改革によるパリ大学法学部という制度的裏付けを得て、デュギやオーリウによる挑戦を受けながらもエスマンが担い、それがバルテルミへと継承されたと考えられるのである。

少なくともフランス第三共和制においては、法的なものと政治的なものが截然と切り分けられていたのではなく、まさに「政治」と「法」の接点こそ憲法学の領分であったということができる。この意味で、戦後フランスにおいて憲法学から政治学というディシプリンが分離し、自律したことは、むしろ憲法学のアイデンティティを危機に陥らせるものであった。したがって、憲法学の「法律学的傾向」は、憲法学が距離を置こうとした伝統的法学への回帰を意味するものとして、ある意味では自然な帰結であるとも考えることができる。また同時に、過度に「法律学化」した憲法学に対する批判が生じるのも自然である。[26] フランス憲法学の歴史を考えるとき、「憲法学の法律学化」は、「政治学的傾向」の中で探求されてきた豊かな憲法理論を捨象することにつながりかねないからである。

したがって、以上の議論がフランス第三共和制における憲法学の歴史に限定されたものであるとしても、そこから示唆を得られるとすれば、ディシプリンとしての憲法学において必要なのは、憲法学が非‐法律学的なもの、もしくはそのように見えるものとの関係をどのようにとり結ぶかという観点であろう。それは法律学固有の方法論や解釈論を軽視することではない。両者は車の両輪であり、どちらかに偏すれば、ディシプリンとしての憲法学の存在意義を危うくする可能性がある。この緊張に耐えつつ、学問として自らを定位し続けること、それこそが「法」と「政治」の交錯点に身をおくことであろう。

（1）本稿の内容および詳細な文献については、他に拙稿「フランス第三共和制憲法学の変容」早稲田法学会誌 六六巻一号四五一頁（二〇一六）、同「フランス第三共和制憲法学の誕生」早稲田法学九二巻四号三一頁（二〇一七）、同「レオン・デュギ、モーリス・オーリウの方法」早稲田法学会誌 六八巻一号三七九頁（二〇一七）も参照されたい。

（2）林知更『現代憲法学の位相』（岩波書店、二〇一六）。

（3）樋口陽一『近代立憲主義と現代国家』（勁草書房、一九七三）。

（4）高橋和之『現代憲法理論の源流』（有斐閣、一九八五）。

（5）渡辺和行「十九世紀のファキュルテ」香川法学十巻三・四号二八〇頁以下（一九九一）。

（6）北村一郎「『テミス』と法学校——19世紀フランスにおける研究と教育との対立（1）」法学協会雑誌一三三巻六号十五頁（二〇一六）。

（7）野上博義「第三共和制のフランス知識社会と社会科学の形成に関する試論」名城法学三二巻三・四号一—七三頁（1983）。

（8）ロッシについては時本義昭『フランス近代憲法理論の形成』（成文堂、二〇一八）。

（9）Victor Karady, Durkheim, les sciences sociales et l'Université: bilan d'un semi - échec, Revue française de sociologie, vol. 17-2, 1976. p. 283.

（10）Paris, capital juridique（1804-1950), sous la direction de Jean-Louis Halpérin, Édition Rue d'Ulm, 2011.

（11）Martial Mathieu, Facultés de droit et réforme universitaire au XIXe siècle, RDP, no 4, 2008, pp. 999-1019.

(12) Guillaume Sacriste, La République des constitutionnalistes, Science Po., 2011.
(13) Guillaume Richard, Enseigner le droit public à Paris sous la Troisième République, Dalloz, 2015.
(14) Adhémar Esmein, Eléments de droit constitutionnel, Sirey, 1896.
(15) Ibid., p. 20.
(16) 高橋・前掲注（四）一一二頁。
(17) Leon Duguit, Le droit constitutionnel et la sociologie, Extrait de la Revue internationale de l'Enseignement du 15 novembre 1889, p. 3.
(18) Maurice Hauriou, Les facultés de droit et la sociologie, Revue générale du droit, de la législation et de la jurisprudene en France et à l'étranger, tome 17, juillet-août, pp. 6-7.
(19) Jean-Michel Blanquer et Marc Milet, L'invention de l'Etat, Odile Jacob, 2015.
(20) Olivier Beaud, Joseph Barthélemy ou la fin de la doctrine constitutionnelle classique, Droits, 32, 2000, p. 93.
(21) Ibid., p. 103.
(22) Sacriste, op. cit., pp. 451-463.
(23) Joseph Barthélemy et Paul Duez, Traité élémentaire de droit constitutionnel, Dalloz, 1926, p. 7.
(24) エスマンは一八四八年、デュギは一八五九年、オーリウは一八五六年、バルテルミは一八七四年生まれである。
(25) 詳しくは拙稿・前掲注（一）「変容」論文参照。
(26) 山元一・只野雅人編訳『フランス憲政学の動向』（慶應義塾大学出版会、二〇一三）。

［付記］本稿はJSPS科研費18K12636による研究成果の一部である。

「生前退位」をめぐる憲法問題
――今後の象徴天皇制のあり方を考えるために――

榎　透
（専修大学）

はじめに

二〇一九年は天皇の代替わりの年であった。四月三〇日に明仁天皇が退位し、五月一日に徳仁天皇が即位した。元号の変更に伴うメディアの報道や特番、企業等の各種セールスも多くあるなど、「平成」から「令和」という今回の代替わりは、多くの人が意識するものとなり、しかも、お祝いムード、お祭り騒ぎであったといえよう。

前回の代替わり、すなわち「昭和」から「平成」への代替わりの際は、昭和天皇の体調を伝えるニュースが連日報道され、病いの天皇のお見舞いのために多くの人が記帳を行い、娯楽番組の中止や変更、各地のお祭りやイベントなどの自粛が相次ぐなど、日本列島を取り巻く状況には今回の代替わりと大きな差があった。しかも、前回の代替わりは、天皇制度や代替わりの儀式、昭和天皇の戦争責任に関する批判的言説が存在した。昭和天皇の戦争責任に言及した者が、右翼団体から銃弾を撃たれることもあった。これに対して、今回の代替わりではそのような緊迫した状態は少なく、そもそも批判的言説自体も少なかったと思われる。いま多くの国民やメディア、そして憲法研究者も、実際に行われた代替わりをあまりにも当然視していたのではないか。

今後の象徴天皇制のあり方を考えるためにも、本稿は「生前退位」をめぐる憲法問題について検討したい。(1)

一　退位表明

(一)「新天皇即位日は祝日、GWは一〇連休に　式典委員会方針」

二〇一九年のゴールデンウィークは、明仁天皇の退位と徳仁天皇の即位をはさみ、一〇連休となった。この長期連休等に関して、安倍総理大臣は、式典委員会の初会合(二〇一八年一〇月一二日)において、「天皇陛下の退位と、皇太子殿下の即位が同時に行われるのは約二〇〇年ぶり。我が国の歴史にとって極めて重要な節目だ。国民こぞって言祝(ことほ)ぐことができるよう、政府として万全の準備を進めていかなければならない」(2)と発言した。この一〇連休では、新天皇の即位について国民こぞってお祝いの言葉を述べることが期待されていたようである。

この点に関連して、明仁天皇退位の根拠となった、天皇の退位等に関する皇室典範特例法(平成二九年法律第六三号)一条の中にある「国民は、御高齢に至るまでこれらの御活動に精励されている天皇陛下を深く敬愛し、この天皇陛下のお気持ちを理解し、これに共感していること」という文言に注目する必要がある。これによると、国民は天皇を深く敬愛し、天皇の気持ちに共感していることになっている。

このように、法律の立法趣旨や先ほど見た首相等の発言からは、国民は「天皇陛下を深く敬愛」し、新たな天皇の即位を「国民こぞって」お祝いすることを求められている。しかし、公権力が個人の内面に関わる価値判断について一定の立場を明確にして、それを積極的に奨励することなど許されない。にもかかわらず、政府関係者は平気でこのような発言を行った。また、それらを批判する言説もメディアでは少なかったように思われる。

（二）退位表明とその問題点

明仁天皇退位・徳仁天皇即位のきっかけとなったのは、二〇一六年八月八日に行われた、明仁天皇（現上皇）の退位表明である。[3]これは「天皇の高齢化に伴う対処の仕方が、国事行為や、その象徴としての行為を限りなく縮小していくことには、無理があろうと思われます」等と述べた、国民に対するメッセージである。この退位表明は、メディアにも大方の国民にも好意的に受け止められたと思われる。

しかし、この退位表明については、表明すること自体が憲法四条に違反するのではないかという論点があるが、本稿ではその指摘にとどめる。本稿では、第一に、象徴行為の負担を理由とする退位は正当なものと評価できるのか（問題①）、第二に、日本国憲法上天皇は退位する権利を有するのか（問題②）、という二つの問題点を検討する。

二　連続説と断絶説：問題①を解決する上で避けて通れない論点(1)

天皇制度は、日本国憲法に基づく制度の他に、大日本帝国憲法に基づく制度も存在していた。この二つの天皇制度には原理的に非常に大きな違いが存在するが、両者を連続した制度と捉える（連続説）か、それとも断絶したものと捉える（断絶説）かで、学説の対立がある。[4]分かりやすく言うと、徳仁天皇を一二六代目の天皇の考えることは、連続説に基づく。これに対して、日本国憲法下の天皇は三人であるから現在の天皇を三代目であると考えることは、日本国憲法とその前を区別する断絶説に基づく。

連続説は、大日本帝国憲法下の天皇制度と日本国憲法下のそれを連続したものと捉え、日本国憲法の天皇規定を確認規定と理解する。天皇制度はもともと存在し、日本国憲法はそれを確認したという論理である。この論理によれば、日本国憲法が天皇に対して明示的に権能を付与していない事柄でも、憲法で明示的に禁止されていない事柄については、天皇は行為可能であると考える。これに対して、断絶説は、大日本帝国憲法下の天皇制度と日本国憲法下のそれとを断絶したもの、つまり日本国憲法が「象徴天皇制」というこれまでとは異なる新しい制度を設けたと捉え、日本国憲法の天皇規定を創設規定と理解する。こうした理解によれば、日本国憲法が新たに創設した天皇に対して明示的に権能を付与していない事柄については、天皇はいっさい行為をすることができない。

もう少し考えてみたい。連続説は何を連続しているのか。日本国憲法の制定過程において、日本政府が死守したかったものは「国体」であった。「国体」概念には複数の理解が存在するが、ここでは法的概念と精神的概念（倫理的・歴史的概念）を見てみよう。まず、法的な「国体」は主権あるいは統治権の所在を示す概念と考える。例えば、「我帝国ハ万世一系ノ天皇君臨シ統治権ヲ総攬シ給フコトヲ以テ其ノ国体ト為シ治安維持法……ニ所謂国体ノ意義亦之レニ外ナラサル」もの[5]である。また、精神的な「国体」概念は、例えば「日本ノ国体ト云フモノハ……、謂ハバ憧レノ中心トシテ、天皇ヲ基本トシツツ国民ガ統合ヲシテ居ルト云フ所ニ根底ガアルト考ヘマス」[6]とか、「日本の国体は天皇と国民との心の奥において深い結びつきを持っており、いわば天皇は国民の憧れ（あこが）の中心である」[7]、という金森徳次郎の言葉である。もちろん、日本国憲法は主権を国民に変更したから、前者の意味での国体は変更された。ゆえにこの意味での「国体」は、法解釈論の中に入ってはならない。しかし、後者の、すなわち政府が示した「憧れの中心」という「国体」概念は、日本国憲法の制定過程において憲法が変わっても変更されないと説明された。

しかし、現実には二つの「国体」は影響し合っているといえる。佐々木惣一は、統治権の所在という意味での「国体」の変更に伴って精神的観念の「国体」も「漸次変更するであろう」と考える文脈で、「我国では、精神的の面から見た国柄と、政治の様式から見た国柄とは、決して無関係ではあり得ない。大なる影響を受け合うものである。……精神的の面より見た国柄たる事実の中に、政治の様式の面から見た国柄たる事実をも含んでいる」と記している。[8] 現在の日本では、佐々木とは逆の文脈で、先に見た意味での精神的概念の「国体」が残存し続けることで、具体的に何を盛り込むかは論者により異なるが、第一条の「象徴」を媒介にして、日本国憲法下の天皇制度に関する現実の解釈や運用にも影響が及んでいると理解することが可能である。つまり、「国体」概念の残存による日本国憲法下の「天皇」理解が、連続説の基盤であるといえるのではないだろうか。[9] これに対して、断絶説はそうした「国体」概念が日本国憲法下の「天皇」理解に影響を及ぼすことを遮断するものと理解できよう。

以上をまとめると、連続説は、その背後に精神的概念の「国体」を残存させることで、全体から日本国憲法で禁止されている事柄を引き算し、天皇は多くの行為をすることができると理解しうる。これに対して、断絶説は「国体」概念が日本国憲法下の「天皇」理解に影響を及ぼすことを遮断するから、天皇は日本国憲法が定めていることしかできない。両者の区別は相対的なものではない。断絶説を採れば連続説は採れないし、連続説を採れば断絶説を採れない。このように、大日本国憲法の天皇制度と日本国憲法のそれとの関係をどのように理解するかによって、そこから想起される天皇のイメージと具体的な解釈論は異なるのである。

三　象徴行為の位置づけ：問題①を解決する上で避けて通れない論点(2)

日本国憲法四条は「天皇は、この憲法の定める国事に関する行為のみを行」えると定めているので、天皇は国家機関として国事行為を行う。国事行為はそれを実質的に決定する権限が天皇に与えられておらず、しかも、そのような形式的・儀礼的行為を行うときでも「内閣の助言と承認を必要と」する。また、天皇は私人として私的行為をすることもできる。このように憲法からは、天皇が国事行為と私的行為の二種の行為をすることができると考えられる。しかし、現実には、天皇は地方の訪問や国会開会式での「おことば」など、国事行為とも純粋な私的行為とも言えないような行為を行っている。それゆえ、これらの天皇の行為を憲法上どのように評価すべき（許容される）かが問題となる。

（一）公的行為？　――三行為説

一つの考え方は、三行為説とよばれる学説で、国事行為と私的行為のほかに、憲法上許容される第三の類型の「公的行為」を観念する。さらにこの説はその理由付け等によって、象徴行為説と公人行為説とに分かれる。象徴行為説は、天皇の象徴としての地位から、憲法は国政に関する権能を有しないという制限の下に、象徴として何らかの公的行為をなすことを容認していると考える。(10) また公人行為説は、国家機関はその地位に伴ってその権限に属するとはいえないが、私的行為ともいえない行為――社交上要請される儀礼的な事実行為――を行うことができるというものである。(11) これらの学説が憲法上明記されていない行為を天皇に認める背後には、連続性を強調する思考があるといえよう。実際に、清宮は「天皇の制度は……日本固有の歴史、伝統あるいは国民感情を考慮し、尊重するという立場から、必要が認められて存置されたものである」とし、現在の天皇制度が日本の「歴史」や「伝統」を考慮したものであると説明する。(12)これに対して、憲法が認めた国事行為とは異なる第三の行為を認めることなど、断絶的思考からは導かれない。

二〇一六年の明仁天皇の退位表明の中でも、天皇は「国事行為や、その象徴としての行為を限りなく縮小していくことには、無理があろう」、「日本の各地、とりわけ遠隔の地や島々への旅も、私は天皇の象徴的行為として、大切なものと感じて来ました」と述べており、国事行為ではなく、また純粋な私的行為とも言えない「象徴としての行為」があると考えている。これは、憲法にその存在が規定されていない「公的行為」という第三の類型を認めているものといえよう。

（二）公的行為？――二行為説

もう一つの考え方は、二行為説とよばれる学説で、憲法が認めているのは国事行為と私的行為の二類型にすぎないというものである。この説によれば、天皇は憲法に定めのない公的行為を行うことは違憲と評価される。この説は「公的行為」のような第三のカテゴリーを創出することを認めない。

この二行為説もさらに分かれる。準国事行為説は国事行為に密接に関連する行為を準国事行為として認めるものであり、国事行為説は憲法で認められている「国事行為」として解釈・説明できるものについては、天皇は行為することができるというものである。これらの説は、憲法上明示の規定のない国会開会式における天皇の「おことば」を許容する。(13)このようにこれらの説は、解釈の仕方によって本来は憲法が想定していなかったものを「国事行為」の名の下に行為可能にするものであり、歯止めのきかない危険性がある。

もう一つは、国事行為として憲法で規定されていない事柄、および、私的行為に該当しない行為については、天皇は一切行為できない、という説である。(14)この説によれば、天皇が国会開会式に出席して

「お言葉」を述べることも憲法上認められない。それゆえ、明仁天皇が退位表明で言及した「日本の各地、とりわけ遠隔の地や島々への旅」という「天皇の象徴的行為」も、憲法上許されない。これは断絶説的思考の最たるもので、天皇は日本国憲法が認めたものしか行為できない、という立場を徹底したものである。

（三）問題①のまとめ

いま公的行為の存在は何の疑問もなく報道され、憲法学者の発言でも公的行為の存在を前提としているものが多い。こうした観点からすれば、退位表明において明仁天皇が示した象徴行為の負担を理由とする退位は、憲法上正当なものと評価される可能性はある。しかし、これを正当なものと評価する前提や背景には、象徴行為という公的行為を憲法上容認し、その公的行為を容認する思考枠組みである連続説を用意しなければならない。そして、このことは、精神的な「国体」概念を、解釈論の土壌に引きずり込んでいると理解できるのではないか。そうであるならば、これは日本国憲法の解釈論として妥当ではない。

しかも、象徴行為説をはじめ三行為説が容認する「公的行為」については、その範囲が不明確であるという問題が存在する。それゆえ、国事行為と異なり、天皇は象徴のあるべき姿を追求し、「象徴としての役割を果たすために」自らが良いと考える象徴行為を実践する。実際に、明仁天皇は「日本の各地、とりわけ遠隔の地や島々」を巡り国民等と対話をしていた。また、徳仁天皇になって皇室外交がいま注目を集めている。しかし、地域訪問も皇室外交も、憲法に明示された根拠がないものである。そうであれば、日本国憲法が天皇の行える行為を「国事に関する行為のみ」と限定した意味はもはやない。

それゆえ、明仁天皇が退位表明の中で言及した、勤めが果たせなくなる象徴行為とは、憲法との関係で許されるものであるかが問題とされるべきである。そして、「国事行為や、その象徴としての行為」の負担が天皇退位の理由として挙げられていたが、仮に象徴行為が憲法上許されるとしても、負担が重いのであれば、憲法に定めのない象徴行為を止めれば良く（あるいは、減じれば良く）、退位の理由にならない[15]。つまり、仮に天皇に退位の自由があるとしても、明仁天皇が退位表明の中で示した理由は適切なものではない。

四　日本国憲法上、天皇は退位する権利を持っているのか：問題②

（一）生前退位の肯定／否定

そもそも天皇退位を認めるべきでないとする理由とは、何であろうか。現行の皇室典範の制定過程では、その理由として、①上皇という存在が弊害となりうる、②天皇の自由意志に基づかない退位が強制されることを防ぐ、という二つが示されている。すなわち、「退位を認めるとすれば歴史上に見るが如き上皇、法皇的存在の弊を醸す虞があるのみならず、必ずしも天皇の自由意思に基かぬ退位が強制されることも考へられる[16]」。

しかし、天皇が憲法上の国事行為しかできないという立場に立てば、決められたことしかできない天皇にとって、上皇や法皇の存在は政治的な弊害とならないであろう。また、政治的実権が天皇になければ、天皇の意思に反して強制的に退位させるような事態は起こらないように思われる[17]。しかし、天皇に国事行為以外の公的行為を容認するのであれば、そして、そこに政治との接点を見出しうるのであれば、天皇の地位の安定に寄与するために、天皇の生前退位を認めることに有用な場面もあると思われる。このように生前退位の必要性は、天皇の可能な行為の範囲と結びついて理解されるものである。

（二）天皇退位の自由

（一）の議論は天皇の脱出の権利[18]に言及していない。天皇の生前退位を人権目線で語るとどうなるか。天皇が基本的人権の享有主体であるか否かについては、肯定説と否定説とがある。肯定説に立てば、憲法一八条を根拠に自己の意思に反して天皇という「苦役」を受けないと考えることや、憲法一三条を根拠に脱出の権利を導くことも可能であろう。また、職業選択の自由を定めた憲法二二条一項を根拠に天皇という職業から脱出する権利を導くこともできるであろう。これに対して、否定説であれば、天皇は憲法上の権利を享有しないが、立法で天皇脱出の権利を認めると考えることは可能である。しかし、否定説を採る場合は、天皇は憲法上の人権を持たないから、脱出の権利を憲法で構成することはできない。もっとも、天皇の自由な意思による退位を認めることが憲法四条一項に抵触する可能性も指摘されていたことから、今回の明仁天皇の退位は立法に基づくものと理解されよう。

（三）天皇退位の後は：皇位の継承について

今回の代替わりでは、天皇の退位等に関する皇室典範特例法に基づいて、憲法に定められていない、そして、自己が追求した象徴行為の負担を理由とする、天皇退位が認められた。今後、もし徳仁天皇が退位を希望したり、皇位継承者が天皇の就任を拒否したりした場合は、どのように考えれば良いか。責任感のある人たちであるから、そのような事態は生じないという意見もある[19]が、一端、特例法で天皇退位を承認した以上、天皇の地位に就く資格のある者が存在しないという事態を想定する必要があろう。もちろん、この問題は、男系男子しか天皇の地位に就くことができない現行制度（皇室典範一条）を前提とすれば、なおさら検討されるべき問題である。そうすると、どのような方法があるのか。

第一の方法は、女系天皇の容認である。これは単に女性天皇を認めるということにとどまらない。この方法を採用しても憲法上の問題は全くないと考える。

第二の方法は、養子である。皇室典範九条は天皇が養子をとることを禁止するが、憲法は天皇・皇族の養子禁止を定めていない。憲法二条は皇位の「世襲」を定めるが、養子とは本来血縁関係にない者が法的に親と子の関係を取り結ぶものであるから、養子制度を導入しても親から子へ受け継ぐという「世襲」観念に反しない。[20]したがって、皇室典範の改正によって、天皇あるいは皇族が養子を取れる制度にすればよい。この方法は皇籍離脱した旧宮家の人たちを皇室に戻すことにとどまらない。日本国憲法は「養子」について何も規定していないから、象徴天皇としてふさわしい人物であるならば、誰でも養子とすることが可能である。また、養子の決定方法についても、日本国憲法は何も言及していないので、選挙という民主的手段を通じて決定しても憲法違反ではない。

第三の方法は、摂政の活用である。日本国憲法五条によれば、皇室典範の定めに従って置かれた摂政は国事行為を行う。現行の皇室典範では、天皇が「成年に達しないとき」や「精神若しくは身体の重患又は重大な事故により」自ら国事行為をすることができないとき（一六条）に摂政を置く。天皇が完全に不在になった場合に、摂政の規定を用いて国事行為を摂政に行わせる、しかも、その摂政は選挙によって選出するという考え方がある。[21]もっとも、暫定的な措置であれば可といえるかもしれないが、天皇になる者がいなくなったのであれば、憲法改正が必要であろう。

もちろん、天皇家の男系男子にしか皇位継承資格はないという考え方を是とするならば、これら三つの方法はいずれも採用できないものと評価されよう。

むすびにかえて：国民統合と天皇

本稿の冒頭で、政府が国民に代替わりの祝意を表すように促すことを問題にしたが、実際には国民自身が代替わりをお祝いしているといえる。これは、明仁天皇が追及し実行した象徴としての行為を見てきた国民が、それを肯定的に評価していることの現れであると思われる。そして、新天皇である徳仁天皇も、これから国民の支持を調達するために、その形は変わるかもしれないが、象徴としての行為を行うと思われる。日本国憲法は、天皇を「日本国民統合の象徴」と定めている。これは、統合した姿を天皇が表しているにすぎない。しかし、現実には、憲法の規定とは異なり、天皇が象徴行為等を通して国民の支持を調達し、統合軸の役割を果たしているといえるであろう。

しかし、象徴のあるべき姿については、天皇自身が決められることなのであろうか。断絶説に立つ者から見れば、天皇は、日本国憲法の想定している範囲を超えて活動をしている。立憲主義が守られていない由々しき事態である。しかも、それを多くの国民も憲法学者も容認している。このことは、天皇が「あこがれの中心」であるという意味での「国体」が残存し、それを前提として拡大した天皇の役割を、国民も憲法学説も受け入れているからではないだろうか。

（1）本稿は紙幅の都合上必要最小限度の注釈にとどめる。本稿の執筆にあたり、拙稿「憲法と天皇制度――代替わりに際して――」専修法学論集一三六号（二〇一九年）一頁以下を参照した。

（2）https://digital.asahi.com/articles/ASLBC72ZFLBCUTFK01H.html ―（一）のタイトルも、この記事から引用した。なお、本稿注釈に記したＵＲＬの最終確認は二〇二〇年八月七日に行った。

（3）http://www.kunaicho.go.jp/page/okotoba/detail/12
（4）横田耕一「統治構造理論における『連続性』と『断絶性』」公法研究四〇号（一九七八年）一一六頁以下など。
（5）大判昭和四年五月三一日刑集八巻三一七頁。なお、本稿では引用は旧字体を新字体に改めた。
（6）『第九〇回帝国議会衆議院本会議会議録 昭和二一年六月二五日（第五号）』（金森徳次郎の国会答弁）。http://www.shugiin.go.jp/internet/itdb_kenpou.nsf/html/kenpou/s210625-h05.htm
（7）金森徳次郎「憲法遺言」高見勝利編『金森徳次郎著作集Ⅰ　憲法遺言 憲法随想 憲法うらおもて 私の履歴書』（慈学社出版、二〇一三年）一九頁。
（8）佐々木惣一『憲法学論文選二』（有斐閣、一九五七年）二〇六頁。
（9）横田耕一「象徴天皇制と『国体』の呪縛」法律時報増刊『戦後日本の憲法学七〇年の軌跡』（二〇一七年）六一頁以下。
（10）清宮四郎『憲法Ⅰ〔第三版〕』（有斐閣、一九七九年）一五四－一五五頁。
（11）高辻正己『憲法講説　全訂第二版』（良書普及会、一九八〇年）二八七－二八九頁。
（12）清宮・前掲注（10）一五二頁。
（13）準国事行為説については、清水睦『憲法〈改訂新版〉』（南雲堂、一九七九年）四三五－四三六頁。国事行為説については、鵜飼信成『憲法における象徴と代表』（岩波書店、一九七七年）四二頁以下、高橋和之『立憲主義と日本国憲法　第5版』（有斐閣、二〇二〇年）四五－四六頁。
（14）横田耕一「天皇の公的行為」法学セミナー三八九号（一九八七年）三七頁。
（15）横田耕一「憲法からみた天皇の『公務』そして『生前退位』」世界八八六号（二〇一六年）四〇頁以下。
（16）芦部信喜・高見勝利編『日本立法資料全集本巻1　皇室典範』（信山社、一九九〇年）一九五頁（資料54「皇室典範案に関する想定問答」）。
（17）長谷部恭男『憲法学の虫眼鏡』（羽鳥書店、二〇一九年）二七七頁参照。
（18）脱出の権利について問題提起をしたものに、奥平康弘『「萬世一系」の研究（下）』（岩波書店、二〇一七年）二五三頁以下。

(19) 長谷部・前掲注(17)二七八‐二八〇頁。

(20) 芦部信喜監修『注釈憲法(1)』(有斐閣、二〇〇〇年)一六五頁〔横田耕一執筆〕。

(21) 横田耕一・西村裕一・岡田順太・植村勝慶「〔座談会〕憲法から天皇の生前退位を考える(下)生前退位をどう考えるか」法学セミナー七四六号(二〇一七年)一一‐一二頁〔岡田発言〕。

第二部　情報・言論をめぐる今日の諸問題

情報化社会におけるメディアの自由

城野一憲
（鹿児島大学）

はじめに

「平成期」の約三十年間を通じて、情報通信技術は飛躍的に発達し、コミュニケーション環境も劇的に変化した。思想・表現・情報の流通を担う組織体や制度について考察する、メディア法や情報法と称される領域は、大きな発展を遂げた。もっとも、憲法の観点からは、表現の自由一般とは区別された、「メディアの自由」論の成立可能性には、なお議論の余地もある。「表現（の自由）」ではなく、「メディア」という主題があえて与えられたことをふまえて、本稿では、メディア法の事象を断片的に小括することを超えて、メディアの自由論の成立可能性を、特に現代社会におけるメディアの機能の観点から再検討する。

なお、文化や芸術、学術のメディアである文化施設の問題や、メディアの自由と深く関わる「知る権利」や情報公開の論点は、紙幅の関係で本稿では扱わない。このことは、これらの領域の理論的な発展がなかったことを、もちろん意味しない(1)。

一　現代のメディアとメディア法

（一）社会の情報化とメディア

インターネットやスマートフォンというメディアの「テクノロジー」[2]の発達は、新聞や放送という伝統的なメディアの独占的な地位を相対化した。情報通信機器の小型化や高機能化、低価格化は、一般公衆の発信能力と受信能力を飛躍的に高めた。コミュニケーション手段の集約化は、新聞などの伝統的なメディアへのアクセス費用をユーザーにとって追加的なものにしている。[3]

テクノロジーの発達は、「産業」としてのメディアを再編している。放送や新聞、雑誌を包摂する「コンテンツ」という概念の普及が示すように、メディア産業は経済市場の中により深く組み込まれている。[4]多様化と相対化の進むメディア産業を、メディア法や情報法という包括的な枠組みから考察することは、より困難になってきている。[5]また、再販価格制度や所有規制が日本のメディア環境に与えている影響や、現下のデジタルプラットフォーマー規制の進展をふまえれば、規制緩和や民営化、競争法とメディアの自由との関係性の考察が、今後はより一層重要になるだろう。[6]

新聞、雑誌、書籍、映画、テレビ、ラジオ、インターネットといったメディアの分類は、歴史的に登場してきた各種のメディアのテクノロジーと産業を列挙している。より理論的な分類の指標としては、第一に、メディアに期待される社会的な機能を果たすための職業性が挙げられる。[7]専門性と言い換えてもよく、ジャーナリズムがその中核的な内容を充填する。第二の指標は、組織化である。新聞社や放送局などの報道機関は、職業性を持つ組織メディアである。第三に、法令や規制、自生的な規範による主要な機能の画定は、メディアを制度化する。

プラットフォーマーは、その事業形態は制度化されておらず、伝統的なジャーナリズムという専門性に類似する職業性の獲得の途上にある、組織メディアである。[8] メディアのテクノロジーの発展は、共有されたプラットフォームを利用した、政府による直接的なコミュニケーションをより容易にしている。共有現代の政府は、共有されたプラットフォームの中で、あたかもメディア産業の一つのようにふるまい、支配的なプラットフォーマーとの関係では、政府や公職者が、市民と並び立って「表現の自由」を主張する構図も出現している。[9]

（二）メディア規制の進展

一九九〇年代以降、職業性をもつ組織メディアに対する規制が、法令と判例、自主規制の全ての面で進行した。[10] 法規制については、一九九〇年代から二〇〇〇年代にかけて、青少年保護・人権擁護・個人情報保護の「メディア規制三法」が議論された。青少年有害社会環境対策基本法案や、それを分割した青少年保護育成基本法案と青少年有害環境自主規制法案は、いずれも成立しなかったが、青少年保護を理由とした表現規制は、条例や自主規制を通じて、今や一般的なものとなっている。二〇〇一年の人権擁護法案は、メディアを対象とした特別救済手続を伴っていた。取材や報道の場面でのメディアによる「人権侵害」の問題は、公衆だけではなく、法学研究者のメディアへの敵対的な態度とも結びついている。[11] 個人情報保護法の体系の出現は、メディアによる取材や報道にも影響を及ぼしている。「報道」の適用除外によって、放送メディアだけではなく、印刷メディアについても、その外延が実定法の中に盛り込まれた。そして、「個人情報」概念の普及は、近年の匿名報道問題が示唆するように、メディアへの情報開示の拒否に一定の社会的な支持を与えている。

放送法制においても、公権力の統制が進んでいる。二〇一〇年の放送法改正による事業規制法化の進展や電波法の運用停止権限の留保など、全体として「放送の自由」を縮減する傾向が見られる。近年、より露骨さを増す内容・観点に基づく放送統制をめぐっては、「放送の自由」を信奉する通説と、行政実務の乖離が顕在化している。(12)

国家の安全とメディアをめぐっては、二〇一三年に特定秘密保護法が制定された。「国境なき記者団」の公表する世界プレスの自由ランキングでの日本の順位低下の理由として、特定秘密、沖縄問題、原発報道がある。また、「平成期」に頻発し、強調された危機や有事の場面では、メディアが公権力の「導管」化される。国民保護法は、放送局を指定公共機関とし、新型インフルエンザ等対策特別措置法は、指定公共機関の中に、日本放送協会（ＮＨＫ）を含めている。

判例法理は、報道機関の取材・報道の自由を尊重する原則を転換してはいないが、人格権との調整の場面では、実態として、メディアの報道に対する厳しい姿勢が目立つ。(13) 損害賠償額の高額化が進む一方で、「現実の悪意」の法理や公衆の関心事、公的人物といった概念をメディアの社会的機能と調和的に発展させることはなされていない。(14) プライバシーについて、差止・事前抑制を可能とする判例法理が、公共的な問題と関わり得るメディアの報道にも適用されている。(15)

インターネット上での人格権と表現の自由の調整については、プロバイダ責任制限法に加えて、リベンジポルノ防止法といった特別法や、発信者情報開示のための救済制度などが今後も整備されていくだろう。発信者情報開示の事例では、被害者救済と発信者の権利との調整をプロバイダにも求める司法判断もあり、インターネットの事業者がメディア産業としての責任を果たすべき場面が表れている。(16)

メディア規制の進展やメディア不信の高まりを受けて、ジャーナリストや報道機関の倫理の検討や、それらを実現するための制度化の試みも進展した。二〇〇三年に発足し、放送人権委員会、青少年委員会、放送倫理検証委員会を置く放送倫理・番組向上機構（BPO）は、放送法上の放送番組審議機関や訂正放送制度の「間隙」を埋め、その活動を通じて、放送事業者やジャーナリスト、研究者、法曹、公衆の意見交換のフォーラムとなっている。(17) こうした「規律された自主規制(18)」の仕組みは、その形態や法規制との距離といった点では様々であるが、現代では、多くのメディア産業に伴っている。

二　憲法学におけるメディアの自由論

(一)　表現の自由とメディアの自由

ある程度画定されたメディアの外延と、メディアに期待される社会的な機能をふまえて、これを憲法による保護や規律の対象として、どのように取り込むべきだろうか。ユージーン・ヴォロクは、修正一条のプレス条項解釈の伝統は、「産業としてのプレス」ではなく、「テクノロジーとしてのプレス」の保護にあるとして、表現の自由の法理の一元的な理解を支持する。(19) こうした一元的な理解は、組織的な職業メディアに憲法上の特別な地位を認めない。

もっとも、一元的理解を採らないとしても、表現の自由とメディアの自由とを完全に二元的に理解することも、取材・報道の自由を憲法二一条の下で保障する判例法理からは隔たりがある。実際には、日本憲法学におけるメディアの自由の論証は、表現の自由理論の各論として位置づけられている。

(二)　自律

松井茂記は、メディアの表現の自由は、「個人の表現の自由の共同行使」であり、個人の表現の自由と異ならないとする、一元的な理解を採用する。(20) こうした議論の効用は、読者や視聴者、国民という、多義的な概念からメディアの自由を解放することにあるように思われる。確かに、「公衆に表現を伝えたい個人」、「表現したい個人」は、コミュニケーションに不可欠であり、生まれながらの、永遠のジャーナリストも存在しない以上、個人の人格の発展を、メディアの自由の基礎に据えることにも一考の余地がある。[21]とりわけ取材の自由は、取材活動の実態や法廷における「取材の自由」のあらわれ方をふまえれば、主観的な個人の権利として構成する余地は大きい。

送り手の自律に注目する理解は、個人がメディアのテクノロジーやメディア産業を利用する自由と結びつく。ここでの個人は、メディアの所有者や経営者、組織メディアに所属するジャーナリスト、アクセス権や反論権の仕組みを利用する人々といったように、様々な立場がありえる。[22]通常は対立することが多いこれらの個人のメディアの利用の自由を調整するためには、送り手の自律とは別に、メディアの機能を参照する必要がある。

現在の通説は、自律の論点について、受け手の側の個人の自律を確保する上での重要性を強調する。こうしたメディアの自由の機能的、客観的な理解は、主観的な利益と客観的な利益の双方を重視する表現の自由の基礎理論を修正した、緩やかな二元的な理解と言える。

(三) 自己統治

とりわけ、職業性を持つ制度化された組織メディアに関わる「放送の自由」の領域では、メディアの機能として、個人の「自律的な生を可能にする情報の提供」に加えて、「民主的政治過程」の維持が強調される。[23]原理論における自己統治にも対応した、この基本情報提供論は、情報の「多様性」や「公平」、「低廉」の要請を通じて、印刷や放送、通信、インターネットといったメディアのテクノロジーや産業の特性に対応した自由と規制の広狭を説明することが可能であり、通説の地位を占めている。[24]

民主主義のプロセスの中でのメディアの機能は、テクノロジーと産業の両面でのメディアの性質の変化だけではなく、統治に関わる様々な制度の実態にも左右される。放送統制の伏流に政治変動、政権交代があるように、一九九〇年代の政治改革やそれに伴う現実政治の動向は、メディアに期待される社会的な機能を変化させ、メディアの自由にも影響を及ぼしている。

（四）思想の自由市場と真理の探究

原理論の第三のバージョンでもある思想の自由市場論は、現在では、表現の自由のシステムの基本構造としても理解されている。(25) 言論市場における自由な表現と開かれた討議を通じた真理の探究は、原理論の中でも最も長い伝統を持つ一方で、その含意は論者によって多様である。(26) アメリカにおける原理論を検討した奥平康弘は、「万が一、億が一のありうる真理到達のために、一人の人間に賭けるのではなく、凡百の凡人の適正手続に賭けるほかない、というのが、ここで意味される表現の自由の原理論だと思う」として、多元性を通じた真理、真実への接近や到達に期待する伝統的な見解を強調する。(27) 駒村圭吾によれば、思想の自由市場論の想定する「真理」は、「真偽判断の究極点としての真理」よりも、「情報と情報の切磋琢磨を継続することを支える「規制理念（regulative idea）」としての真理」としての性質を持つ。(28)

アメリカにおいては、二〇一二年のAlvarez判決(29)が、「虚偽」の言論を処罰する連邦法を違憲としたことも受けて、表現の自由理論における「真実」と「虚偽」の位置づけが、近時、再論されてきている。(30) 例えば、ブライアン・マーチソンは、この価値のもたらす利益を生存と進歩、徳性という三つのナラティブに従って整理し、過去、現在、未来の三つの場面における真実の探究の機能を分析している。(31) 過去を明らかにする学術研究や調査報道、現在の事実についての情報公開、真実と虚偽の複雑な混在を許容することによる未来の情報流通ルールの形成に関心を向けるマーチソンの分析は、思想や信仰における真理というよりは、事実やその評価についての真実や真相の探求に向けられている。

連邦最高裁のルイス・パウエル判事は、約半世紀前に、メディアの憲法上の特権を支持する反対意見の中で、マスメディアによる正確で効果的な報道がなければ、一般人は価値ある情報に日常の中で触れることは困難である、という見解を示していた(32)。フェイクニュースやポスト真実、オルタナ真実、分極化、サイバーカスケード(33)といった言葉が次々と生み出される現代では、この懸念は、より妥当するようにも思える(34)。

三　メディアの自由と真実

ジョセフ・ブロッカーは、フェイクニュースの激増と、思想の自由市場をめぐる議論の活発化を受けて、言論の「認識的な価値(35)」を承認するアプローチを模索し、「正当化された真の信念」と「知識」をベースにした修正一条論を提唱している(36)。ブロッカーによると、言論の自由は、メディアや大学、教会などの制度や組織体、知識コミュニティを通じて「正当化された真の信念」に転換された「知識」が、社会でよりよい働きをすることを支えるために存在する(37)。日本におけるメディア法の領域でも、組織的な職業メディアであるプレスやジャーナリスト集団が、正確なニュースの伝達や思想の自由市場の活性化に果たすべき役割を強調する見解が示されている(38)。

私たちが社会生活を送る上では、社会や世界で起きている事柄について、一定の理解を客観的な真実として共有しておくことが必要である。ここで共有される真実は、自然科学における真理のような厳密な検証可能性を備えたものや、思想や信仰が受け持つべき普遍的な真理とは異なっている(39)。無数に起きる膨大な出来事や現象の中から、公衆が理解可能なかたちで、いわば拡大鏡を当てるようにして像を結び、それを記録・伝達することが、メディアの仕事である。真理を探究する信仰や科学という営みは、そのプロセス全般にわたって、学問の自由や信仰の自由による保護を受けている。真実の探求と検証、伝達というメディアの固有の機能を維持していくことが、憲法によるメディアの自由の保障の中核となり得るのではないだろうか。

おわりに

日本国憲法の下では、報道機関の取材・報道の自由が保障され、法規制や自主規制によってメディアの外延が画定されている。現代の情報化社会では、公権力や社会的圧力から独立した自由なメディアを支える原理として、真実の探求アプローチがより重要になってきている。訓練されたジャーナリストと、職業上の訓練の機会を備え、立法と自主規制によって制度化された、報道の自由の主体である組織的なメディアという条件をそろえた日本の主要な報道機関には、今のところ、こうした社会的機能を期待することもできるだろう。

メディアの自由を、プレスをはじめとする特有の組織体の特権と理解することについては、特に新聞などの印刷メディアに対して、特権に対応した特別な法規制が及ぶことへの懸念も示されてきている。(40) 安価で普及力のある紙を利用する印刷メディアの地位は、現在ではインターネットがそのほとんどを代替可能であり、その機能は、メディアの自由ではなく、表現の自由一般による処理がふさわしい。

真実の探求と検証、伝達というメディアの機能を維持するために、名誉やプライバシー、個人情報に関わる情報の収集や伝達の場面で、職業的な組織メディアには一定の特権が与えられるべきである。また、政府の公表する事実を真実と推定する判例法理には、修正が必要である。(41) ただしこの修正は、個々の報道機関を超えたメディア産業としての検証作業をより効果的に行うための、配信サービスの抗弁の拡充とともに進められる必要がある。(42) こうしたメディアによる真実や真相の検証プロセスが適切に機能しているのかをチェックする、制度的な仕組みも必要だろう。

(1) 例えば、横大道聡『現代国家における表現の自由』(弘文堂、二〇一三年)、松井茂記『図書館と表現の自由』(岩波書店、二〇一三年)を参照。藤原静雄「情報をめぐる問題」法律時報九二巻八号(二〇二〇年)も参照。

(2) ユージーン・ヴォロクは、プレスの自由の保障の歴史を、「テクノロジーとしてのプレス」と「産業としてのプレス」の概念を用いて説明している。See, Eugene Volokh, Freedom for the Press as an Industry, or for the Press as a Technology?, 160 U. Pa. L. Rev. 459 (2012).

(3) 最大判平成二九年一二月六日民集七一巻一〇号一八一七頁をはじめとする一連の受信料判決による受信契約の強制の強化も、この文脈の中で理解されるべきだろう。

(4)『情報通信白書』は、テレビやラジオ、映画、雑誌、新聞、コミックなどの市場の規模や構成比を「コンテンツ市場の動向」として整理する。

(5) 情報法やメディア法の領域を画定しようとするものとして、鈴木秀美編『メディア法研究 創刊第一号』(信山社、二〇一八年)(以下、『メディア法研究』)を参照。一九九九年から二〇一五年まで、「情報・メディア法」は、法律時報の学界回顧でも独立した領域であった。

(6) 放送について、鈴木秀美「メディア法の主要課題」『メディア法研究』二七–二八頁、山田健太「ポスト「放送」時代の放送制度」法学セミナー七六八号(二〇一九年)二五–二六頁を参照。

(7) 阪本昌成は、「プレスとは、マス・メディアのうちでも、公衆の関心事を迅速かつ定期的に伝達することを専門的業とする組織体を指す」と定義する。阪本昌成『表現権理論』(信山社、二〇一一年)二〇五–二〇六頁を参照。

(8) 特にインターネット上における技術的な構造、アーキテクチャによる表現の制約については、成原慧『表現の自由とアーキテクチャ』（勁草書房、二〇一六年）二〇一頁以下を参照。
（9）See, Timothy Zick, The First Amendment in the Trump Era, (Oxford University Press, 2019). 公職者の表現について、蟻川恒正『尊厳と身分』（岩波書店、二〇一六年）二六九頁以下も参照。
（10）精力的な批判的検討を続けてきた論者の近刊として、田島泰彦『表現の自由とメディアの現代史』（日本評論社、二〇一九年）がある。
（11）一例として、飯島滋明編『憲法から考える実名犯罪報道』（現代人文社、二〇一三年）がある。
（12）現場の声として、齊加尚代「「圧力」の時代」法学セミナー七六八号（二〇一九年）も参照。
（13）いわゆる「ロス疑惑」は、メディアの名誉毀損責任を問うことの一般化の契機だったともいわれる。松井茂記『マス・メディアの表現の自由』（日本評論社、二〇〇五年）一六頁を参照。なお、「平成期」における主要な「メディア判例」のうち、最高裁の大法廷によるものは三件であり、インターネットや情報公開の事例も含めて、多くは、小法廷や下級審レベルのものである。長谷部恭男・山口いつ子・宍戸常寿編「メディア判例百選（第二版）」別冊ジュリスト二四一号（二〇一八年）を参照。
（14）松井茂記『表現の自由と名誉毀損』（有斐閣、二〇一三年）は、本来保護に値しないような表現の保障の重要性を説く。
（15）公人の親族の離婚記事が掲載された週刊誌の事前差止が認められた東京高決平成一六年三月三一日判時一八六五号一二頁を参照。
（16）大阪高判令和元年一〇月二五日（2019WLJPCA10256001）
（17）川端和治『放送の自由』（岩波書店、二〇一九年）一六一頁以下、鈴木秀美・山田健太編『放送制度概論』（商事法務、二〇一七年）六八頁以下などを参照。
（18）鈴木秀美「放送事業者の表現の自由と視聴者の知る権利」法学セミナー七三八号（二〇一六年）二六頁、同「放送法における表現の自由と知る権利」ドイツ憲法判例研究会編『憲法の規範力とメディア法』（信山社、二〇一五年）二六九頁、西土彰一郎「制度的自由としての放送の自由」法学セミナー七六八号（二〇一九年）三三頁、曽我部真裕「放送番組規律の「日本モデル」の形成と展開」曽我部・赤坂幸一編『憲法改革の理念と展開（下）』（信山社、二〇一二年）三七四頁などを参照。

（19）See, Volokh, supra note 2.

（20）松井・前掲注13）七二頁以下を参照。

（21）田島泰彦は、受け手の利益と送り手の利益の「複合的」なものとしてメディアの自由を構成する。田島泰彦・右崎正博・服部孝章『現代メディアと法』（三省堂、一九九八年）四四－四五頁（田島執筆部分）を参照。

（22）長谷部恭男『テレビの憲法理論』（弘文堂、一九九二年）三五－三七頁は、メディアの「エリートたちの自由」が社会的権力として立ち現れることを指摘し、「プレス内部の自由の確保」を必要と指摘する。浜田純一『メディアの法理』（日本評論社、一九九〇年）、同『情報法』（有斐閣、一九九三年）、花田達朗『内部的メディアの自由』（日本評論社、二〇一三年）なども参照。駒村圭吾は、こうした議論を、「結社モデル」と「ジャーナリスト複合モデル」の対比として整理する。駒村圭吾『ジャーナリズムの法理』（嵯峨野書院、二〇〇一年）三〇－三四頁を参照。

（23）長谷部・前掲三二頁以下を参照。

（24）芦部信喜『憲法学Ⅲ人権各論（一）（増補版）』（有斐閣、二〇〇〇年）三〇三、三一〇頁、長谷部・前掲注22）九三頁以下、寺田麻佑・駒村圭吾・小山剛・宍戸常寿「放送・メディア・表現の現在」社会科学ジャーナル八一号（二〇一六年）七五－七六頁（宍戸発言部分）を参照。

（25）山口いつ子『情報法の構造』（東京大学出版会、二〇一〇年）七五頁を参照。阪本・前掲注7）三二頁は、多種多様な、玉石混交の思想やアイデアが飛び交う市場という構造そのものを強調する。

（26）エリック・バレント（比較言論法研究会訳）『言論の自由』（雄松堂出版、二〇一〇年）九－一五頁を参照。

（27）奥平康弘『なぜ「表現の自由」か』（東京大学出版会、一九八八年）一九頁を参照。

（28）駒村・前掲注22）三八－三九頁を参照。

（29）United States v. Alvarez, 567 U.S. 709 (2012)

(30) See e.g., Frederick Schauer, Free Speech, the Search for Truth, and the Problem of Collective Knowledge, 70 SMU L. Rev. 231 (2017)

(31) Brian C. Murchison, Speech and The Truth-Seeking Value, 39 Colum. J.L. & Arts 55 (2015)

(32) See, Saxbe v. Washington Post Co., 417 U.S. 843 (1974) at 863 (Powell, J., dissenting). 法廷意見は、報道機関による受刑者の指名取材を禁止する連邦規則を合憲とした。

(33) キャス・サンスティーン（伊達尚美訳）『#リパブリック』（勁草書房、二〇一八年）も参照。

(34) フレデリック・シャウアーは、言論市場における「虚偽のしぶとさ」を指摘する。See, Schauer supra note 30 at 245.

(35)「認識的な価値」は、伝達される情報や知識の性質や正統性、出所に依存する。See, Paul Horwitz, The First Amendment's Epistemological Problem, 87 U. Wash. L. Rev. 445 (2012) at 446.

(36) Joseph Blocher, Free Speech and Justified True Belief, 133 Harv. L. Rev. 439 (2019)

(37) Id at 472.

(38) 水谷瑛嗣郎「思想の自由市場の中の「フェイクニュース」」メディア・コミュニケーション六九号（二〇一九年）六一-六四頁、成原慧「フェイクニュースの憲法問題」法学セミナー七七二号（二〇一九年）二二頁を参照。

(39) 長谷部・前掲注22）一六〇-一六一頁も参照。

(40) 例えば、芦部・前掲注24）二四三-二四四頁を参照。

(41) 一例として、捜査当局の公式発表のない事柄の報道について、真実相当性を厳格に判断する最小判昭和四七年一一月一六日民集二六巻九号一六三三頁を参照。

(42) 鈴木・前掲注6）一〇-一一頁は、主に「権力監視」の機能の点から、真実相当性の主張の中で配信サービスの抗弁が認められない場面を限定すべきとする。

ドイツにおけるヘイトスピーチ規制と警察
——宗教冒瀆表現関連事案の検討を中心に——

菅沼博子
（名古屋商科大学）

はじめに

本稿は、ドイツのヘイトスピーチ規制における警察権限の発動と統制について、宗教冒瀆表現関連事案の検討を通じて序論的な考察を行うものである。

日本のヘイトスピーチ対策においては、とりわけ「本邦外出身者に対する不当な差別的言動の解消に向けた取組の推進に関する法律」（いわゆるヘイトスピーチ解消法）が二〇一六年に施行されて以降、地方公共団体において「公の施設の利用制限」や禁止規定・罰則規定などの対策が模索されるに至っている。

もっとも、ヘイトスピーチ規制にあたり警察権限をいかに発動させるかという問い[1]と、それをいかにして統制するかという問いに関する議論は、日本の憲法学において低調であったように思われる。その背景としては、公権力の介入を義務づける理論の一つである保護義務論に対する「国家からの自由」を重視する立場からの批判[2]や、いわゆる「警察アレルギー」[3]などが考えられる。日本の公法学における

「警察」という主題はそれ自体として丹念な検討を要するが、本稿においては総論的な検討の前提作業として、ヘイトスピーチの警察規制を行うドイツの具体的な事案の考察にとどまる。

なお、検討対象とする具体的な事案については、本稿では宗教冒瀆表現関連事案に限定する。その理由としては二点ある。第一に、ドイツにおいて、宗教冒瀆表現関連事案は主に信条冒瀆罪(4)(刑法一六六条)によって刑法上の規制対象とされているが、侮辱罪(刑法一八五条)や民衆扇動罪(刑法一三〇条)と比して事件数が少ないため、全体像が把握しやすい。第二に、刑事事件の件数がきわめて少ないにもかかわらず刑法典に信条冒瀆罪を存置する意義として、刑法上の犯罪が発生する危険を理由として警察規制が行われる法構造が存在するためである。

こうした理由から宗教冒瀆表現関連事案の警察規制の検討を行うが、本稿では、行政警察と司法警察の警察作用のうち、行政警察に関する事案の分析に注力する(5)。

一　ドイツにおけるヘイトスピーチ規制の法構造

ドイツの宗教冒瀆表現関連事案の検討に先立ち、ドイツのヘイトスピーチ規制の法構造の概観を示し、そのなかで警察規制がどのように位置づけられるかを瞥見しておく。

(一) ドイツにおけるヘイトスピーチ規制の法構造の概観

ドイツのヘイトスピーチの主な法的手段としては、侮辱罪や民衆扇動罪がある(6)。宗教集団に対するヘイトスピーチは、信条冒瀆罪によっても規制されうる。これらの刑事規制の構成要件は、民事救済やインターネット上のコンテンツ規制を検討するうえでも、参照が求められうる(7)。

民事救済に関して、不法行為法は、民法八二三条二項において、刑法上の構成要件を責任根拠に変換する仕組みを有しているため、刑法上の名誉保護は不法行為法上の基準にもなる。

インターネット上のコンテンツ規制については、ＳＮＳ法（Netzwerkdurchsetzungsgesetz）において、ＳＮＳ事業者が削除しなければならない表現規制には、侮辱罪、民衆扇動罪、信条冒瀆罪などの構成要件を充たし、かつ、正当化されない内容も含まれている。(8)

さらに、本稿の問題関心から重要であるのは、ヘイトスピーチの刑事規制の構成要件と警察規制の関係である。

（二）刑法と警察法の関係

本稿で扱う事例には集会法に関わるものもあるが、集会法は警察法の特別法である。集会法における危険（Gefahr）(9)の概念は、集会法におけるものと警察法におけるものも同様であり、集会法一五条一項における「公共の安全又は公共の秩序が直接に危殆化する」という文言は、公共の安全または公共の秩序に対する直接の危険を意味している。(10)集会法一五条は官庁による集会の禁止・解散を規定するものであるが、ここでの「公共の安全」の定義からは中核的な法益の可罰的な侵害が基本的に要求されており、「公共の秩序」の保護を理由とした集会の制限においても法律の留保が必要とされるに至っている。(11)

集会法における条件（Auflage）の保護法益は公共の安全と公共の秩序である。集会法上の条件が保障するのは、集会が他の法律から導出される限界を守ることであり、ここでの他の法律の具体例としては、民衆扇動罪、信条冒瀆罪、侮辱罪などが挙げられる。(12)

このように、ヘイトスピーチ規制において、刑事規制はそれ自体のみならず、警察規制においても参照される。

二　宗教冒瀆表現関連事案に対する警察規制

ここでは宗教冒瀆表現関連事案に対する警察規制のうち、行政警察作用に関する二つの事案を採り上げ、検討を行う。

(一)　行政警察作用に関する事案

①ＬＧＢＴパレードにおける教皇風刺事件

本件は、ミュンヘンで行われたＬＧＢＴパレードにおいて、当時の教皇ベネディクト一六世に対する風刺的な表現が問題となった事案である。(13) 原告は二〇〇六年八月一二日に当該パレードにおいて政治的なデモ行進を行ったが、その際に用いたトラック車の側面には、教皇の顔に化粧が施され、避妊具を掲げた加工画像が掲示され、その画像の下には「同性愛は重い罪悪である！」等の当時のカトリック教会の同性愛に対する態度を風刺する文言が添えられていた。これに対し、警察は刑法一〇三条（外国元首等侮辱罪）の疑いがあるとして、教皇を風刺するイラストの撤去を求め、応じなければデモへの参加を認めないとしたため、原告はその風刺画を撤去した。二〇〇八年三月一二日判決においてミュンヘン行政裁判所は、原告による継続的確認訴訟（Fortsetzungsfeststellungsklage）を棄却したが、原告は控訴し、二〇一〇年三月八日のミュンヘン上級行政裁判所判決によって訴えは認容された。

上級行政裁判所は、二〇〇六年八月一二日付の命令（Anordnung）は違法であり、原告の権利が侵害されているとして、継続的確認訴訟を認容した。訴訟物である当該命令の法的根拠として、バイエルン警察任務法一一条一項・同二項が問題となった。警察任務法一一条一項は個別の事案において公共の安全または公共の秩序に対する危険から防御するために、警察は必要な措置を講じることができると規定し、同二項は警察が前項における措置を講じうるのは、犯罪行為を予防または禁止するために必要な場合であるとしている。ここでの警察任務法における犯罪行為とは、刑法の構成要件を充たす違法な行為のことである。

本件において、警察によって考慮された犯罪構成要件は、侮辱罪・外国元首等侮辱罪・信条冒瀆罪であるが、上級行政裁判所はいずれの構成要件にも該当しないと判断した。信条冒瀆罪の構成要件該当性に関して、「冒瀆」のメルクマールについて原告はそもそも教会を批判したのであって、嘲笑したのではないため充たさないとしている。そのうえで、「公共の平穏」のメルクマールの該当性についても検討を加えており、二〇〇九年の連邦憲法裁判所のヴンジーデル決定(14)による「公共の平穏」の限定解釈を参照し、「公共の平穏」の保護の目的として、「挑発的な意見やイデオロギーに直面することによる主観的な不安から市民を保護すること」や「基底的なものとみなされる社会的・倫理的見解を維持すること」では不十分であることを指摘し、「公共の平穏」メルクマールも充たさないとの判断を示した。

警察の二〇〇六年八月一二日付命令が適法なものとみなしえない理由は、実際に犯罪構成要件が実現に至るかどうかを判断することが、警察が判断をした時点においては困難であったからである。警察任務法一一条二項が文言上明確に示しているとおり、ここでの警察権限は犯罪行為の予防のみを対象としているのであって、犯罪行為として明確に認識しえない行為の予防までも対象とするわけではない。

警察の当該命令が出た時点においては、警察の介入を正当化しうる外観的危険(15)（Anscheinsgefahr）も存在していなかった。外観的危険は、客観的な観察によって、警察措置の時点において事情が差し迫った危険（drohende Gefahr）を指し示していたならば妥当である。しかし、実際のところそのような危険はない。本件においては、警察が単に法的な評価を誤っていただけであり、事情の評価におけるそのような誤りは外観的危険を意味するものではない。

②集会におけるムハンマド風刺画事件

本件は、反イスラム的主張を行う極右団体「プロ・ドイツ市民運動（Bürgerbewegung Pro Deutschland）」による、ムハンマドの風刺画を掲げてデモを行う計画が問題となった事案である[16]。被申立人の当該団体は、ベルリンのモスク周辺で二〇一二年八月一八日にデモを行うことを計画し、集会のテーマとして「イスラムはドイツの一員ではない——イスラム化よ、止まれ」というスローガンを掲げていた。被申立人は、同年八月一四日に集会の届出を行い、二〇〇五年にデンマークのユランス・ポステン誌に掲載されたムハンマドの風刺画を掲示することを予告した。これに対し、申立人である行政官庁は、当該風刺画の掲示によって、基本法四条の宗教の自由が侵害されると主張し、被申立人に対し当該風刺画の掲示を控えるよう求めた。被申立人がこの要請を拒否したため、申立人はベルリン行政裁判所に、主位的申立てとしてモスク周辺でデモを行っているあいだはムハンマドの風刺画の掲示を禁止するという条件を被申立人に対し仮命令（einstweilige Anordnung）によって義務づけること、予備的申立てとしてモスクとその連絡道路の視界ではムハンマドの風刺画の掲示を禁止することを申し立てた。

ベルリン行政裁判所二〇一二年八月一六日決定[17]は、申立人の申立てを認容せず、ベルリン‐ブランデンブルク上級行政裁判所二〇一二年八月一七日決定においても申立人の異議は認容されなかった。上級行政裁判所が異議を棄却した理由としては行政裁判所と同旨であるため、以下では行政裁判所決定の理由を見ていく。

行政裁判所法一二三条一項二文[18]によれば、裁判所が、争われている法関係に関して仮の状態を規律するために仮命令が許されるのは、本質的な不利益を避けるため、あるいは他の理由により必要であると思われる場合である。もっとも、裁判所は、本案手続の訴えの目的が中立人にとって遅きに失し、仮の規律に当たる場合にかぎって、仮命令を原則的に認めうる。本案判断のそのような先どりは、憲法上の権利による効果的な権利保護の保障を考慮に入れ、例外的な場合にのみ考慮に値する。そのような場合とは、命令請求権[19]（Anordnungsanspruch）と命令原因[20]（Anordnungsgrund）を疎明した場合である。

まず、命令請求権については、本案の先どりのために必要とされる高い蓋然性が本件では不十分である。中立人は、集会法一五条一項にもとづき集会法上の条件の発布を求めている。そのような条件は、第三者の危殆化された法益を考慮し、憲法上保護された集会の自由の法益と、他方の憲法上保護され、かつ、保護が必要とされる法益とのあいだの実践的整合性（praktische Konkordanz）をもたらす手段である。そこでは、以下の三点が考慮される。

①集会法一五条一項によって認められる決定裁量（Entschließungsermessen）は、基本権と結びついている。そこで、集会の自由が劣後（zurücktreten）しなければならないのは、自由権の意義を考慮に入れたうえでの衡量が、他者の少なくとも同等の法益の保護のために不可欠となる場合である。②当局の介入権限は、「集会の実行」に際した、公共の安全または公共の秩序の「直接的な危殆化」という条件によって限定される。公共の安全の危殆化と集会の実行のあいだには、十分に明確な因果関係（Kausalzusammenhang）が存在していなければならない。③処分の発布の時点において、公共の安全の危殆化が高い蓋然性をともなって予期されることが「明らかな（erkennbar）状況」が存在していなければならない。このことは、危険予測（Gefahrenprognose）の根拠として、証明可能な（nachweisbar）事実を前提とする。つまり、単なる推定（Vermutung）では不十分である。[21]

これらの原則の顧慮によって、要求された条件の発布に関する申立人の請求権は、被申立人によって否定されうる。なぜならば、条件の発布のための前提条件である、公共の安全または公共の秩序の危殆化に不可欠な高い蓋然性を欠いており、ムハンマドの風刺画の掲示の刑法との関連性も確認されていないからである。信条冒瀆罪の犯罪構成要件該当性については、宗教的な信条への嘲笑という意味での「冒瀆」のメルクマールが明らかに充たされていない。さらに、犯罪構成要件該当の妨げとなってしかるべき基本法五条三項の芸術の自由の保護領域に風刺画による表現は含まれるということを考慮しうる。また、もっぱらムハンマドの風刺画の掲示によって、憎悪や暴力的措置（Gewaltmaßnahme）を住民集団に対してかきたて、それゆえ民衆扇動罪の構成要件を充たすということも認めがたい。

集会法一五条一項にもとづく条件の発布は、被申立人の義務に従った裁量（pflichtgemäßen Ermessen）であったとしても、集会の自由の制限を強制的に命じ、裁量の零収縮を争う根拠は明らかではない。

申立人が命令原因を真実らしく見せたかどうかということは、本件では問題とならない。

（二）若干の検討

①両事件の比較検討

上述の両事件はいずれも宗教冒瀆表現関連事案に対する警察規制の成否が争われ、そこでは「公共の安全または公共の秩序の危殆化」の判断の前提として、刑事規制——両事件においては信条冒瀆罪——の構成要件該当性の判断が行われた。このようにドイツにおけるヘイトスピーチの警察規制においては、基本的に刑法の構成要件該当性の問題は避けて通ることはできない。

両事件のいずれも信条冒瀆罪の構成要件該当性を否定し、両事件とも信条冒瀆罪の構成要件メルクマールのうち「冒瀆」メルクマールの段階で該当していないが、教皇風刺事件においては「公共の平穏」メルクマールに言及している点が注目に値する。教皇風刺事件における「公共の平穏」メルクマールの判断からは、刑法上の構成要件の厳格解釈によって、警察法による表現活動に対する介入の判断も厳格なものとなっているからである。

ムハンマド風刺画事件では「冒瀆」メルクマールの段階で該当性が否定されているが、この要素の該当性判断は法学関係者によっては判断が分かれるところである。(22) 当該事件は、「冒瀆」メルクマールの判断について詳細に論じるものではないが、集会法一五条一項における「条件」の発布にあたり、連邦憲法裁判所の判例を参照し、三つの考慮要素を挙げている。この三つの考慮要素の具体的な判断については、他の関連事案を参照し、より詳細な検討を行う必要があるが、行政が集会に条件を付すための考慮要素を具体的に示す手法は、日本にも資すべきところがあるように思われる。

②刑法と警察法

両事件を通じて宗教冒瀆表現関連事案における警察規制の例を見てきたが、ここで刑法と警察法の関係を整理しておく。警察法上の危険防御命令と刑事法規範の区別に関しては、刑事法規範では通常「結果」が禁止されるのに対して、危険防御命令においては「原因」が禁止されるという指摘(23)がすでになされているところではあるが、ここでは刑法と警察法の目的の違いに着目する。

刑法学者タチアナ・ヘルンレによれば、刑法は有罪判決を下すことによって、強度の人格的な非難を行うことを目指しているのに対し、警察法は危険防御に仕えるものである。(24) この見地からすると、刑法には二つの特徴がある。第一は、刑事判決（Strafurteil）は社会倫理的な負荷（Aufladung）によって、その意味内容において具体的な事案を超えるメッセージを刑法の法領域に伝達するということである。

ここでは、例えば、キリスト教の信条は、暴力を辞さない姿勢（Gewaltbereitschaft）を欠いているがゆえに、信条冒瀆罪によって「保護する価値のない」ものとして位置づける場合が挙げられる。第二は、刑法上の有罪判決にとって中心的な意味をもつ、社会倫理的な無価値判断（Unwerturteil）ゆえに、非難されている人の行為によって起こりうる結果に対する帰責は、きわめて重大であるということである。それに対して、警察法は結果主義的な（ergebnisbezogen）賢明の規則(25)（Klugheitsregeln）に対する優先的な指向がより支持されうる。

これにともない、警察法上の措置については、妨害者（Störer）の人格的な責任に対してより少ない要求である一応の介入根拠（Prima-facie-Eingriffsgrundes）の確認によって、主張可能（vertretbar）である。一方、刑法においては、結果の帰責（Folgenzurechnung）について、より厳しい基準が必要となり、回顧的な（retrospektiv）指向で人を非難する処罰にあたっては、当該人物がリスクに対して責任があるという評価が求められる(26)。

このような刑法と警察法の違いを前提として把握しておくことが、宗教冒瀆表現関連事案のみならずドイツにおけるヘイトスピーチの警察権限の発動と統制の全体像を描き出すうえで必要となるように思われる。本稿は、限られた領域におけるごくわずかな事例しか検討しておらず、全体像を描き出す作業は他日を期さざるをえない。

おわりに

日本においては、ヘイトスピーチ解消法施行以降の警察によるヘイトスピーチへの対応として、二〇一六年六月三日の「本邦外出身者に対する不当な差別的言動の解消に向けた取組の推進に関する法律の施行について（通達）」によってヘイトスピーチ解消法の目的をふまえた警察活動の推進の方針を示し、二〇一九年三月二八日には警察庁が各都道府県警へ向けて選挙に特化したヘイト取り締まりについての通知を出すなど一定の対応が試みられているが、ヘイトデモの実態について社会学の検討からは「警察の対応は形式的なルーティーンとなってしまっている」[27]と評されるなど、警察に対してはヘイトスピーチの取り締まりによりふみこんだ姿勢を求める指摘もある。

本稿は、筆者が主な論究対象としてきた宗教冒瀆表現関連事案を足がかりに、ドイツにおける表現活動に対する警察規制の法構造と警察権限の統制手法の一端を示したにとどまる。日本におけるヘイトスピーチの警察対応をめぐる法的問題への具体的な示唆やドイツのヘイトスピーチの警察規制の全体像を示す作業は今後の課題である。

（1）金哲敏ほか「シンポジウムを終えて」ＬＡＺＡＫ編『ヘイトスピーチはどこまで規制できるか』（影書房、二〇一六年）一九四頁〔金竜介発言箇所〕。

（2）たとえば、保護義務論を支持する小山剛によって「基本権保護義務論に従えば、被害者に必要な救済を与えるためであれば、立法および行政による介入は憲法上、許容されるのみならず、要請される場合もある。（中略）（筆者注：差別的表現の）規制の可否は、問題の表現によって誰のいかなる利益が侵害されたのかという、規制の保護法益から検討すべき」（小山剛「人権擁護立法の意義と課題」憲法問題一四号（二〇〇三年）五一－五三頁）との指摘が存在した。その一方で、「国家による自由」に懐疑的な見解を採る榎透は「差別的表現規制に関する議論は、『国家による自由』を軸とした体系的な人権論を構築することの危険性を示している」と論じていた（榎透『国家による自由』の特質と問題点」憲法理論研究会編『〝危機の時代〟と憲法』（敬文堂、二〇〇五年）七七頁）。

（3）行政法学者成田頼明は憲法学者の一部に対して、「最近では日本でも、社会や地域における個人生活の安全が重視されるようになり、人が安全な環境の中で暮すことが何よりも基本だという考え方の下に、常に個人の自由を最優先するのではなく『安全の中の自由』こそ大切だと言われるのですが、憲法学者の中には『これは非常に危険な思想である』と批判する人がいる」と批判していた。成田頼明ほか「警察政策学会の成立経緯と今後の課題」警察政策一一巻別冊（二〇〇九年）八九頁〔成田発言箇所〕。

（4）「一項　公然と又は文書（一一条三項）の頒布により、他の者の宗教又は世界観にかかわる信条の内容を、公共の平穏を乱しうるような態様で冒瀆した者は、三年以下の自由刑又は罰金に処する。

二項　公然と又は文書（一一条三項）の頒布により、国内に所在する教会若しくはその他の宗教団体、又は、世界観を共有する団体、それらの制度若しくは慣行を、公共の平穏を乱しうるような態様で冒瀆した者も、前項と同一の刑に処する。」邦訳については、法務省大臣官房司法法制部編『第四六一号』（二〇〇七年）一一五－一一六頁を参照し、筆者が訳語の一部を変更した。

（5）日本のヘイトスピーチにおける「警察が動かない」という問題をめぐっては、現行法の適用可能性にもかかわらず、刑事訴追の前提としての捜査が行われづらいという司法警察作用をめぐる論点は看過しうるものではないが、この点の検討は他日を期すこととしたい。

（6）ドイツのヘイトスピーチ規制の全体像を描くものとして、毛利透「ヘイトスピーチの法的規制について」法学論叢一七六巻二・三号（二〇一四年）二一八－二三三頁、上村都「ドイツにおける『ヘイトスピーチ』規制」比較憲法学研究二九号（二〇一七年）九三－一〇八頁参照。

（7）ハイン・ケッツ／ゲルハルト・ヴァーグナー（吉村良一・中田邦博監訳）『ドイツ不法行為法』（法律文化社、二〇一一年）一八八頁以下〔木村和成訳〕。ドイツにおけるヘイトスピーチの民事救済の詳細な検討については、他日を期したい。

（8）ドイツのSNS法の全体像については、鈴木秀美「インターネット上のヘイトスピーチと表現の自由」工藤達朗ほか編『憲法学の創造的展開　上巻』（信山社、二〇一七年）五七七頁以下参照。

（9）「所轄官庁は、処分を発する時点において認められうる状況からして、当該集会又は集団行進が実行されれば公共の安全又は公共の秩序が直接に危殆化するときは、これを禁止し、又は特定の条件を付すことができる」邦訳については、初宿正典『日独比較憲法学研究の論点』（成文堂、二〇一五年）三三七頁を参照し、筆者が訳語の一部を変更した。

（10）Bodo Pieroth/Bernhard Schlink/Michael Kniesel, Polizei- und Ordnungsrecht mit Versammlungsrecht, 7. Aufl., 2012, S. 347f.

（11）集会法論争における「公共の安全」と「公共の秩序」をめぐる議論の帰結については、渡辺洋「ＮＰＤによるシナゴーグ建設反対集会の禁止」ドイツ憲法判例研究会編『ドイツの憲法判例Ⅲ』（信山社、二〇〇八年）二四二頁以下参照。

（12）参照、Pieroth/Schlink/Kniesel（Fn. 10), S. 360.

（13）VGH München, Urteil vom 8. März 2010 - 10 B 09.1102, 10 B 09.1837, NJW 2011, S. 793. 本件のより詳細な事案概要の紹介は、拙稿「ドイツにおける信条冒瀆罪正当化の試みの憲法学的一考察（一）」一橋法学一五巻三号（二〇一六年）一二五〇‐一二五二頁参照。

（14）BVerfGE 124, 300. 本件の邦文評釈としてまずは、土屋武「一般法律の留保とその例外」ドイツ憲法判例研究会編『ドイツの憲法判例Ⅳ』（信山社、二〇一八年）一三五‐一三八頁参照。

（15）外観的危険とは、「警察官吏が、現在の事情の下における分別ある評価においては危険の予測は正しかったが、後にこの承認の確実性が揺らぎ、さらには否定されるような場合」である。米田雅宏『「警察権の限界」論の再定位』（有斐閣、二〇一九年）二〇五頁。

（16）OVG Berlin-Brandenburg, 17.8.2012, 1 S 117.12, NJW 2012, S. 3116. 本件については、拙稿「ドイツにおける宗教冒瀆表現とその規制」宗教法三八号（二〇一九年）一五〇‐一五一頁において若干の紹介を行った。

（17）VG Berlin, 16.08.2012-1 L 217.12, juris.

（18）邦訳として、木村弘之亮訳「一九九八年ドイツ行政裁判所法」法学研究七四巻六号（二〇〇一年）一五九頁がある。

（19）命令請求権とは、「仮命令の申立人が本案訴訟において主張する実体的請求権」である。湊二郎『都市計画の裁判的統制』（日本評論社、二〇一八年）八六頁。

（20）命令原因とは、「仮命令の必要性ないし緊急性に関する要件」である。湊・前掲注（19）八六頁。

（21）本件における三点の考慮要素は、BVerfG, Beschluss vom 21.04.1998-1 BvR 2311/94, Rn. 27. を参照したものである。この連邦憲法裁判所第一法廷第一部会決定の三人の裁判官には、第一法廷における表現の自由報告担当者であるディーター・グリムが含まれている。なお、この部会決定で示された考慮要素は、一九八五年のブロックドルフ決定において、集会法一五条に合憲限定解釈が施された箇所（BVerfGE 69, 315［353f.］）を参照している。ブロックドルフ決定の邦文評釈としてまずは、赤坂正浩「基本法八条の集会の自由と集会法による規制」ドイツ憲法判例研究会編『ドイツの憲法判例（第二版）』（信山社、二〇〇三年）二四八‐二五五頁参照。

（22）ムハンマドの風刺画について、「冒瀆」メルクマールの該当性を認める見解については、拙稿・前掲注（13）一二五七‐一二五八頁において紹介した。

（23）米田・前掲注（15）三六三頁。

（24）Tatjana Hörnle, Bekenntnisbeschimpfung（§ 166 StGB). Aufheben oder Ausweiten?, JZ 2015, S. 294.

（25）ここでは、物的損害および人的損害を防ぐための禁止を支持するものを指す。Hörnle, Strafbarkeit anti-islamischer Propaganda als Bekenntnisbeschimpfung, NJW 2012, S. 3417.

（26）Hörnle（Fn. 24), S. 294.

（27）明戸隆浩／瀧大知「現代日本におけるヘイトスピーチの実態」法学セミナー編集部編『ヘイトスピーチとは何か』（日本評論社、二〇一九年）一〇頁。

第三部　教育・家庭・生存権をめぐる開拓

「家庭教育」支援をめぐる諸問題

植　野　妙実子
（中央大学名誉教授）

はじめに

現行教育基本法一〇条は次のように定める。

一項　父母その他の保護者は、子の教育について第一義的責任を有するものであって、生活のために必要な習慣を身に付けさせるとともに、自立心を育成し、心身の調和のとれた発達を図るよう努めるものとする。

二項　国及び地方公共団体は、家庭教育の自主性を尊重しつつ、保護者に対する学習の機会及び情報の提供その他の家庭教育を支援するために必要な施策を講ずるよう努めなければならない。

他方で、旧教育基本法には家庭教育についての条文はなく、七条の社会教育（生涯教育に関する条文とする見方もある）を定めるところで、次のようにふれられていた。

一項　家庭教育及び勤労の場所その他社会において行われる教育は、国及び地方公共団体によって奨励されなければならない。

二項　国及び地方公共団体は、図書館、博物館、公民館等の施設の設置、学校の施設の利用その他適当な方法によって教育の目的の実現に努めなければならない。

すなわち、現行教育基本法一〇条一項は、父母その他の保護者の、子の教育についての第一義的責任を明らかにし、家庭教育の役割を果たし、責任を負うことを明らかにしている。父母その他の保護者の家庭教育の役割と責任の内容は、「生活のために必要な習慣を身に付けさせる」、「自立心を育成する」、「心身の調和のとれた発達を図る」とされている。二項は、一項を受けて、「保護者に対する学習の機会及び情報の提供その他の家庭教育を支援するために必要な施策を講ずる」ことの国や地方公共団体の責務を示している。しかし、この責務は「家庭教育の自主性を尊重しつつ」なされなければならないとしている。旧教育基本法にはなかった、家庭教育についての条文を明示した趣旨、解釈はどのようなものか。またそれに基づいてどのような政策がとられているのか、それは妥当なものか、が問われなければならない。

一　規定の趣旨

この規定の新設の基礎には、「教育を変える一七の提案」教育改革国民会議（二〇〇〇年一二月）、「新しい時代にふさわしい教育基本法と教育振興基本計画の在り方について」中央教育審議会（二〇〇三年三月）などがある。

前者は「人間性豊かな日本人を育成する」をまず掲げているが、その最初にあるのが「教育の原点は家庭であることを自覚する」である。その説明においては、「教育という川の流れの、最初の水源の清冽な一滴となり得るのは、家庭教育である」としている。さらに提言の一つに、「国や地方公共団体は、家庭教育手帳、家庭教育ノートなどの改善と活用を図るとともに、すべての親に対する子育ての講座やカウンセリングの機会を積極的に設けるなど、家庭教育支援のための機能を充実する」がみられる。

後者は「教育基本法改正の必要性と改正の視点」の三番目に「家庭の教育力の回復、学校・家庭・地域社会の連携・協力の推進」を掲げ、「具体的な改正の方向」の四番目に「学校・家庭・地域社会の役割等」をあげて、家庭は子どもの教育に第一義的に責任がある、家庭教育の充実を図ることが重要で国や地方公共団体による家庭教育の支援について規定することが適当である、家庭は教育の原点であるが、家庭教育の機能の低下がみられる、それぞれの家庭（保護者）が子どもの教育に対する責任を自覚し自らの役割について認識を深めることが重要である、教育行政の役割としては、国・地方公共団体と企業等が連携・協力して子どもを産み育てやすい社会環境づくりを進めていくことにより、家庭における教育の充実を図ることが重要、としている。

これらから、新教育基本法において家庭教育は重要な柱として位置付けられていることがわかる。要するに教育の原点である家庭の教育力の低下がみられ、子どもを産み育てにくい社会環境があることを踏まえて、家庭教育の基本的なあり方を示し、国や地方公共団体に家庭教育支援のための必要な施策を講ずる努力義務を定めているのが、一〇条である。

この規定についての政府の説明は概略、次のようであった。「家庭教育はすべての教育の出発点。基本的倫理観や社会的なマナー、自制心や自律心などを育成する上で大変重要な役割を担う。父母その他の保護者は、子の教育について第一義的な責任を有することを明確にし、家庭教育の役割について規定するとともに、国や地方公共団体による家庭教育の支援について規定をした。家庭教育は、本来、保護者の自主的な判断に基づいて行われるべきであることから、それに十分配慮して、二項で家庭教育の自主性を尊重するということを明示的に規定。保護者の子どもの教育の責任を支援していくために、国や地方公共団体による家庭教育の施策が必要」とする。(1) この説明は、家庭教育の役割を全うする責任を果たせない家庭を保護し、支援するという風に読める。

そもそも家庭の教育力は低下しているのか、この前提に疑問が湧く上に、一定の「教育の原点たる家庭」像に基づくものではないか、基づくとすればそれはそれぞれの家庭の親のあるいは保護者の教育の自由と対立するのではないかという疑問も生じる。(2) ここで示された三つの指針、「生活のために必要な習慣を身に付けさせる」、「自立心を育成する」、「心身の調和のとれた発達を図る」がどれ程の意味をもつものなのか、これも検証する必要がある。さらに、家庭教育支援といいながら、別の意図をもっているものなのか（例えば人口政策など）も問われよう。

もう一つ重要なのは、新教育基本法における「基本法」という位置付けの変化である。(3) 新教育基本法と旧教育基本法との大きな違いは、「教育の目的」だけでなく、教育振興基本計画にしたがって政策が行われる形にしたことである。(4) しかも教育政策決定過程の構造的転換もみられる。(5)

二　解釈

まず家庭教育の定義が問題となる。家庭教育とは一般的に「家庭において父母その他の保護者がその子どもに対して行う教育」と解されている。(6) 判例では、旭川学テ最高裁判決（最大判昭五一・五・二一、刑集三〇巻五号六一五頁）において、「親の教育の自由は、主として家庭教育等学校外における教育や学校選択の自由にあらわれるもの」としており、学校教育と区別される家庭教育の存在を示唆している。この文脈からは国の関与しない教育という認識があるように読める。また家庭教育の存在は「公教育」

との関係でも問われることになる。

「父母その他の保護者」については、「父母やそれに準じる立場にある者」を意味するとされている。「子の教育について第一義的責任を有する」の意味に関しては、政府は「子育てに関する親の責任を個々の親自身が自覚するとともに、親としての責任を全うすることを支援する社会づくりに一層積極的に、取り組んでいきたい、こういう意味」としている。また「家庭は教育の原点であって、基本的な生活習慣あるいは倫理観、社会的なマナー、自制心あるいは自律心といったものを養う上で重要な役割を担って」いるとしている。(7)ちなみに「父母その他の保護者が子育てについての第一義的責任を有する」という文言は少子化社会対策基本法（二条一項）、次世代育成対策支援推進法（三条）からみられるが、いずれも二〇〇三年に成立している。

「生活のために必要な習慣を身に付けさせるとともに、自立心を育成し、心身の調和のとれた発達を図るよう努めるものとする」については、具体的な教育内容を規定したものではないが、家庭教育の基本的機能を示したもの、と解されている。(8)すなわち家庭教育の基本的な役割を例示したにとどまる、ということである。(9)またこの規定は具体的な義務を課すものではない、一般的な親その他の保護者としての教育上の責務を示したものとされている。(10)

父母その他の保護者の家庭教育の役割と責任の内容は、結局「生活のために必要な習慣を身に付けさせる」、「自立心を育成する」、「心身の調和のとれた発達を図る」となる。これは、生活習慣の習得すなわち最低限のしつけ、自立心の育成すなわち経済的自立、心身の調和的発達すなわち身体と精神の強さをさし、家庭教育のあり方の一定の基準を示している。道徳的側面に重点がおかれている、具体的な教育内容を規定したものではない、とも解されているが、これが規制や介入の基準を示すとなれば問題と

なろう。(11)

二項についてはまず、国及び地方公共団体の家庭教育支援の責務を定めているが、その責務はどのようなものか。一般的には努力義務と解される。(12)したがって、ここから国や地方公共団体を法的に拘束する具体的な義務が導き出されるわけではない。しかも「家庭教育の自主性を尊重しつつ」、支援をするために必要な施策を講ずるよう努めることとなっている。

ところで、八条の私立学校に関する規定、一一条の幼児教育に関する規定、一二条二項の社会教育に関する規定において、いずれも「国及び地方公共団体は……振興に努めなければならない」と定めているのに対し、ここでは「必要な施策を講ずるよう努めなければならない」としている。この違いについては家庭教育の自主性に配慮しているためと説明されている。(13)しかし、「振興に努める」ことと「施策を講ずる」こととは異なり、私立学校も幼児教育も社会教育も「適当な方法によって」なされることが期待されているのに対し、家庭教育は「教育の原点」と自覚されているがゆえに、「適当な方法」によるという幅はなく、より切迫した事柄と解されている。すなわち効果が期待できる具体的な施策を講ずることが国及び地方公共団体に要求されている。つまり、努力義務と解されていながら、後述するような具体的な運用実態の存在を予定しているのである。

国及び地方公共団体による家庭教育支援として、「保護者に対する学習の機会及び情報の提供」をあげているが、それは例示であり「その他の家庭教育を支援するために必要な施策」をさしている。そうなるとこの支援の目的が問題となる。結局、家庭教育のできる家庭、できない家庭という振り分けが行われ、家庭教育のできない家庭への支援ということになるのであろう。そこには先の一定の基準が意味をもつことになる。すなわち国及び地方公共団体は、一項に掲げられた家庭教育の主な三つの役割を達成できない家庭に対して、達成できるようにするための施策を講じることになり、最低限のしつけ、経済的自立、体と心の発達すなわち身体と精神の強さを家庭教育の成果として求める。それができない家庭には積極的に介入することになる。ここには、家庭教育における、思想・良心の自由やプライバシーの尊重と抵触する危険性がある。なぜなら本来家庭教育は親や保護者の教育の自由を基盤にしているからである。但しこの親の教育の自由は勝手気ままな親の教育をさしてはおらず、子どもの発達段階にふさわしい教育や子どもの学習権に根拠づけられたものである(14)。この施策は本来最小限の介入を前提とする施策で、必要なところにのみ目的に適した施策として提示されるべきものといえる。

三　実際の運用

二〇〇三年の「新しい時代にふさわしい教育基本法と教育振興基本計画の在り方について」には、「家庭の教育力の回復、学校・家庭・地域社会の連携・協力の推進」が示されていたが、これに沿って、二〇〇六年の教育基本法の改正が行われた。この改正に伴い、家庭教育分野において、いくつかの動向がみられる。

まず、「家庭の教育力の向上」が教育振興基本計画の目標の一つとして掲げられるようになったことである。二〇一八年六月の教育振興基本計画においては、「今後五年間の教育政策の目標と施策群」の中に「家庭・地域の教育力の向上、学校との連携・協働の推進」が目標としてある。

次に、家庭教育支援法構想がある。その法案においては、「家庭と地域との関係が希薄になったこと等の家庭をめぐる環境の変化に伴い、家庭教育を支援することが緊要な課題」としている。しかし、様々な批判を受けて、制定にいたっていない(15)。

しかしこうした動きを先取りして、いくつかの自治体で、法律の制定をまたずに、家庭教育支援条例を制定している（二〇一九年現在で八県六市）。例えば、二〇一三年四月には熊本県でくまもと家庭教育支援条例を制定している。[16] この家庭教育支援条例には、家庭の教育力の低下を前提にして、家庭教育を支援するための様々な取組をさらに進めていくとしている。こうした取組の目的は「保護者が親として学び、成長していくこと及び子どもが将来親になることについて学ぶことを促すとともに、子どもの生活のために必要な習慣の確立並びに子どもの自立心の育成及び心身の調和のとれた発達に寄与すること」としている。ここには、いわゆる「親学」の奨励がみられる。一定の「家庭」像へ誘導しようとする行政の意図がみえる。

さらにこうした条例の気になる点は、例えば和歌山市家庭教育支援条例（二〇一六年一二月施行）前文にみられるように「先人が育んだ伝統、文化及び技術を受け継ぎながら、家庭及びその家庭を取り巻く地域社会が一体となって子どもの健やかな成長を見守り続けてきた」という認識がみられることである。この文章は、教育基本法前文の「伝統を継承し、新しい文化の創造を目指す教育」に呼応し、さらに教育基本法二条の教育の目標の一つとして掲げられている、五号「伝統と文化を尊重し、それらをはぐくんできた我が国と郷土を愛する」という目標を彷彿とさせる。

全体的に、個人の尊重も多様化の承認もなく、個人の内心に踏み込み、家庭・学校・地域・事業者等の一体化の強調、いわば全体主義的発想がみられる。個人の尊重を基礎とする民主主義とは対極の発想である。

文科省生涯学習政策局は、「家庭教育支援に関する社会全体の動向や課題の整理、これまでの施策の効果検証を行い、今後の施策に役立てるため」として、二〇一一年五月「家庭教育支援の推進に関する検討委員会」を設置している。そして同検討委員会は、翌年三月に「つながりが創る豊かな家庭教育――親子が元気になる家庭教育支援を目指して」を提出している。[17] その中では、「子の誕生から自立までの切れ目のない支援」を謳い、「社会で、子どもの育ちを支える」とする。家庭教育支援のあり方や家庭教育支援の方策を示しているが、後者においては「親の育ちを応援する学びの機会の充実」、「親子と地域のつながりをつくる取組の推進」、「支援のネットワークをつくる体制づくり」、「子どもから大人までの生活習慣づくり」をあげている。ここでは、学校・家庭・地域の連携した活動の促進が示され、地域人材による家庭教育支援チーム型支援の普及も示されている。また生活習慣づくりにおいては自己管理能力についても言及されている。さらに家庭教育支援の中心的役割を担うのは市町村とされ、国が基本的な方向性を示す、都道府県が地域の家庭教育支援の取組を活性化するための仕組みを整備する、市町村はその取組を実際にコーディネートするという役割分担も示されている。

二〇一六年五月生涯学習政策局は「家庭教育支援の最近の動向について」[18] をまとめているが、それによれば、家庭教育支援の取組として実施したものに、地域人材の養成（子育てサポーターリーダー等の養成）、家庭教育支援体制の構築（家庭教育支援チームの組織化、家庭教育支援員の配置）、家庭教育を支援する様々な取組の展開（学習機会の効果的な提供、訪問型家庭教育支援などの相談対応や情報提供）をあげている。

二〇一八年一〇月文科省は組織再編をし、生涯学習政策局にかわって新たに総合教育政策局を設置した。その理由には、教育基本法に定める生涯学習の理念の実現に向けて総合的な教育政策を企画立案し、推進するとともに、基盤整備を行うこと、生涯にわたる学び、地域における学び、ともに生きる学びを推進することをあげている。そして一一月には、総合教育政策局地域学習推進課家庭教育支援室によって「家庭教育支援チーム」の手引書なるものが作られている。地域で家庭を支える「家庭教育支援チーム」を作ることが推奨され（「家庭教育支援チーム」の文部科学大臣表彰制度の設置）、チームリーダー等が家庭を訪問し、家庭教育の重要性を繰り返し伝えることで、保護者の意識を高め、家庭の教育力向上につなげる狙いがある[19]。こうした政策が果たして、家庭の自主性を尊重して行われているのか、必要なところに適切な方法で支援を届ける仕組になっているのかが問われる。他方で教師の家庭訪問は働き方改革などによって、やめる傾向がみられる。

様々な家庭教育があってよいし、様々な発想があってよいという形にはなっていない。また国や地方公共団体はまず家庭をめぐる環境の整備や教育の機会均等に対する支援をするべきであろう。それは憲法二五条の生存権の保障や二六条の教育の機会均等や学習権の保障につながるものである。家庭の教育力の低下を理由にして、家庭教育支援の名の下に、必要以上に「家庭教育」に介入し、画一的・全体主義的な施策を行なう危険性があるといえる。家庭教育の基礎はあくまで親の教育の自由にある。そこで別途、親の教育の自由の憲法上の根拠、またその内容が問題ともなる。ここでは、「子に対する親の教育権は親の自然権の一つ」（コンドルセ）であるが、これは子どもの成長・発達する権利、すなわち学習権に応えるもの、と示しておきたい[20]。

四　二四条との関係

家庭教育支援は、内心の自由やプライバシーの尊重などと関わるだけでなく、憲法二四条という点からも批判されている。憲法二四条は、家族生活においても個人の尊重（一三条）と平等原則（一四条一項）が適用されることを示している。

まずこの規定が十分に機能しているとはいえない現実がある。十分に機能しているならば、家族生活において家族を構成する、とりわけその中心にあるとみられる夫婦である男女それぞれに同等の自由と自立が保障されているはずである。しかし実際には共働き夫婦は増えてきているとはいえ、生産年齢人口の女性の就業率は六九．六%、これに対し男性は八二．九%で開きがある。しかも非正規雇用労働者割合は女性五六．一%に対し男性二二．二%である。年齢階級別労働力からみたときのM字型カーブの底は浅くなってはいるものの相変わらず出産・育児のために仕事をやめる女性が多く、子育て終了後に仕事に復帰するも、その仕事はパートタイム労働などの非正規雇用が多いという現実に変わりはない。したがって賃金格差も依然として、男性一〇〇に対し、女性は七三．三である（一般労働者の給与水準比較[21]）。

こうした不平等を前提にすると家庭教育に実際に携わるのは女性であり、女性の家庭教育力が問われることになる。あるいは、「家庭の教育力の向上」自体が、否定されるべきはずの男女の役割分担を元にして導き出されているのではないか、という疑問も生じる。家庭の教育力の基準は先述の三点、「生活習慣の習得すなわち最低限のしつけ、自立心の育成すなわち経済的自立、心身の調和的発達すなわち身体と精神の強さ」をさし、これが家庭教育のあり方の一定の基準となっている。子どもをこうした基準に沿って育てているのかが問われる。しかし、実際には、家庭のあり方は様々である。様々な環境や立場がある上にそれぞれの教育に関するあるいはしつけに関する考え方や方法の違いもある。それらを無視して一律に一定の基準を押し付けることは問題がある。また学校、隣人や地域との一体化は監視社会を生むことにもなる。

なぜ、「教育」支援ではなく、「家庭教育」支援なのか。子育てに関する情報の共有や相談窓口の充実、また格差是正のための支援で十分とはなぜいえないのかが問題となる。

まとめにかえて

家庭教育を強化するなら、虐待やいじめを防げるのであろうか。もっとひどい虐待、いじめも昔はあった。家庭教育の有無にかかわらず、虐待やいじめがあったのは、個人を尊重する意識や平等に対する意識が欠けていたからである。家父長制の下で人間が序列化され、男女不平等が存在していた。虐待やいじめは「個人の尊重」を軽んじる行為である。度を越せば明らかに犯罪になる。憲法における「個人の尊重」の浸透が、社会においても家庭においても必要である。

他方で、ニートやひきこもりは、社会に「生きる場所がない」という問題である。こちらは社会構造上の問題でもある。なぜ生きる場所がないのか。コミュニケーション不足や、人と関わりたくない、人と関わるとろくなことがない、という辛い経験の結果ということもあろう。ときには、精神科医などの力も借りて、個別に解決を図る必要もあろう。

いずれであっても家庭の教育力を強化して解決できる問題ではない。それらを一緒くたにして家庭の責任にし、役割を果たしていないとして、介入しようとする所に問題がある。立法趣旨として説明されてきたことや、解釈として示されていたことをはるかに超えて、具体的な介入政策がとられている。

この問題の源には、公と私の区別、また法と道徳の区別の問題もある。しつけが全く必要ないというわけではないし、善悪の区別のできない子どもを容認するわけでもない。しかし、それはそれぞれの家庭の教育のあり方に任せるべきものである。憲法も、公共秩序維持や安全保持を含む「公共の福祉」による規制を認めている。その根底には、人を殺してはいけない、物を盗んではいけないという道徳的な教えもある。しかし、だからといって地域ぐるみで家庭を訪問するのは許されるのか。私見では、二四条違反よりも一九条違反（二〇条の示す政教分離原則違反を含む）の色彩が強い政策と思う。つまり親の思想・信条の自由を侵害し、子どもの、親とともに成長する権利を奪うものである。さらに政策として、妥当性や適宜性がない。行政裁量が認められても、政策の目的に沿った手段の適切性が強く要求される。なぜなら、学習権や教育に関する権利は人間にとって、最も基本的な権利だからである。しかも個人の尊重という人権の基礎を侵害する政策となっている。

　最後に家庭の教育力の強調の先にあるものは何か、そのことを考える必要もあろう。つまり家庭の責任を問うということは現実に何を意味しているのか。成長過程において出来心で犯した子どもの罪を、親の責任として問うことも考えられることになるのではないか。子どもの成長はジグザグである。壁にぶつかり、それを乗り越えて成長する。こうした当たり前のことが理解されず、子どもを型にはめようとしている。なぜ「家庭教育」にこれほどこだわるのか。そこが一番問われるべきかもしれない。

（1）「教育基本法改正に関する国会審議における主な答弁」六〇‐六一頁。

（2）親の教育の自由に関しては、次のものを参照。植野妙実子「憲法からみた家庭教育と国家」日本教育法学会年報四八号（二〇一九年）九八頁以下、広沢明「『教育の自由』論」日本教育法学会編『教育法学の展開と二一世紀の展望』三省堂二〇〇一年一二六頁以下。

（3）旧教育基本法に準憲法的性格をみる考え方もあった。堀尾輝久『いま、教育基本法を読む』岩波書店二〇〇二年五九頁。

（4）現在は第三期教育振興基本計画（二〇一八年六月一五日閣議決定、文部科学省、計画期間二〇一八〜二〇二二年度の五年間）が実施されており、「人生一〇〇年時代の到来」において、自らの「可能性」の最大化・「チャンス」の最大化、を教育政策の中心にすえている。その目標の六に「家庭・地域の教育力の向上、学校との連携・協働の推進」があり、「家庭の教育力の向上」もあげられている。

(5) 佐貫浩「教育改革戦略と教育再生会議」日本教育法学会年報三七号(二〇〇八年)一三四頁以下参照。

(6) 教育基本法研究会編『逐条解説改正教育基本法』第一法規二〇〇七年一三六頁。この解釈は、教育の場と、教育の主体とに着目して解釈されている、と指摘される。佐々木幸寿『改正教育基本法』日本文教出版二〇一三年二一〇頁

(7) 同書二一〇-二一一頁。

(8) 教育基本法研究会編・前掲書一三七頁。

(9) 佐々木幸寿・前掲書二一二頁。

(10) 同書二一二頁。

(11)「一般的な保護者としての教育上の責務を示したもの」とも解されている。同書二一二頁。

(12) 荒牧重人他編『新基本法コンメンタール　教育関係法』別冊法学セミナー二三七号(二〇一五年)四五頁(横田守弘担当)。

(13) 例えば佐々木幸寿・前掲書二一五頁。

(14) 植野妙実子・前掲論文一〇〇頁。

(15) 例えば、木村涼子『家庭教育はだれのもの?―家庭教育支援法はなぜ問題か』岩波ブックレット(九六五号)岩波書店二〇一七年。

(16) 友野清文「改正教育基本法制下における家庭教育の政策動向について」昭和女子大学学苑九二九号(二〇一八年)一頁以下参照。

(17) 文科省はその説明として次のようにいう。「家庭内に閉じて家庭教育を行うのではなく、親も子も地域や社会で他社とのつながりや関わり合いを持つことが重要で、それが家庭教育の内容を豊かにし、家庭教育の目的である子供の社会的自立と、親が子育てを通じて自らの人生を豊かにしていくことにつながることを提案。」この説明から

は家庭教育の目的は子どもの社会的自立、と明らかにしている。

(18) 文科省のサイトでは「資料三」となっている。

(19) この訪問態様には、全戸訪問のユニバーサル型、問題のある家庭や希望する家庭訪問のターゲット型、一定の子ども対象（例えば小一の保護者対象）の家庭訪問のベルト型がある。このチームの構成は専門家からなることを予定していない。人権への配慮などの研修も必要とされていない。

(20) 植野妙実子・前掲論文九八－九九頁。

(21)『令和元年版男女共同参画白書』内閣府二〇一九年一〇四頁以下。

憲法教育論・再訪

成嶋　隆
（新潟大学名誉教授）

はじめに

本稿は、二〇一九年一二月二一日に開催された憲理研月例研究会における筆者の報告を論文化したものである。紙幅の制約上、四部からなる報告のうち、「Ⅰ　教育目的・目標法定への疑問――憲法教育論への端緒」および「Ⅳ　憲法教育方法論――実践上の論点・課題」の部分を省略した。

一　憲法教育――五つの命題

憲法教育とは、「教育内容として憲法を扱う教育、言い換えれば憲法価値を教育価値として選択する教育」[1]あるいは端的に「憲法価値・原理に関する教育」[2]と定義されうる教育の一態様である。報告において筆者は、既発表論稿における憲法教育に関する考察を整理し、次のような五つの命題として提示した。

（一）憲法価値は公教育が扱うべき教育価値のうちでも枢要なものであり、その教育は積極的になされるべきである。この要請は、当該価値が所与の実定憲法に規定されているかどうかにかかわらず、それ自体として教育的な価値を担うことに由来する。

この命題は、〈平和・民主主義といった諸価値は、国民の教育要求に根ざしているがゆえに教育価値として選択されるのであり、それらが憲法に規定されているがゆえではない。教育の基準を憲法に求めるのは日本特有の誤れる法治主義である〉[3]とする渡辺洋三説や、〈日本国憲法の定める民主主義・平和主義は教育の目的・内容として重要であるが、それは憲法の法的拘束力によるのではなく、同憲法の内容の教育的・文化的価値が教育課程の編成において高く評価されるがゆえである〉[4]と説く兼子仁説に示唆を得ている。

（二）憲法教育が扱う憲法価値は、所与の実定憲法（具体的には日本国憲法）が定める諸価値ではなく、いわゆる「立憲的意味の憲法」に内在する諸価値であると解される。

憲法教育の目的にもかかわるこの論点については、一九七〇～八〇年代に展開された憲法教育論において、現行憲法の〈歴史的被制約性〉や〈相対性〉が指摘され（森英樹・播磨信義・稲野隆己など）、〈憲法典へのもたれかかり〉や〈条文中心主義的傾向〉が戒められていた（和田進・大野浩史）。この観点は今日においても維持されるべきであり、憲法教育は立憲的意味の憲法に共通して内在する憲法原理・憲法価値の伝達を目的とすべきである。[5]

なお報告で筆者は、上記命題（一）（二）を裏づける歴史的事例として、明治初期約一〇年間の動向に言及した。――文明開化の機運に満ちていたこの時期は、政府による教育内容の統制はなされず、教科書制度も自由発行・自由採択制であった。市販の一般図書も自由に用いることができ、そのなかには西洋近代の憲法思想を説くものもあった。一方、民衆の間にもこれらの憲法思想を学習する動きが現れた。重要なことは、これらの憲法教育・憲法学習が自由民権運動を思想的に支え、五日市草案などの私擬憲法草案を生み出したこと、そしてこれらの民間憲法構想が、憲法研究会案やマッカーサー草案などを介して現行日本国憲法の思想的源流の一つとなったことである。この経緯は、実定憲法が成立する以前から展開された憲法教育・憲法学習が、立憲主義的な実定憲法を誕生させる一つの契機となったことを示している。憲法教育と実定憲法との関係を把握するうえで示唆的である。(6)

（三）教育や学問には既存の体制価値を疑うという意味での体制超越的機能があるから、憲法価値も教条としてではなく次世代の自由な検証に委ねられるべきものとして提示されねばならない。

この命題にいう〈教育の体制超越機能〉については、牧柾名の次の指摘に示唆を得た。――「文化の伝達だけではなく、新しい文化を創造する主体を形成することが……教育の役割にほかならないから、教育は『現在』の体制をこえて生きる主体の形成を任務としている。(7)」フランス革命期の教育思想家コンドルセ（M. de Condorcet）の次の言葉も、同趣旨とみられる。――「教育の目的は、もはや既成の意見（les opinions établies）を神聖化することではありえず、むしろ反対に、それは既成の意見を、絶えず啓発の度を進めていく次々の世代の自由な検証（l'examen libre）に委ねることにある。(8)」「フランス憲法も、人権宣言でさえも。……崇拝し、信仰しなければならない神からの賜り書（tables descendues du ciel）として提示されることはないであろう。……諸君が社会に義務として負っていることと諸君が社会に権利として要求しうることとを同時に教えてくれる人権宣言も、諸君が生命を賭してまで保持しなければならない憲法も、永遠の真理を認識するために諸君が幼年時代に学んだ、自然と理性に規定された単純な原理（principes simples）の発展にすぎないものである……。(9)」

（四）日本国憲法は国民の憲法尊重擁護義務を規定せず、憲法忠誠システムも採用していない。また同憲法一九条は客観的憲法原則として国家の価値中立性を要請していると解される。

この命題は多分に論争誘発的である。憲法忠誠義務の不採用については、憲法九九条が「国民」を名宛人としていないことにつき、「そこには、憲法とは国民が国家に対して尊重を要求すべきものだという正統的近代憲法思想があらわれているのであり、国家が国民に対して『憲法への忠誠』を要求するという現代的ありかたはまだあらわれていない[10]」と説く樋口陽一説に依拠した。憲法に明文の根拠を有する政教分離原則との対比で、より論争的な「国家の価値中立性」原則については、次のような諸見解を参考とした。――「国家が特定の世界観などを支持することは、直接に個人の内面にその世界観を押しつけることと一応は異なる。しかしながら、特定の世界観が国によって正しい思想として採用され、保護されているなかで、個人が内面で異なる世界観を維持し続けることは困難である。……そこで……思想良心の自由を保障する一九条には、国家の世界観における中立性の原則も含まれていると解すべきであろう[11]。」。〔憲法一九条の保障内容としての特定の思想の強制の禁止は〕「公権力が特定の思想を禁止ないし強制できないことであり、精神活動に対する国家の中立性原則が内容とされる[12]。」

（五）日本国憲法下の憲法教育には憲法価値の擁護ないし憲法秩序の保障という役割は期待されておらず、憲法教育は規範としては要請されていない。

この命題は、上記命題（三）および（四）から帰結されるものであり、筆者の憲法教育論の核心をなす。後述のとおり、拙論に対する批判はこの命題に集中している感がある。あくまでも「日本国憲法下」の憲法教育に関する限り、同憲法がこれを規範的に要請しているとは解されない。「日本国憲法は自身を罵倒する自由をも保障している[13]」と樋口が述べるように、この憲法は憲法保障に関してはかなり無防備である。教育のありかたについても、憲法への忠誠を求めず、価値中立性原則に立脚してその自主性・自律性を保障するというスタンスに立っている。今野健一は、このことが、いわば逆説的に憲法秩序を保障するという事情を次のように説く。――「『教育による憲法保障』を志向する議論は、本来政治的な法である憲法が教育との接点をもつ際に生じざるをえない緊張関係を看過しているか、または不当に過小評価している……。その結果、政治（国家権力）の介入を排除すべく理論構成を行なうところが、逆に別の政治（憲法）の介入を無限定に許容するというパラドックスに陥っている……。こうした結論をふまえて一つの仮説を提示してみたい。すなわち、教育は、国家権力などのもろもろの抑圧から自由に行なわれる場合にのみ、――憲法保障をその直接の目的として措定されなくとも――国家権力による違憲行為を見抜く力量を国民に付与しうる高度の蓋然性が予測されうるとともに、『特殊日本的』な憲法の問題状況を克服するための役割を果すことができるのであり、その結果、憲法が結果的にしかし偶然にではなく保障されることになる、ということである。[14]」

二　批判論への応答

上記の諸命題に要約される拙論に対し、何人かの論者から批判・コメントが寄せられた。これらのうち、二者によるものにつき、応答を試みたい。

（一）戸波江二説

批判論の急先鋒は、戸波江二によるものである。その論旨は多岐にわたるが、憲法教育にかかわるのは以下のような言明である。――〈①教育内容には一般教育事項、政治的・倫理的事項、基本価値があるが、基本価値は日本国憲法に規定され、かつ世界共通の普遍的価値となっている。その意味で、教育は日本国憲法の基本価値を教えるべきものである。〉〈②戦争の美化・肯定、思想・表現の抑圧、差別の助長、非民主的な決定などを推奨する教育がなされてはならない。かかる教育を行う教師は処分され、そのような学校の設立は認可されてはならない。〉〈③一般教育事項は教育専門家が決定すべきだが、これに対する民主的承認の手続が必要である。政治的・倫理的事項は歴史教育の専門的意見や教育的配慮をふまえつつ、最終的には国民的合意にもとづき民主的に決定すべきである。その際、民主的な議論と公正な手続にもとづくかぎり、法律により決定することも否定すべきではない。〉〈④学習指導要領の法的拘束力を否定する議論があるが、教育の実際では法的拘束力をもつルールとして通用している。この矛盾を解消するには、むしろ、教育の内的事項を学習指導要領ではなく法律で定めるのが妥当である。〉〈⑤必要な教育内容が記載されているかどうかを審査するために教科書検定を実施することも、厳格な要件のもとで肯定する余地がある。〉〈⑥憲法九九条で国民を除外→価値相対主義→闘う民主制の排除→国家による特定の価値の唱導の禁止→価値教育・憲法教育の禁止という憲法価値教育否定の論理は、相当にずさんであり飛躍がある。〉(15)

(二) 戸波説への応答

上記の戸波説のうち、憲法価値教育を規範的要請ととらえ、これに反する教育は法禁されるべきであるとする言明(①②)については、拙論の命題(五)が対置されうるが、なお補足的に、〈反憲法的教育〉に対する〈法的制裁〉を許容する議論への疑問を提起しておく。それは、特定の教育内容の〈反憲法性=違憲性〉を誰が、いかなる基準にもとづいて認定しうるのかという、ごく単純な疑問である。列挙された「基本価値」の内容はそれこそ多義的であり、また、当該価値の教えかたは多様でありうる。それらのうち、法的制裁を受けるべき〈反憲法的〉教育を特定すること(言明⑤との関係でいうと、〈反憲法的〉と認定しうる教科書検定基準を定立すること)はほとんど不可能であろう。

上記とかかわって、あるべき教育内容の〈民主的承認〉ないし〈民主的決定〉、さらにそれらの（学習指導要領ではなく）〈法律による決定〉が妥当であるとの言明（③④）にも疑問がある。〈民主的承認・決定〉の具体的態様は不分明だが、文脈から推して、議会制定法による教育内容の決定（＝法定）という筋道を指しているとみられる。このことは、教育立法の法律主義に関して戸波が次のように述べていることからも推察しうる。――「終戦当初は勅令主義から法律主義への転換として積極的に評価されたが、政府・文部省との対立が激しくなるにつれて、教育は法律による規制になじまないことが強調されることになった。しかし、法律は民主的な決定という面をもち、教育においても、法律による内容決定を消極的に評価するばかりであってはならない。[16]」この点については、「教育立法の法律主義の原則は、教育という営為が、多数決の支配する政治的意思決定のプロセスとはおよそ性質を異にするという事実に鑑みて、教育への法的規律の限界を当然に前提している。このことは、法律の民主的な要素の認否とは全く関係がない[17]」との指摘が妥当しよう。そもそも、教育内容の「法定」には、次のような原理的かつ立法技術上の問題点がつきまとう。――当為命題としての法の命題は、明確かつ可及的に一義的でなければならない。法は強制力（違反に対する制裁）をともなう強力な規範だからである。教育内容を法定することは、その法定された教育内容に反する教育を行った教師に対して制裁（処分）がなされるべきことを当然に予定するが、処分事由たる教育実践の違法性の認定が恣意的なものとならないよう、法の定めは明確かつ一義的でなければならないのである。これに対し、教育内容として選択される教育価値ないし教育情報の提示は、必ずしも一義的になされるべきものではない。論争的主題（controversial issues）の場合はとくにそうである。論争的主題を取り扱う教育実践において、しばしば〈両論併記〉という二義的な対応が求められるのはその一例である。戸波説において法定することが推奨されている「政治的・倫理的事項」、たとえば「第二次世界大戦での日本の加害行為や戦争責任」は、まさしく論争的なテーマであるが、教育実践においては、かかるテーマを取り上げるべきか否かもさることながら、どのような教材を用いてどのように教えるかが問題となる。そして、こうした教育実践の具体的なありかたを〈法定〉することはおよそ不合理といわねばならない。言明④で主張される学習指導要領の法律化にいたっては、なお一層不合理であり、かつ非現実的である。文科省告示である現行学習指導要領は、教育課程の大綱的部分にとどまらずその細目に及んでいる。これを法律化しようとする場合、どの部分までを、どのように条文化するか、という立法技術上の難問にすぐさま直面せざるをえない。ちなみに、教育の内的事項の法定の限界をめぐる論争において、兼子は、行政立法を含む立法的規律の限界を「教科目等」までとする「学校制度的基準」論を主張する。同説は、兼子が旧説で採用していた「大綱的基準」説について、「学校制度的基準を越えて教科教育内容にわたる法規的基準をも容認する余地をふくむ[18]」という原理的な問題点を見出したことと、教育内容の法定につきまとう上述の立法技術上の難点をも考慮したことによる立論であるとみられる。

なお、戸波説の言明⑥に対しては、拙論が憲法（価値）教育それ自体を否定するものではなく、日本国憲法のもとでは憲法教育は規範的に要請されていない、憲法教育は「憲法保障教育」ではないと主張するにすぎない、とだけ応答しておく[19]。

（三）斎藤一久説

これまでの憲法教育論を「伝統的な対立軸」に属するものと「新しい世代」に属するものとに分類する斉藤一久は、「自由主義教育法学の立場」に立つ拙論を後者に属するものとし、次のように批判する。――〈憲法教育を憲法の規範的要請であることを否定する議論は、教育の「本質」を看過している。教育には国家・地域共同体・教師の価値観が入り込む余地があり、それらの教育を通して現存体制維持機能を有するのは否定できない。もちろん教育による憲法の擁護は、違憲審査制などの憲法保障システムとは同列には論じられないが、憲法教育によって消極的な意味における憲法の擁護がなされている。実際、憲法が存在することにより、明らかに憲法に反するような内容の教授については抑制されている。憲法教育は厳密な意味で規範的な要請ではないが、学習指導要領―教科書―教師という教授プロセスにおいて憲法は枠付けを与える存在であり、その意味では教育指針以上に「緩やかな」規範的要請が存在している。憲法教育は規範的に要請されていないとする立論は、反憲法的な教育を許容する余地があり、場合によってはテロリズムなどの暴力によって憲法を破壊することを許す教育までも含まれる可能性がある。この点、憲法教育の「緩やかな」規範的要請からすれば、このような教育について権力的な排除はなしえないが、予防的に抑制されていると説明しうる。[20]〉

(四)　斉藤説への応答

斉藤説に対しては、以下のような疑義を提起するかたちで応答したい。――①〈戸波説についてもいえるが〉憲法教育を憲法の規範的要請ととらえる場合、憲法上の根拠規定が問われるが、それが明示されていないのではないか。②〈緩やかな規範的要請〉とそうではない〈「厳密な意味」での?〉規範的要請の相違が不明確ではないか。③教育が価値伝達機能を有することと、それが現存体制維持機能を営むこととは必ずしも直結しないのではないか。④憲法の存在が事実上、教育内容を〈枠付ける〉こと(＝事実命題)と、教育内容の憲法への準拠が〈緩やかに〉要請されること(＝当為命題)も、直結しないのではないか。⑤〈言葉尻をとらえるようだが〉「暴力によって憲法を破壊することを許す教育」とはいかなる態様の教育を指すのか。

三　「中立性の例外」？――最後の難関

教育法学会年報の論稿において、今野は拙論につき次のようにコメントしている。――「例えば、同説は、日本国憲法における……『国家の価値中立性の原則』の採用を重視するが、『国家の信条的中立性の原則』を客観的憲法原則として打ち出そうとする論者にあっても、その中立性の範囲を（人格教育の領域に）限定しつつ『国家の教育任務』それ自体は（むしろ積極的に）肯定するという筋道が採られている。また、国家の価値中立性原則につき、本当に国家が価値中立的であるべきかを疑問視する見解が出されている。(21)」

このコメントが示唆するのは、日本国憲法下の憲法教育は規範的には要請されていないことの根拠の一つとして拙論が提示する「国家の価値中立性」原則には、なお検討すべき余地があるということであろう。そこで以下、憲法教育論の〈最後の難関〉と目される「価値中立性」論につき改めて考察したい。

手がかりは、「国家の中立性」をめぐる憲法学者間の一論争である。――

阪口正二郎は、日本国憲法を基本的に「リベラリズム」にもとづいて解釈すべきであるとし、その「リベラリズム」を「多様な善（good）についての考え方の間での国家の中立性（liberal neutrality）を求め、国家＝政治の領分はもっぱら多様な善の考え方の追求を可能にする基盤としての正義（justice）の確保にあると考える政治哲学」と規定する。そして、リベラリズムの根幹に位置する「国家の中立性」とは、国家行為の「帰結の中立性」ではなく、その「正当化理由の中立性」にとどまるとする。前者と解した場合、たとえば「芸術やスポーツ事業に国家が補助金を出すこと」が「正当化困難」となるからである。「中立性」を後者の意味に解することにより、「どのような善の特殊な構想を個人が抱いていようと、合理的に考えて見れば必要な、言って見れば言語のような基底的なものであるならば……、それに対する国家の援助は国家の中立性には反しない」と考えられるとするのである。(22)

阪口の所説を受け愛敬浩二は、その「国家の中立性」論が「現実社会における……通約不能な価値対立の存在という経験的事実に依拠する議論」であると評する。そして、「〔リベラリズムは〕価値の多様性そのものへの規範的なコミットメントまで求めるものではない」とする阪口の主張が、「リベラリズムの前提自体を掘り崩す恐れはないのか」との疑問を提起する。愛敬説にあっては、阪口のいう「多様な善……の追求を可能にする基盤としての正義（justice）の確保」は、「正義の基底性」の観念に通ずるものであり、後者の観念によれば、「政治的決定の根拠となるべき正義原理は『善き生』の特殊構想から独立して正当化されねばならず、……正義原理が善の特殊構想の要請と衝突する場合、正義が善に優先する」ということになるのである。(23)

愛敬説に含意されるのは、おそらく「正義の基底性」の原理は中立性の例外であるとの趣旨であろう。この議論は、「国家の中立性」と憲法教育との関連を考察するなかで、「国家が同一化する理念体系としての憲法秩序は、ある程度まで、学校教育の価値観に関わる中立性が当てはまらない例外領域を構成する」(24)と述べる西原博史の見解に通底する。また栗田佳泰が、憲法教育の「法定」の可否を論ずるなかで、「問題となっている憲法価値が基底的か否かで、その価値を内容とする教育が規範的に要請されているのか否かを判断すべきである」とし、「各人の特殊な『善き生の諸構想』とは無関係に不可欠な基底的価値」であると目される「個人の自律」を育む教育については、これを「法定」する（＝規範的に要請する）ことが正当化されると論ずるのも同趣旨である。(25)

かくして憲法教育論の最終的な論点は、「正義」や「個人の自律」といった基底的な憲法価値の教育は規範的に要請されるかという問いに収斂するように思われる。応答は相当に困難だが、西原が「中立性の例外」をなす「最小限の正義の原理」として例示する「民主制の手続」や「少数者の基本的人権の尊重」が、戸波の「基本価値」と同様、なお多義的であり、これを「中立性の例外」とした場合に、その具体的な内容を国家（＝政府）が恣意的に決定できるということにならないか、そして権力的に決定された教育内容が〈最高法規〉の名において教育実践を拘束することにならないか、という懸念を表明しておきたい。基底的な憲法価値である「個人の自律」を育むための憲法教育の「法定」を是認する栗田が、「教育の現場における裁量が重要[26]」という留保を付すのも、教育内容の権力的決定への懸念によるものと思われる。

（1）成嶋隆「教育と憲法」樋口陽一編『講座 憲法学4 権利の保障【2】』（日本評論社、一九九四年）一二二頁。
（2）成嶋隆「教育を受ける権利」法律時報増刊『戦後日本憲法学70年の軌跡』（二〇一七年）一四七頁。
（3）渡辺洋三「教育裁判の歴史的・社会的意義」日本教育法学会年報2（一九七三年）一五八頁〔要約〕。
（4）兼子仁『教育法〔新版〕』（有斐閣、一九七八年）二六頁〔要約〕。
（5）成嶋隆「義務教育における憲法価値・原理の教育」法の科学40（二〇〇九年）一五九－一六〇頁。
（6）参照、家永三郎『歴史のなかの憲法 上』（東京大学出版会、一九七七年）一四－五一頁、二六八－三〇三頁。
（7）牧柾名「基本的人権としての教育権」法律時報四二巻一〇号（一九七〇年）八三頁。
（8）M. de Condorcet, Nature et objet de l'instruction publique, A. Condorcet O'Connor et M. F. Arago, *Œuvres de Condorcet*, vol.7, Libraires Firmin Didot Frères, 1848, p.203.
（9）Condorcet, Rapport et projet de décret sur l'organisation générale de l'instruction publique, présentés à l'Assemblée nationale, au nom du Comité d'Instruction publique, les 20 et 21 avril 1792, *Œuvres*, *op.cit.*, vol.7,

p.455.
（10）樋口陽一『比較のなかの日本国憲法』（岩波書店、一九七九年）二三頁。
（11）棟居快行『憲法フィールドノート〔第三版〕』（日本評論社、二〇〇六年）一一一頁。
（12）辻村みよ子『憲法〔第6版〕』（日本評論社、二〇一八年）一七八頁。
（13）樋口陽一「現代の改憲論と有事法制」世界一九九九年一一月号四六頁。
（14）今野健一「憲法保障と教育」一橋研究一九巻一号（一九九四年）七九頁。
（15）戸波江二「国民教育権論の展開」日本教育法学会編『講座現代教育法1　教育法学の展開と21世紀の展望』（三省堂、二〇〇一年）一〇七頁以下、同「教育法の基礎疑念の批判的検討」戸波江二・西原博史編著『子ども中心の教育法理論に向けて』（エイデル研究所、二〇〇六年）一八頁以下より要約。
（16）戸波・前掲注（15）〔国民教育権論の展開〕一二四頁、注23。
（17）今野健一「教育基本法の『改正』とその法的問題――政府案の批判と『教育改革』への対抗軸」憲法理論研究会編『憲法の変動と改憲問題』（敬文堂、二〇〇七年）七二頁、注19。
（18）兼子・前掲注（4）三八三頁。
（19）成嶋・前掲注（2）一四六－一四八頁。
（20）斉藤一久「憲法教育の再検討」戸波・西原編著・前掲注（15）一一五－一一六頁〔要約〕。
（21）今野健一「教育権と教育基本法改正問題」日本教育法学会年報32（二〇〇三年）四六頁。
（22）阪口正二郎「『リベラリズム憲法学と国家の中立性』序説」法律時報七二巻一二号（二〇〇〇年）九七－九九頁。
（23）愛敬浩二「リベラリズム憲法学の行方――『国家の中立性』の問題を中心に」法律時報七三巻六号（二〇〇一年）七九－八一頁。
（24）西原博史「憲法教育というジレンマ――教育の主要任務か、中立的教育の例外か――」戸波・西原編著・前掲注（15）七二頁以下。
（25）栗田佳泰「憲法教育の『法定』に関する序論的考察――リベラリズムに基づく立憲主義の立場から――」『法哲

学会年報二〇一一』(二〇一二年)一四二-一四三頁。後に、栗田『リベラル・ナショナリズム憲法学——日本のナショナリズムと文化的少数者の権利』(法律文化社、二〇二〇年)所収。

(26) 同右、一四三頁。

憲法上の親の権利の必要性と問題

――ドイツにおける近年の学説状況を参考に――

吉岡万季
（中央大学・院）

はじめに

本稿では、親権制限や面会交流をはじめとする親子関係・家族の問題の分析のため、憲法上の親の権利という観点の必要性と問題を検討する。一章では、子どもの保護を目的とした親子間への国家介入や面接交渉ないし面会交流の問題を憲法上の親の権利という観点から分析する必要性を明らかにし、その法的性質を考察する手がかりをドイツの議論に求める。二章ではドイツにおける親の権利の概要を明らかにし、三章で近年のドイツにおける親の権利の指針や外からの限界づけとなる「子どもの福祉」概念に関する議論を検討する。四章では憲法上の親の権利の観点から先述した問題を分析する必要性を確認したうえで、ドイツの議論の検討から得た示唆と問題を整理する。

一　問題の所在

（一）現状

親子関係・家族の問題は複数あるが、本稿では近年議論の遡上にのるものとして次の二つを挙げる。まず、民法の親権制限制度やそれに関連する子どもの保護を意図した諸制度である。二〇一九年には被虐待児の受け皿となることが期待されている特別養子縁組制度の改革も行われた。(1) こうした国家による子どもの保護を目的とした対応が憲法学の観点から問題ないか、適宜評価する必要がある。(2)

次に、親子の面会交流について、別居して暮らす親子のために国家のさらなる支援が必要か否かという問題に取り組む前提として、(3) 面会交流権が憲法上保障されるのか、保障されるとしていかなる制限が憲法上許容されるのかが問題となる。

（二）概念整理と親の権利という視点を選択する理由

先述した問題について、憲法上の親の権利からの分析が考えられる。なぜならば仮に子どもないし未成年者の権利から検討をしても、親の存在は避けて通ることができないからである。(4) 本稿の憲法上の親の権利は、憲法上親に保障される個人の権利ないし利益の集合体であり、制度上認められていない（親の）権利ないし利益をも対象とする。この視点は、夫婦、親子、家族関係の具体的な在り方を憲法と国際法、法律（命令）、判例、実務との相互作用において検討する必要性にも対応する。

そこで、面会交流権をはじめ親に認められうる個別の権利の詳細に立ち入る前に、親の権利を憲法上位置づける必要性を確認し、その法的性質を考察する手がかりをドイツ憲法から見出すことを試みる。日本とドイツは子どもの権利条約批准という共通点があり、これまでも日本の親の権利学説の一部はドイツを参考に築かれたが、その後、子どもの基本権の具体化が進行し、ドイツでは新説が登場した。この動向は日本の問題を分析するにあたり、親の権利の限界をはじめ有益な手がかりをもたらす。

二　ドイツの親の権利の概要

(一)　根拠条文・主体、法的性質

①根拠条文・主体

ドイツの憲法上の親の権利は、かつてワイマール憲法一二〇条で権利よりも義務が先行する形で規定されていた。その後、ナチス時代の親子分離を反省し、基本法六条二項一文は親の基本権としての性格を強化した。同文は「子どもの養成及び教育は、親の自然的権利であり、かつ、何よりもまず親に課せられた義務である」と定め、子どもの養育（Pflege）（子どもの身体的な福祉・健康への配慮）・教育（Erziehung）（子どもの精神的・心理的な発達の促進）は第一に親に任されると規定する。

ここでの「親」は嫡出子の実親に限定されない。血縁上も法律上も「親」ではないが実際に子どもを養育する「第二の親」たる者は、基本法六条二項の権利主体には該当しない。しかし、彼らは「第二の親の権利」[6]である基本法六条一項（家族の保護）により保護される。[7]

②法的性質

先述した規定からは親の権利の法的性質を導出できなかったため、学説・判例が蓄積された。すなわち、❶親の権利の権利としての側面を強調する段階、❷親の権利を他の基本権と同一のものであるととらえる同質説から子どもの奉仕する側面を強調し、他の基本権とは異なるとする特殊説へと移行する段階、❸特殊説が定着し、親の義務が優先して語られる一方で、親の権利の利己的側面が再度強

調される段階(8)、❹子どもの基本権の具体化（三（一））へと進んだと考えられる。本稿では今日のドイツの議論状況を明らかにするため、先述した❹に至りながらもスタンダードな親の権利学説を維持する判例・通説、判例の傾向を支持しないが日本・ドイツに強い影響力を及ぼす有力説（イェシュテット）、そして判例を支持し新たな体系的な親の権利（特に限界）モデルを築こうとする新説（ヴァプラー）という分類を用いる。

まず、スタンダードな親の権利の法的性質理解は次のとおりである。親の権利は国家に対する自由権ないし防御権であるが、自然権ではなく、国家によって与えられたものではない「自然的」権利である。親の権利には、子どもが社会共同体で自己責任を負える人格へ成長するために、子どもに拘束力がある決定を一方的に行う法的力がある。ただし、親の法的地位は、子どもの成長とともに必要性が縮減する（Jestaedt, S. 72 f., 77）。親の権利の基礎は第一に保護と支援を必要とする子どもの利益であり、議論はあるものの受託的自由であるとされ、その権利行使は子どもの利益ないし福祉に方向づけられる(9)。そして、親の権利は不作為を許さない義務と不可分に結びつき、「親の責任」(10)と表現される。このような親の権利に（親固有の利益を含め）親自身の利益が存在するか、存在するとしていかなる理論構成で保護すべきか争いがある(11)。この状況で親の自律性を確保するために、（積極的・）子どもの福祉の実体的内容を決する親の解釈優位が認められる（Jestaedt, S. 73 f.）。同規定は、制度（的）保障をも含んでいる(12)。

次に、親の権利への介入は基本法七条一項のように衝突する憲法（verfassnng）を除き、基本法六条二項二文で定められた国家の監督任務によってのみ正当化されると一般にいわれる(13)。例えば子どもが親の権利の濫用等で損害を受けた場合、国家の監督任務に基づく関与が行われ、必要に応じて親子の分離にまで及ぶ（同六条二項二文、三項）。この基本法六条二項二文（「この義務の実行については、国家共同体がこれを監督する」）による国家の監督任務の照準点（Richtspunkt）が家族法の伝統に存在し、基本法上明文の規定がない（消極的・）子どもの福祉である。[14] 子どもの福祉概念はその機能の観点から親の権利を外から限界づける「消極的・子どもの福祉」と親の権利を積極的に方向付ける「積極的・子どもの福祉」に大別される（横田・五六五頁）。

（二）国家の監督任務と関連規定

国家は監督任務に基づき、児童虐待より広く包括的な概念である、子どもの健全な発達を阻害する「子どもの福祉の危殆化」を回避するために、「必要な措置」（民法一六六六条一項）を講ずる。同規定によれば、子どもの福祉の危殆化が生じたとき、危険回避措置の決定を行う権限が家庭裁判所に付与されている。また、民法一六六六ａ条は親子分離・配慮権（日本の親権ないし監護権）剝奪について比例原則の厳格な遵守を定め、社会法典八篇八ａ条・四二条では少年局による子どもの一時保護が規定されている。

面会交流に関する立法や個別の措置については、監督任務の範疇にあるとされる。[15] 親同士の面会交流をめぐる争いの場合、裁判所はどちらがより良い選択かという（相対的な）積極的・子どもの福祉に照らし判断を行う（一六九七ａ条）。しかし面会交流制度が充実するドイツでは、面会交実施あるいは未実施により生じる子どもの福祉の危険回避のための措置が消極的・子どもの福祉を基準に行われているとみられる。その一方で、多様な親の面会（民法一六八五、一六八六ａ条）が積極的・子どもの福祉を判断基準とするか、子どもの福祉に「不利益」ではない限り認めるべきか（中間の基準）が争われている（Wapler［2015］S. 281）。

三　連邦憲法裁判所と近年の学説状況

（一）連邦憲法裁判所による子どもの基本権の具体化

憲法上の親の権利学説では、面会交流のように〈子どもが親に養育・教育を求められるか〉という親子関係への基本権の効力はかねてより議論されていた。しかし、基本法一条三項は国家権力を拘束するにとどまり、親に同項の影響は及ばないと理解されていた。にもかかわらず二〇〇八年に連邦憲法裁判所は文言上〈親に対する〉子どもの養育・教育を求める権利を明らかにし[16]、二〇一三年には〈親に対する〉子どもの養育・教育を求める権利構想を修正するため国家に対する子どもの親による養育・教育の保障を求める権利を示した[17]。これは親子関係で基本権を有効化するには保護義務を用いるほかないという判断の下、基本法二条一項と基本法六条二項一文を結び付ける試みである[18]。このような異なる法体系の結合を問題視する見解もあるが[19]、この基本権理解は定着したと見られる[20]。

今日の傾向は、子どもに対する国家の保護義務という考えの下、従来は監督任務による親の権利への国家の介入を要請するとされた子どもの基本権の具体化ととらえられる[21]。

（二）子どもの福祉概念を明らかにする必要性とアプローチ

従来の判例や（慎重ではあるが有力説も含む）学説の国家は子どもの福祉を保護するという考えに対し、子どもの基本権の保護を強調する新説（ヴァプラー）は、先述した子どもの基本権を具体化する判例をも論拠として、改めて子どもの福祉の意味を問いかけた（Wapler［2015］S. 177 ff.）。この問いかけは、基本法を改正し、子どもの権利や子どもの福祉原則を明文化しようとする試みに対抗するものである[22]。また、多元的社会で裁判所が特定の親を「悪しき」親として認定することを回避するべく[23]、子どもの福祉の危機のような一般的な国家介入の閾値を明確にする必要性に対応している（Wapler［2016］S. 23）。イェシュテットは子どもの福祉概念を、憲法上自己決定の機会が確保されて実現する成人の福祉とは異なり、自己決定能力が存在せずそれゆえ保護を必要とする子どもという特別な状況に人間の尊厳を適応させたものであるとした（Jestaedt, S. 71）。しかし、ヴァプラーはこの見解が子どもが保護を必要とする点を重視しすぎていることを理由に同調せず、基礎法学の次元で子どもの福祉を一般的な「個人の利益の十分な実現」という福祉概念に包括した。そして、保護の必要性のみならず成長する自律性を有する子どもの地位の特殊性をその次に考慮した（Wapler［2015］S. 309）。

（三）ヴァプラーによる子どもの福祉概念構想

①子どもの福祉概念の概要と子どもの意思の扱い

ヴァプラーは、利益基底型の福祉概念を採用し、子どもの福祉を「子ども個人の利益の十分な実現」と定義づけた。「包括的な子どもの善き生」である（最善としての）子どもの福祉は、国家によるあらゆる教育責任を方向づけるが、国家は親に対し同様の子どもの福祉を義務づけることはできない（基本法六条二項）。そのため、「包括的な善き生」という子どもの福祉概念理解に加え、法は子どもの福祉の侵害及び手続法上の審査を段階化することにより、異なる国家の行為あるいは干渉閾値を描く。結果、子どもが善き生をおくるために必須とされる「子どもの福祉の不可侵条件」が、子どもの福祉の危機回避という一般的な国家介入の閾値（②参照）として描かれる（Wapler［2015］S. 493 ff.）。また、日本も批准する子どもの権利条約三条一項をはじめ国際法の次元にもみられる子どもの福祉原則は、子どもの全ての利益を適切に顧慮することを要請している（Wapler［2015］S. 573）。

さらに増大する子どもの自律性を考慮した結果、ヴァプラーは、子どもの意見表明権（子どもの権利条約十二条、基本法二条一項と結びついた一条一項）を重視する。子どもの意見表明権の一般原則として、❶子どもの意思が認められ次第考慮に入れること、❷子どもが自分で決定しその決定にあたり十分な情報を得る限り第三者は子どもの意思を上書きできず決定的なものとして扱うこと、そして、❸それ以外の場合は、子どもの意思を考慮した協議が必要という三つの事項を挙げる（Wapler［2015］530 ff.）。この考え方は、個別の事例で子どもの福祉判断にあたり子どもの意思を重視する「子どもの意思に開かれた子どもの福祉（Wapler［2016］S. 47）」構想につながる。

②子どもの福祉の危殆化（従来の消極的・子どもの福祉）が問題になる場面

ヴァプラーは憲法上の親子関係について、親は子どもの福祉を支援する存在だが、その自律は、「子どもの福祉の不可侵条件」（子どもの福祉の危殆化が生じない状態）が維持される限りにおいて確保されると考える。この条件とは、❶衣食住という実質的な世話、❷健康の維持、❸身体的、精神的あるいは情緒的な完全性に対する干渉からの保護、❹長期にわたり支える社会的関係、❺自分のライフスタイルを自分で選択し、生計をたて政治的共同体に参加するため必要な能力を獲得できるような適切な教育（Bildung）及び機会❻子ども自身の利益を適切に顧慮し、成長に適した行為の余地を保障し、自分の利害に関する判断に適切な形式で参加させ意見表明をさせる子ども個人の人格の基本的な尊重、である。彼女は、子どもは基本権をもってこのような最低水準の保護を国家に求めることができると主張する（Wapler［2015］S. 514 ff.）。

③（相対的）積極的・子どもの福祉が問題になる場面

先述したように、親同士の紛争のように従来の（相対的）積極的・子どもの福祉が問題となる場面では、裁判所はどの選択肢が子どもの福祉と相性が良いかを判断しなければならない。ここでは子どもと親の絆の質が特に重要である。しかしまた、子どもの意思も重要な判断要素とされるため、裁判所が判断をする際には、独立した子どもの意思を子どもの選択として考慮しなければならないことをヴァプラーは強調する（Wapler［2016］S. 23, 39 f.）。

④リベラル社会における親子関係並びに親の権利及び子どもの福祉の関係

ヴァプラーは、リベラル社会における親子関係に受託的構想（判例・通説）は妥当せず、親の権利と子どもの福祉の関係について、先述した親の解釈優位理解（ここで彼女はイェシュテットを挙げる）は不適切であると主張する。なぜならば、前者は親の自由な私生活の形成を利己的な自己実現と解するおそれがあり、後者は親子の利益の独立性を否定し、両者の区別を困難にするからである。しかし、両者は互いを補う存在であり、「子どもの福祉基底型の受託モデル」と彼女に称される。このモデルでは親が複数の選択肢のうち子どもの福祉に適した選択をしていると考えることにより、親子の利益衝突を回避し、子どもが受忍できずそのために子どもの福祉の危殆化が生ずる場合に国家の監督任務による統制を限定する。しかし、彼女は例えば子どもがペットを望んだ場合、「子どものためにペットを飼った方がいいのか」というように親に子どもの福祉について解釈の自由を認めるのではなく、「私達はペットが飼いたいのか」というように（自分を含む）家族にとって最善の選択をするという親の判断の自由を認めるべきであると考える。すなわち、親の判断の余地は②で述べた子どもの福祉の不可侵条件に抵触しない限り確保され、国家はその限りにおいて親子の利益衝突に関与しない（Wapler［2016］S. 26 f., 43 f.）。

（四）子どもの基本権の具体化が及ぼした親の権利への影響

ドイツでは子どもの基本権が具体化した結果、親の権利を制限する子どもの福祉の意味や子どもの権利との関係の考察が進んだ。この考察を行うヴァプラーの新説により、新たな親の権利モデルが示された。このモデルは、二〇一三年以降の連邦憲法裁判所の立場を補完しつつも従来の判例・通説及び有力説と比較すると子どもの自律性の尊重及び親の自由を確保しようとするものといえよう。

同モデルの妥当性については、今回取り上げた判例・通説及び有力説のほかにも複数の学説(24)との比較を行う必要がある。しかし、少なくとも近年実務で求められる子どもの意思への配慮を訴え、本来家族法の概念である子どもの福祉概念の再考にその意義がある。

四　日本法への示唆

（一）憲法上の親の権利という視点の必要性と問題

ドイツの現在の学説の傾向を見るに、憲法上の親の権利という視点は、国家による親子関係への過度な立ち入りを抑制する。また、未だ不明確な子どもの権利から一章で挙げた問題を分析するにあたり必要な法的概念を明確にする。こうしたメリットを見ると、日本の問題状況に対し憲法上の親の権利からの分析が必要である。

一方でドイツのように明確な条文がない日本国憲法上の親の権利を考察するならば、その限界の他に根拠条文、主体、法的性質等が問題になる。

例えば親権制限に関連しうる親の権利学説は、❶権利性を否定する見解(25)、❷根拠条文に憲法一三条を挙げる見解(26)、❸憲法二四条を根拠条文に内容形成を前提とした防御権ととらえる見解（横田・五六〇―五六四頁）、そして❹憲法二四条二項の下で、立法義務に対応する憲法上の権利として、子どもの人格発展の確保という要請（「子どもの利益」）について適切に考慮することを求める親の権利(27)等、多様に主張されている。こうした現状でどの学説が妥当かについては、ドイツの親の権利の法的性質を参考に子どもの利益を出発点として複数の問題領域を横断する視点を暫定的に設定し、個別領域で親固有の利益の有無を含め親をはじめとした当事者の憲法上の権利利益内容やその関係を明らかにし判断すべきかと思われる。ドイツの学説は、本稿で見たように少なくともこの複数の問題領域を横断する視点を描く際に参考になる。

（二）問題状況への示唆

最後に、一章で挙げた具体的な問題状況について、今回の検討から得られた示唆を踏まえ若干の検討を試みる。

まず、民法の親権制限制度やそれに関連する子どもの保護の保護を意図した諸制度については、国家介入が求められる消極的・子どもの福祉概念を明らかにすることで、国家の過度な立ち入りの抑制が期待できる。そのさいに、ドイツの新説は国家の介入基準点を明らかにする手がかりになる。もっとも本稿で示したのは新説による一般的な国家介入の閾値にすぎず、これを前提として個別の事例において検討する必要がある。

次に、面会交流権ないし面接交渉権について、横田光平は子どもを監護及び教育する親の権利の問題ないし親権制度の問題と区別し、面接交渉権を含む「子ども及び親の『人的結合それ自体への権利』」を観念する。そして、親子の事実としての人的結合関係の保護を憲法二四条を根拠条文として構成するべきであると主張する。横田は先述した親権制度の整備の問題についてはドイツの特殊説を参考にするが、面接交渉権について親自身の利益の存在を否定していない（横田・五七九頁）。

こうした親権とはやや異なる法的性質を示しうる面会交流権についても、二章で多少触れたドイツが先行する権利主体拡大可能性[28]と同時に、根拠条文が問題となる。現段階では横田説の他にも幸福追求権の一つとして憲法一三条[29]あるいは二四条二項と結びついた一三条を根拠に基礎づける手段が考えられる。いずれにせよ、今回のドイツの検討を通じて、親の面会交流権については、(親同士の紛争を解決するために(相対的)積極的・子どもの福祉及び国家の関与は不可避ではあるが)一律に消極的・子どもの福祉を超えた規律により制限ができない[30]というより、むしろ新説が示した一般的な国家の介入が許される基準を前提に、将来的には権利主体の拡大に対応し、よりその限界を個別化するべきかと思われる。

これらの問題状況において当事者である子どもの主体性及び独立した意思をドイツの新説は強調しており、同説はいかなる場合に子どもの主観的利益を子どもの福祉ないし利益の構成要素として認めるべきかの基準を考えるにあたり参考になる。また、日本の法秩序全体において子どもの福祉概念に子どもの意思を組み込もうとする試み[31]に合致する。

おわりに

家庭内の弱者である子どもを保護するために、国家が親の自由を制限せざるを得ない場面はたしかに存在するため、憲法上どのような場合に(必要最小限の)制限が許されるかという考察が必要となる。こうした問題意識の下、本稿はドイツの親の権利学説を参考に日本の問題状況を分析するにあたり憲法上の親の権利の視点が国家の親子関係への過度な立ち入り抑制や子どもの権利からの分析の土台を形成するうえで必要であることを確認し、問題を整理した。

ただ、本稿はドイツの動向及び日本の学説の確認に大半を費やしてしまったため、今後は一章で挙げた問題を個別の場面ごとに検討する。

（1）詳細については、喜友名菜織「親子断絶型の児童福祉制度の目的と機能」法セ七七八号（二〇一九年）一－四頁参照。
（2）既にその必要性は、篠原永明「親権制限とその周辺」甲南法学五九巻三・四号（二〇一九年）九一－一二〇頁や横田光平「児童虐待への国家介入」法時九〇巻一一号（二〇一八年）三七－四四頁をはじめ多くの論稿で明らかにされている。
（3）本報告後接した東京地裁判決（東京地判令和元年一一月二二日平三〇（ワ）七二六三号）は、この問題を浮き彫りにしている。
（4）拙稿「未成年者に対する憲法上の親の権利とその限界について」中院四四号（二〇一四年）四、一五頁。
（5）紙面の都合上全てを列挙できないが、さしあたり前脚注二及び八で挙げた文献が挙げられる。
（6）Sanders, Mehrelternschaft, 2018, S. 175 参照。
（7）BVerfGE 133, 59 (82 f.).
（8）この流れは、西原博史『良心の自由〔増補版〕』（成文堂、二〇〇〇年）一四五－一四六頁をはじめ多くの論稿で明らかにされている。ドイツの親の権利の法的性質から後述する二〇〇八年連邦憲法裁判所判決までの流れ並びに日本へ受け入れる余地は、拙稿・前掲注四　三－二一頁で既に検討している。本稿はその後の日本・ドイツの議論状況の変化が先稿で残された課題である「子どもの福祉」概念の解明（同一四－一五頁）につながるのではないかという考えの下、改めてドイツの憲法上の親の権利について考察を行った。
（9）BVerfGE 59, 360 (377); 64, 180 (189): 107, 104 (121).
（10）BVerfGE 60, 79 (88).
（11）憲法上の親の権利は親の人格的利益も保護することを強調する学説の一例として、ヘーフリンクが挙げられる（Höfling, Elternrecht, in: HStR, Bd Ⅶ, 2009, § 155, Rn. 16）。この指摘について、篠原永明「憲法と親権制度」比較三一号（二〇一九年）二二－二三頁参照。
（12）この点について、Sanders (Anm. 6) S. 119 ff. 参照。

(13) Jarass, in: Jarass/Pieroth, Grundgeserz für die Bundesrepublik Deutschland Kommentar, 14., Aufl. 2016, Art. 6 Rn. 55–59.

(14) BVerfGE 24, 119（144）.

(15) Wapler［2015］S. 150 ff. ただし、有力説はその限りではない（Jestaedt, S. 77 ff.）。本稿ではさしあたり面会交流規律及びその措置は監督任務に含まれるとする。

(16) BVerfGE 121, 69（92 ff.）. 同判決の評価については、拙稿・前掲注四　一三－一四頁参照。

(17) BVerfGE 133, 59（73 f.）.

(18) Britz, Das Grundrechte des Kindes auf staatliche Gewährleistung elterlicher Pflege und Erziehung, JZ 2014, S. 69–74 参照。

(19) Jestaedt, Anmerkung, JZ 2013, S. 471.

(20) 更に二〇一七年に同裁判所は国家による保護を求める子どもの請求権（基本法六条二項二文と結びついた基本法二条一項及び二条二項一文）をも認めた（BVerfG-K NJW 2017, 1295.）。詳細については、篠原・前掲注一一八三－一八四頁参照。

(21) BVerfGE 24, 119（144）.

(22) 基本法は子どもの権利及び子どもの福祉を明文で規定していないため、幾度も憲法改正が試みられている。

(23) 例えば父親がアフリカ式の教育を望むことを理由に、子どもの福祉の危殆化を認定し父親から子どもを引き離すことを認めた原審の判断を、具体的にどのような危険をもたらすかが不明確であるため連邦憲法裁判所が支持しなかった事案（BVerfG, FamRZ 2015, 112）がある。

(24) 候補となる学説は、既に拙稿・前掲注四　四－一四で検討した。また、新説を本稿では扱いきれなかった日本の親の権利学説と対比する作業も必要である。

(25) 君塚正臣（君塚正臣「社会権としての『教育を受ける権利』の再検討」横浜国際社会科学研究一五巻五号（二〇一一年）一一頁）をはじめ、特に親の教育をする権利に疑問がなげかけられている。

（26）理論に分岐は見られるが、西原・前掲書八三一一頁をはじめ複数の見解が確認できる。
（27）篠原・前掲注二 一九〇頁。
（28）面会交流権の憲法上の根拠条文候補、権利主体拡大可能性及びその限界については、拙稿「憲法上の親の面会交流『権』」中院四六号（二〇一七年）二一‐四六頁参照。
（29）一三条を根拠条文とする面会交流権構想は、米沢広一『子ども・家族・憲法』（有斐閣、一九九二年）二九一‐二九二頁をはじめ複数の文献により明らかにされている。。
（30）横田・前掲注二・四二頁。
（31）佐々木健「ドイツ親子法における子の意思の尊重」立命三一七号（二〇〇八年）二四六‐三三六頁。

参照文献

Wapler, Kinderrechte und Kindeswohl, 2015.
Wapler, Das Kindeswohl:individuelle Rechtsverwirklichung im sozialen Kontext, in:Sutterlüty /Flick（Hrsg.）, Der Streit ums Kindeswohl, 2016.
Jestaedt, Kindesrecht zwischen Elternverantwortung und Staatsverantwortung, BrühlerSchriftenzum Familienrecht Bd.19, 2016
横田光平『子ども法の基本構造』（信山社、二〇一〇年）

［付記］本報告後、櫻井智章「判批」法教四七四号（二〇二〇年）一二三頁、木村草太「子どもの利益と憲法上の権利」梶村太市ほか編著『離婚後の子どもをどう守るか』（日本評論社、二〇二〇年）に接した。

フランス「連帯（solidarité）」概念の憲法学的考察
――「社会保護への権利」の観点から――

塚林美弥子
（東京学芸大学）

はじめに

本稿は、フランスにおける連帯概念を、憲法上の社会保護への権利との関連で検討することを目的とする。フランスは貧困や失業などの「社会問題」に直面する度、連帯によって乗り越えてきた歴史を有する。連帯論では、ある特定の個人に降りかかった貧困などの問題を個人的責任に還元するのではなく、社会構造によって引き起こされた「システム」の問題として認識しつつ、これを偶発的な「社会的リスク」と観念し、社会全体でその負担を分配しようと試みる。この着想は、社会保護を形成、実施する際の思想的根拠であると同時に、現代では例えばフランス社会保障法典がその冒頭で「社会保障は国民的連帯の原理に基づくこと」（L. 111-1条）を規定しているように、実定法上も作用する。とくに「社会保護への権利」が憲法上の権利として明記された一九四六年以降、連帯は公法的な様相を帯び、単なる社会政策のスローガンや立法の思想的根拠ではなく、憲法との関連で考察されるべき事項になった。

日本における連帯論は政治思想や社会保障政策からの研究があるもの(1)の、フランス憲法が保障する社会保護への権利との関係で連帯を評価する作業は、いまだ行われていない。そこで、本稿は連帯が公法の領域に根差した歴史を跡付け、社会保護への権利という憲法規範において持つ意義について考察したい。

一　第三共和制期の「連帯主義」

フランス第三共和制期は、連帯が法理論の領域で明確な輪郭が与えられ、「連帯原理にとって重要な契機」(2)と評されている。本稿の関心である社会保護への権利との関連で重要なのは、レオン・ブルジョワ（Léon Bourgeois）の「連帯主義（solidarisme）」である。

(一) ブルジョアの連帯論

連帯は、他者との積極的なつながりを求め、協働を呼びかける点で「友愛」や「慈善」などの語に連なるが、ブルジョワの連帯論は、感情や宗教ではなく当時の最新の科学（事実の客観的な観察）により基礎づけられ、また、社会構成員の支えあいを単なる道徳目標ではなく厳格な法的権利・義務へと至らせる論理を提示する点に特徴がある(3)。彼の連帯論が「法学的連帯主義（solidarisme juridique）(4)」と評せられる所以である。

(二)「正義」の実現と社会的リスク

連帯は、不公正や互恵性の欠如が蔓延する社会、すなわち紐帯が崩壊した社会において、仮想の合意空間を生み出し、ここで設定されたルールに従い各人が協働し、公平さや正義を恒常的に問い直し、実行する試みである。ブルジョワは実現されるべき「正義」を、各人の負担と利益との間の公平性の実現に求める。つまり、構成員同士のサービスの交換における「等価性（équivalence）」のうちに正義は見出されるのである。

ところで、社会的な存在としての各人が負債を負うとしても（「社会的負債」）、負債の額、債権者としての取り分のいずれの算定も現実的には不可能である。負担と利益の計算不可能性というこの問題をクリアーしなければ、正義は実現できない。

この難問に対し、ブルジョワは「相互的で連帯的な契約」[6]を結ぶという重要な提言をする。契約が相互的であるのはサービスの価値を予め見積もることができないためである。すなわち、合意がなされた時点では利益と負担の関係を明記できないほどに偶然の強い影響を受け、人の意思ではどうにもならないリスクや利益に関する契約である。ブルジョワは例として、「自然の運命と偶然に帰すべきリスクである、病気、火災、事故」[7]を挙げる。こうしたリスクはメンバー全員がさらされ、誰にリスクが降りかかるか、誰が偶然に利益を得るかがわからないため、この計算を断念し、「リスクと利益を相互化する」[8]ことが構想された。負担と利益の計算が不可能であるからこそ、老齢や疾病、労働災害など全員に共通の「社会的リスク」の相互保障が必要となるのである。以上の論理に従い、彼は教育無償化や、社会の全構成員に対する病気、事故、自らの意思に反した失業、老齢などの、自然や文明化がもたらした各種リスクに抗する相互的保障を提案する。[9]後に振り返れば、ブルジョワの連帯論は時代限定的な社会問題への応答にとどまらず、現代の社会保護システムの基礎ないし目的として据えられ、また実定法上においても機能している点で、第三共和制期の重要な遺産の一つであるといえる。

二　社会保護への権利と連帯概念一九四六年憲法制定

第三共和制期に確立した社会立法とその原理は第四共和制期に憲法典へ導入された。一九四六年一〇月二七日の憲法（一九四六年憲法）は「フランスは…社会的な共和国である」として社会国家の理念を明示的に掲げているが（第一条）、この条文は社会立法で第三共和制期に実現した作業を参照して制憲者が導入したものとされている[10]。

社会保護に関しては「国は、すべての者、とりわけ子ども、母親および老齢労働者に対して、健康の保護、物質的安全、休息および休暇を保障する。年齢、身体的または精神的状態、経済的事情ゆえに労働できない境遇にある人はすべて、適切な生存手段を共同体から取得する権利を有する。」として、前文第一一項において規定された。憲法上の地位を獲得するに至った社会保護をめぐる権利について、制憲当時および一九四六年憲法を引き継ぐことになる一九五八年第五共和制憲法は、連帯をどのように位置付けたのだろうか。

（一）四月憲法草案

一九四六年憲法前文の社会的権利に関する各規定は、本憲法の前身であり、議会で可決されながらも「国民投票」で否決された四月憲法草案（四月草案）に依拠して議論され、導入に至った。後の一九四六年憲法前文第一一項に相当する一九四六年三月当時の憲法起草委員会案第三一条は、以下のように規定していた。「年齢、身体的または精神的状態、経済的事情ゆえに労働できない境遇にあるすべての人は、適切な生存手段を共同体から取得する権利を有する（第一項）。この権利の保障は社会保障の公的機関を設立することによって確保される（第二項）[11]」。

憲法起草委員会が作成した当該条文は、議会で比較的スムーズに通過した。ただ一人自由共和党（Parti Républicain de la Liberté）のミュテール（André Mutter）から、本条第二項について「公的（publics）」という文言の削除の提案があった。彼によれば、この修正によって「国家のコントロールのもと、生活の糧をまかなうために必要な資力を持たない市民にとって利益になるように、連帯の事業(oeuvre)を私的な組織が実施することができる」ようになる。国家の基本的な役割については、私的機関のイニシアティブを促し、方向付けるものであるべきとする。この修正案に対し、委員会報告者のザクサ(Gilbert Zaksas)は「すべての者に対してこの権利を保障するのは国家である。国家は私的機関の調停者として振る舞うことはできない。」と切り返した(12)。結果、修正案は否決され、委員会の第三一条案は四月草案第三三条として、一字一句違わずに明記された。

フランスの戦後構想のなかで生活困窮者への援助は、立法者の政治的努力によるのではなく、その第一義的責任が国家に存すること、援助を受ける権利を「すべての者」が有することを憲法に明記すべきというのが憲法起草委員会多数派の考えであった。四月草案は「まさに法律が社会保障を構築し始めたときに、福祉国家の登場を決定的に確認している(13)」と評価できる。その意味で、社会保護制度を基礎づける連帯の原理が公法へと根差していく契機が生まれたと考えられる。

ただし、草案第三三条を含む社会権の規定に際し、当時の議会で連帯の憲法上の位置づけまでは議論の対象にはならなかったようである。本条は第一項で今後のフランス社会を構想するうえでの大きな方向性を示し、続く第二項でその実施、実現主体を明らかにする。他方、社会保護について具体的にいかなる方針に基づいて行うのか―社会的リスクの内容とこれをカバーする方式―、そして連帯の継承方式については、憲法制定の場面で語る性質のものではないという認識があったと考えられる。もっとも、社会保護への権利の文脈でなされた「連帯の事業」というミュテールの発言からは、社会保護の具体的かつ法的な実践を連帯で基礎づけるという、第三共和制期の連帯主義の理論が立法者に継承されていたことがみてとれる。

（二）一九四六年第四共和制憲法

一九四六年憲法前文第一一項と四月草案第三三条との条文上の明確な相違点として、前者の前段の文言が加わったこと、そして後者の第二項の文言が削除されていることがわかる。条文上のこの変化により、四月草案に比して一九四六年憲法が「立法府に対して手段の選択を委ね」、「解釈の大幅な柔軟性(élasticité)を獲得した」[14]といえる。すなわち、社会保護への権利の実現方法は将来の立法府および当該権利の享受主体に託されたと考えられる。そして、一九四六年憲法前文第一一項においても直接に「連帯」の文言は採用されなかった。

それでもなお、社会保護の実践は連帯の思想に依拠することが制憲者や社会保障制度の設計者らが共有する基本的な理解であり、また、連帯は制憲者に心理面で重要な役割を果たしていた概念とされている[15]。もっとも、憲法規定の文言に登場しない以上、少なくとも制憲当時においては連帯が憲法において規範的に作用すると評価することは難しい。第三共和制期に理論化された連帯の発展継承のあり方は、制憲当時には全くの未知数であったといえよう。

三　連帯の「憲法化」について

第五共和制期に憲法院が創設され、一九七〇年代以降、判例を通じ一九四六年憲法前文に対し実定法上の価値が付与された後、連帯は「憲法院の裁判官によって判決において幾度も言及され、立法者に介入の直接的な基礎として用いられる」ようになる[16]。とくに一九八〇年代以降、憲法院の裁判官は社会扶助政策の実施や条件づけについて、一九四六年憲法前文第一一項を根拠にこれと連帯とを関連づけて判断を下すようになった。以下、両者の結びつきについていくつかの憲法院判例を素材にして検討する。

(一)　一九八七年一月二三日判決(17)

社会保護への権利についてそのアクセスへの条件付けを内容とする法律を憲法院が初めて審査したのが本判決である。本件では補足手当（allocation supplémentaire）の受給要件を定める「各種社会保障措置に関する法律(18)」第四条の合憲性が争点となった。憲法院は社会手当給付の要件設定に当たり、「立法府も政府も、自らの権限に応じて一九四六年憲法前文第一一項が宣言する原理を尊重しながら、その適用方法を定める責任がある。」(Cons.17) とした。本判決において前文第一一項後段の法規範的価値が承認されたというのが一般的評価であるが(19)、社会保護の実施について憲法院の審査に付すことがなかった歴史を踏まえれば、画期的な意味を有する。

ところで、本判決は連帯に明示的には言及しなかった。他方、この判決を「物質的安全への権利の憲法的価値を承認した」事例として位置づけ、この権利は「連帯の要請（exigence de solidarité）を体現するもの」とする評価がある(20)。ただ、裁判官が当該「連帯」にいかなる意味を込めたかは判決文からは不明確である。裁判官が立法府に対し、補足手当の条件付けにあたって前文第一一項およびその原理たる連帯の尊重を義務付けたという一般的な解釈、つまり、手当の受給者＝収入のない高齢者や障碍者を支える義務が、社会の構成員および国家にあると表明したと考えるのが無理のない解釈であろう。

(二)　一九九七年一月二一日判決(21)

本判決では介護を要する者を対象とする「特別介護給付（prestation spécifique dépendance：ＰＳＤ）(22)」を導入する法律（ＰＳＤ法）第5条の憲法適合性が問題となった。ここで憲法院は、ＰＳＤ法が定めた諸規定は前文第一一項に反してなされてはならず、「ＰＳＤ、すなわち国民的連帯の要請に対応するための社会扶助手当の支給に当たり、適切な措置によって平等への侵害を防止することは、議会の責任に帰する」(Cons.11) と述べた。PSDという社会扶助を明確に「国民的連帯の要請」と位置づけ、憲法上の社会保護への権利と結びけた点で本件は重要である。文脈からして必ずしも前文第一一項との関係で言及されてはいないが、社会扶助実施の憲法上の根拠が本項である以上、「連帯と第一一項との間に紐帯(lien)を確立したのは明らかである」[23]という評価は間違っていない。本項で保障される権利に対し、連帯が原理的な指針を付与することを憲法院が承認したといえる。

(三) 一九九七年一二月一八日判決[24]

「一九九八年社会保障財源法律[25]」の制定に伴い、家族手当(allocation familiale)の受給について所得制限の導入が図られた。本判決では、この措置を根拠付ける本法第二三条が一九四六年憲法前文第一〇項および第一一項に適合するか否かが争点の一つとなる。本件において重要なのは、「一九四六年憲法前文第一一項の規定に由来する憲法的要請は、家族のための国民的連帯に関する政策実施という帰結を伴う。」(Cons.33) とし、家族の保護を「国民的連帯の憲法的要請」とした点である。(二) 判決と異なり、憲法前文第一一項の規定が国民的連帯と密接に結びつくと明言されたことで、本項が保障する権利の実現において、連帯が作用することを憲法院が承認したと評価できるだろう。

(四) 検討

一九四六年憲法前文第一一項と連帯との関係につき、本項を「連帯への権利」として理解する論考[26]、そして、一連の憲法院判決の蓄積[27]により、明文規定がなくとも連帯が憲法前文第一一項と結びつき、憲法上の地位を有する裁判規範として深化したとしてこれを「連帯概念の憲法化(constitutionnalisation)」と評価する論考などがある。[28] しかし、「連帯への権利」の存在およびその憲法的価値の承認が意味すること、また「憲法化」の内実はこれらの論考で具体的に論じられていない。

それでは、連帯の「憲法化」とはどのように評価できるのであろうか。

もう一度確認すると、ブルジョワの「連帯主義」は、人間同士の相互依存という客観的な事実（「自然的連帯」）から議論を出発し、そこに欠如する正義、すなわちサービスの交換における負担と利益の公平な分配を企図するものであった。当該分配は各構成員の負債の清算から開始するが、その「算定不可能性」を梃子に「リスクの相互化」を提唱する。「何らかのリスクを認識し、さらにはそのようなリスクを孕んだものとして社会を認識することは、それを管理し分担する集団的秩序の構想と表裏一体である」(29)とすれば、連帯論は、新たなリスクの恒常的な問い直しと、これに従った新たな秩序構想、その調整および改善を社会構成員に命じるものである。そして、これは各個人の自由な合意にその根拠をもつ（「準契約」）。

上述の事例に沿えば、「要介護」や「家族的負担」など、現代的な社会問題を新たなリスクと観念し、社会構成員全体でその負担を引き受けなければならない。そして、同時に当該リスクの予防やリスクからの保護を実践する。こうして共同体の「連帯の義務（obligation de solidarité）」と、対となる社会構成員全体の「債権としての権利」が導かれる。(30)憲法院が提示した連帯像は、第三共和制期の連帯論を基礎にすえ、社会保護への権利が憲法上の保障を受けるに至ったことに鑑み、その保護が及ぶ範囲を拡大し、公権力のより強い介入を可能にする。同時に、こうした連帯像によって負担と利益の「等価性」の不在を根拠に、ある政策について憲法院の審査に付すという回路が見出されたのではないか。連帯は、立法やこれを基礎にした実践、憲法の制定などを経て、憲法上の権利において作用する概念へと法的に洗練されたと評価できるだろう。

おわりに

連帯は、浮き沈みを繰り返しながらも着実に法的な性格を帯びるものとして鍛え上げられ、現在では憲法上の社会保護への権利において作用する極めて公法的な性格を帯びるものに至ったといえる。その理念は第三共和制期にブルジョワによって提唱され、一九四六年憲法前文における社会保護への権利としての憲法規範化を経て、現在の第五共和制における憲法判例や現実の社会保障制度の中に取り入れられ、フランス社会に定着していった。その意味で、連帯はフランスの社会保護を語る際の必須概念である。

しかしながら、本稿での考察のみをもっては、連帯が目指す「正義」、理想とされる社会モデルが憲法院または学説によって十分に定式化されたとまではいえない。すなわち、連帯の実現に資する社会的紐帯の在り方はどのような姿をとるものとして構想されるのか、そして憲法上の連帯における譲れない一線とはどこに見出されるのかという点は必ずしも明らかではなく、その規範化の中身についてはいまだ検討不十分であり、本稿で残された重要な課題である。これについては、連帯における「相互的な契約」が常に社会におけるリスクの表出の仕方、貧困の形態などに応じて更新され続ける性質であることに鑑み、常に具体的な実践を参照にして連帯の中身を考察するという地道な作業が求められよう。[31]

（1）例えば、齋藤純一編『福祉国家／社会的連帯の理由（講座・福祉国家のゆくえ五）』（ミネルヴァ書房、二〇〇四年）、廣澤孝之『フランス「福祉国家」体制の形成』（法律文化社、二〇〇五年）、田中拓道『貧困と共和国―社会的連帯の誕生』（人文書院、二〇〇六年）、重田園江『連帯の哲学I―フランス社会連帯主義』（勁草書房、二〇一〇年)、伊奈川秀和『社会保障法における連帯概念—フランスと日本の比較分析—』(信山社、二〇一五年)など。

(2) Michel Borgetto, *La notion de fraternité en droit public français : Le passé, le present et l'avenir de la solidarité*, L.G.D.J., 1993, p. 509.

(3) ブルジョワは一八九六年に『連帯 (*solidarité*)』を上梓し、本書において「自然的連帯」、「社会的連帯」、「社会的負債」、そして「準契約」などの概念を巧みに用いてその道筋を示した。ブルジョアの連帯論が登場する背景や労働災害の補償、働けない者に対する公的扶助の導入などの実践的帰結も含め、この点については、拙稿「フランス『連帯』概念の憲法上の位置付け—RMI制度を素材とする一考察」早稲田法学会誌六六巻一号(二〇一五年)二四八-二五四頁参照。

(4) Adiren Leroux, *Le solidarisme juridique*, Arthur Rousseaux, 1912, p. 1.

(5) Léon Bourgeois, *Les applications de la solidarité sociale*, Paris, 1901, pp. 3-4.

(6) Léon Bourgeois, *Solidarité*, 7e éd, Paris, 1912, p. 200.

(7) *Ibid*., p. 203.

(8) *Ibid*., p. 204.(強調原文)

(9) *Ibid*., p. 95.

(10) Philippe Terneyre, « Droit constitutionnel social : Inventaire en guise d'ouverture », *RFDC*, 1990, n° 2, p. 340.

(11) Journal officiel, Assemblée Nationale Constituante, 2e séance du 21 mars 1946, p. 950.

(12) *Ibid*., p. 951.

(13) Laurence Gay, « France », in Xavier Magnon (sous la direction de), *Annuaire international de justice constitutionnelle : Constitution et droits sociaux : Constitution et sécurité extérieure*, tome 31, 2015, p. 269.

(14) Jean Rivero et Georges Vedel, « Les principes économiques et sociaux de la constitution : le préambule », *Droit social*, 1947, n°31, p. 140.

(15) Borgetto, *La notion de fraternité en droit public français* pp. 516–519.

(16) Michel Borgetto, « Solidarité », in Denis Alland et Stéphane Rials（dir.), *Dictionnaire de la culture juridique*, Quadrige / Lamy-PUF, 2003, p. 1429.

(17) Décision n° 86–225 DC du 23 janvier 1987.

(18) Loi n° 87–39 du 27 janvier 1987 portant diverses mesures d'ordre social.

(19) Terneyre, « Droit constitutionnel social. Inventaire en guise d'ouverture », p. 341 ; Gay, « France », p. 279.

(20) Bertrand Mathieu, « La République sociale », in Bertrand Mathieu et Michel Verpeaux（sous la direction de), *La république en droit français,* Economica, 1996, p. 183.

(21) Décision n° 96–387 DC du 21 janvier 1997.

(22) Loi n° 97–60 du 24 janvier 1997 において成立。

(23) Bertrand Mathieu, *Contentieux constitutionnel des droits fondamentaux*, L.G.D.J., 2002, p. 666.

(24) Décision n° 97–393 DC du 18 décembre 1997.

(25) Loi n° 97–1164 du 19 décembre 1997 de financement de la sécurité sociale pour 1998.

(26) Léo Hamon, « La définition constitutionnelle des droits et liberté en France », in Louis Favoreu et Philippe Ardant et al., *Droit constitutionnel et droits de l'homme*, Éconimica, 1987, p. 58.

(27) 本稿で扱ったものの他、「連帯という憲法上の要請」や「国民的連帯の原理」という形で連帯に言及した憲法院判例として、一九九八年一二月二九日の判決（Décision n° 98–405 DC du 29 décembre 1998)、二〇〇一年七月一八日の判決（Décision n° 2001–447 DC du 18 juillet 2001）などがある。

(28) Nathalie Jacquinot, « La constitutionnalisation de la solidarité », in Maryvonne Hecquard-Théron（sous la direction de), IFR, actes de colloques n° 6, *Solidalité, perspectives juridiques*, Presses de l'université des sciences sociales de Toulouse, 2009, p. 103.

(29) 金山準「リスクと連帯」メディア・コミュニケーション研究六一号（二〇〇一年）一一〇頁。

(30) Mathieu, « La République sociale », p. 179.

(31) 筆者は以下の論考において、現代における連帯の具体的な実践としてＲＭＩおよびＲＳＡという社会扶助制度、および非正規滞在の外国人労働者の社会保護へのアクセスについて考察している。前掲注2、拙稿「フランスＲＳＡ制度における『連帯』概念の位置付け―ＲＭＩ制度からＲＳＡ制度への転換を手がかりとして」早稲田法学会誌六七巻一号（二〇一六年）、拙稿「フランスにおける外国人の社会保護への権利―『連帯』概念からの検討」早稲田法学九四巻二号（二〇一九年）。学説や判例に加え、これら具体的な実践を参照に、憲法上の「社会保護への権利」についてさらなる解明を進めていきたい。

生存権保障の可能性
――自由権的側面の現代的意義を考える――

松本　奈津希
（一橋大学）

はじめに――日本における生存権保障の現状

憲法二五条の生存権には、最低生活への介入を排除し、国民各自が自力で健康で文化的な最低限度の生活を維持する自由（自由権的側面）と、国家に対してそのような生活の実現を請求する権利（社会権的側面）が存在する。(1) 税社会保障一体改革が行われている今日では、社会保障だけでなく課税の側面からも生存権保障を考える必要があるだろう。本稿では、生存権の自由権的側面の租税法上の現われである最低生活費非課税の原則(2)（国家の租税による最低生活への介入禁止）を起点として、生存権保障の可能性を模索する。

一　連邦憲法裁判所による最低生活保障

初めに、ドイツにおいて最低生活費非課税の原則が初めて明示的に認められた判例を確認しておく。連邦憲法裁判所一九九〇年決定は、基本法二〇条一項（社会国家原理）と結びついた一条一項（人間の尊厳）から、憲法判断の出発点である最低生活費非課税の原則を導出した。[3] また、納税義務者の子の有無による不平等取扱いの審査の必要性から、基本法三条一項（平等原則）が持ち出されたが、その審査は「立法府が基準となる義務を全く無視するかまたは明白に果たさなかった場合にのみ法律の規定に異議を唱えることができるという、明白性の審査に限定される」。後述するように、ここで示された平等原則による審査枠組みは後の判例において、応能負担原則や首尾一貫性の要請として現われる。

（一）最低生活費非課税の原則の形成過程

上記の最低生活保障の法理は、どのように形成されてきたのか。ここでは、「最低限度の生活」には、外出や読書などの最低限度の自由な生存という、人身の自由とも関連する自由権と、最低生活費の保障（給付・非課税）が含まれることを前提に、その形成過程を確認する[4]（傍点筆者、以下同じ。）。

第一に、最低限度の自由な生存については、一九七七年の終身自由刑判決[5]が参照に値する。そこでは、傍論ではあるが「社会国家原理と結びついた一条一項」への言及がなされていた。そのため本判決は、最低生活保障の定式化が初めてなされた判決であると位置づけられる。

第二に、最低生活費の給付については、一九五一年第一次遺児年金訴訟[6]を契機として、続く判例の中で「社会国家原理」の観点から、「人間に値する生存の最低限の前提条件」を保障する国家の義務が確認されている。[7] 特に一九八八年民事訴訟費用扶助決定[8]では、「最低生活保障は社会扶助法の責務である」ことが確認されただけでなく、最低生活費にかかる防御権的・請求権的側面の二重構造も示唆されており、注目に値する。他方、最低生活費の非課税については、一九七六年児童控除決定[9]以降、平等原則の観点から、租税正義の要請や応能負担原則が持ち出され、これらは更に現実適合的な顧慮の要請と体系整合性の要請として具体化されてきた。[10]

このように、様々な法領域において基本法上の各観点から形成された最低生活保障の法理は、一九九〇年決定の中で接合され、最低生活費非課税の原則となったのである。

（二）最低生活費非課税の原則の確立と拡充――二〇〇八年判決（BVerfGE 120,125）

最低生活費非課税の原則は、その後多数の判例を経て確立・拡充されてきた。ここでは、二〇〇八年判決を素材として確認を行う。本件は、疾病保険料と介護保険料を最低生活費として全額で控除すべきかが争われ、違憲確認判決が下された事案である。本判決では、最低生活費に含まれる具体的な費用項目の具体化・拡大がなされており、最低生活保障の先例としても注目すべき点を多く含むものであるが、以下では最低生活費非課税の原則にかかる①実体②審査枠組み③審査密度を示すにとどめる。

①本判決において最低生活費非課税の原則は、基本法一条一項の人間の尊厳と基本法二〇条一項の社会国家原理の「結合」に加えて、平等原則（基本法三条一項）および家族の保護（基本法六条一項）からも構成されている[11]。第一に、人間の尊厳は、「憲法的秩序の無条件の、しかもその実現手段において自由な裁量を認めない最高原理を定めて」[12]おり、ここでは「最低限度の生活についての主観的防御権を意味することになる」[13]。人間の尊厳の不可侵性により、「税法が人間の尊厳に値する生存のための経済的な最低限度の前提条件を損なうならば、いかなる場合も憲法違反であるため、憲法上の最低生活費非課税の要請にはいかなる制約も許されない」[14]。このことから、当該原則への介入が認められる立法は、三段階審査のうちの正当化の段階を経ることなしに、一段階の審査によって違憲となるといえる。第二に、社会国家原理については、かねてよりその内容の不明確性が指摘され、これに基づく義務の履行に際しては、立法者に幅広い裁量が認められてきた[15]。他方で立法者は、社会状況の発展を常に審査しなければならず[16]、また根拠なく義務を果たさない場合には、憲法異議によって追求しうる請求権が生じうる[17]。特

に税法上では、納税義務者及びその家族に対する最低生活保障を要請している(18)ことから、「社会国家原理もまた、人間の尊厳に値する最低生活の保障を含む(19)」といえる。第三に、平等原則は、領域に特殊な形で具体化されるため、ここではまず応能負担原則（税負担能力に応じた課税の原則）として現われている。応能負担原則は更に、人的純額主義→最低生活費非課税の原則へと具体化される。本判決では、最低生活費非課税の原則を応能負担原則によっても基礎付けるために、平等原則が持ち出されたと考えられる。

なお連邦憲法裁判所は、人間の尊厳と社会国家原理を「結合」させ、独自の基本権を導出することで、最低生活費非課税の原則を保障している(20)。これにより、最低生活費非課税の原則に防御権としての性質が与えられ、その保障はより強化されている。

②審査枠組みについては、一九九〇年判決で提示された明白性の審査による実体的統制に加えて、首尾一貫性の要請による手続的統制が行われている。この首尾一貫性の要請もまた、平等原則から導出される。その内容は「租税に関する基本要件の内容形成の際には、一度行われた基本決定は負担平等の意味に沿って首尾一貫して実施されなければならない(21)」という要請である。この要請は「統制を強化するための道具(22)」としても機能し、立法者の自由を「合理性と均衡性に沿った十分な基準」に拘束する(23)。これについては批判も存在するが(24)、この要請は立法者を自身の行った基本決定に拘束するためのものである(25)。それゆえ、裁判所はこの要請を用いることで、立法者に必要な形成の自由を全く疎かにすることなく(26)、審査を行うことが可能となる。

③本判決では、明白性の審査に加えて首尾一貫性の要請が持ち出されたことにより、最低生活費にかかる審査密度は実質的に高められていると言える。

（三）防御権から給付請求権への展開——二〇一〇年第一次ハルツⅣ判決（BVerfGE 125,175）

最低生活費非課税の原則が確立した後に、社会扶助給付額の低廉さが問題とされた第一次ハルツⅣ判決において、今度は社会法上の給付請求権が認められた。ここでは、税法判例の影響を考慮しながら、本判決を再確認する。

まず、本判決では「人間の尊厳に値する最低限度の生活の保障を求める請求権」が初めて明示的に承認されたが、その際には一九九〇年決定が参照されている。これは、基本法二〇条一項と一条一項の「結合」から導出された防御権である最低生活費非課税の原則が、判例法理の蓄積や学説の発展に伴って、給付請求権へと転換したと捉えられる。また、本判決は二〇〇八年判決で提示された最低生活費の具体的項目を参照したうえで、最低生活費に含まれる費用を追加しており、この点にも税法判例の影響が窺える。さらに審査枠組みについても、明白性の審査と首尾一貫性の要請が採用されている。これは、税法判例上の審査枠組みが、社会法判例にスライドしたと考えられる。

このように、給付請求権を承認したことで多くの議論を巻き起こした本判決であるが、その基礎はすでに税法判例上で形成されていたのである。つまり、社会法上の給付請求権の承認は、税法上で最低生活にかかる防御権が確立されたことのもう一つの成果であるといえよう。

二　専門裁判所による最低生活保障

上述のように、連邦憲法裁判所は最低生活保障のための歩みを着実に進めてきた。しかし、最低生活保障のために尽力しているのは連邦憲法裁判所だけではない。専門裁判所、とりわけ税財政の専門である連邦財政裁判所や、社会保障の専門である連邦社会裁判所もまた、通常法律の合憲判断の中で、憲法適合的解釈等を通じて、[27] 事例に即した最低生活保障を行っているのである。[28] 以下では、その具体的な手法を判例に則して概観する。

（一）連邦財政裁判所による最低生活保障――二〇一七年判決[29]

本件で問題となったのは、最低生活のための追加的支出が全額で控除されず、また一定の所得限度額を一円でも越えると、その全額に高い税率が適用されるという厳しい累進性などから、違憲性が強いとされていた所得税法上の規定の合憲性である。これに対し連邦財政裁判所は、以下のような憲法適合的解釈を行った（下線は筆者）。

〈判旨〉「財務行政は、所得税法三三条三項一文に挙げられた限度額を所得総額が超えると、所得総額の全額がより高いパーセンテージを負担すると解釈している。……当法廷は、従来の（判例により承認された）行政の理解から逸脱して、所得総額のうち、限度額を上回る部分のみが、より高いパーセンテージを負担すると理解するべきである。こうした解釈と文言は一致する。…規定の目的にも適合する。…対立する立法者の意思は確認できない。…この判決によって、当法廷が連邦財政裁判所の他の判例から逸脱することはない。」

本判決の最も注目すべき点は、主に基本法三条一項の観点から憲法適合的解釈を行い、新たな計算方式を展開したことにある。上記の解釈によれば、今後はその限度額を超えた部分にだけ（例えば、限度額を一円超えたならその一円にだけ）より高い税率をかけることになるため、最低生活費の控除額は実際に増額される。また、従来の解釈では、課税後に低所得者よりも少ない所得しか残らなくなる場合もあり、応能負担原則に反する不合理な、首尾一貫性のない制度であったが、こうした不合理さも本件解釈により排除されている。つまり本件解釈は、最低生活費につき実体面・手続面の双方からみて救済を実現したものであるといえる。このようにして、連邦財政裁判所は最低生活保障のための解釈を独自に行い、具体的な最低生活保障を行っているのである。

続けて本判決は、この憲法適合的解釈が正当なものであることを、規定の文言、目的、立法者意思の観点から確認している。またとりわけ、連邦憲法裁判所ではなく連邦財政裁判所の他の法廷との調和を示している点は、その主体性・独自性を示しているようにも思われるため、興味深い。連邦財政裁判所は、最低生活保障のための解釈を積極的に行っているといえよう。

（二）連邦社会裁判所による最低生活保障——二〇一七年判決[30]

次に、連邦社会裁判所による最低生活保障についても見ておく。本件で問題となったのは、未成年の在外ドイツ人に対する社会扶助給付の可否である。本件規定は、その受給要件の一つに「異常な苦境」にあることを定めており、原告はこれを満たしていないとされていた。この給付を認めるために、連邦社会裁判所は以下の憲法適合的解釈を行った。

〈判旨〉「異常な苦境」という不確定な法的概念は、自身で社会扶助を請求する者については、とりわけ生存に関わる諸法益の重大な侵害の直接具体的な危険を根拠づけるような生活状況を前提とする。このような諸法益とみなされるのは、……人間の尊厳に値する最低生活等、基本法上保障された生存に関わる価値に匹敵する法益である。

「異常な苦境」は、滞在国において就学義務のあるドイツ人に、そこでの生活状況に応じた適切な学校教育への参加を保障するために絶対に必要な資力が欠けている場合にも存在している。憲法上保障された人間の尊厳に値する最低生活の保障を求める請求権は、肉体的生存の保障および社会的・文化的・政治的生活に最低限関与するための絶対に不可欠な資力にまで及ぶからである。在外未成年ドイツ人には、個別事例の中でその土地の事情に応じた適切な学校教育の保障のための社会給付を与えられ得る。

本判決の注目すべき点は、解釈により給付対象者ないし最低生活費の具体化・拡大が行われたことにある。この解釈によれば、滞在国において就学義務を負うドイツ人である原告は、「異常な苦境」にあると判断され、受給要件を満たすことになる（給付対象者の拡大）。また、そのような者に対して、「その土地の事情に応じた適切な学校教育保障のための給付」が認められている（最低生活費の拡大）。このように、連邦社会裁判所も、解釈によって最低生活保障の対象者や費用の範囲を拡大したり、具体化したりしている。

三　日本における生存権保障の可能性

このように、ドイツでは連邦憲法裁判所も専門裁判所も、最低生活保障のために積極的な判断を下している。日独の最低生活保障にかかる大きな違いとしては、①絶対的保障を受ける人間の尊厳規定②首尾一貫性の要請という審査枠組み③違憲確認判決という判決類型④憲法裁判所／専門裁判所の存在が挙げられる。これらについては、日本での導入可能性も含め、既に検討がなされている(31)。特に②は、生存権領域において裁判所が立法裁量を統制していくための手がかりとなるだろう。ただし、日本では立法裁量だけでなく、あまりに広範過ぎる（実質的に無制限な）行政裁量までもが認められているため(32)、後者の統制手法も再考する必要がある。こうした相違に留意しつつ、以下では二つの判例をもとに、生存権の自由権的側面の今日的意義を検討する。

（一）生存権の自由権的側面が問題となった代表的な判例として、旧給与所得控除制度による控除額が総評理論生計費を下回ることから、給与所得者の生存権侵害が争われた総評サラリーマン税金訴訟がある。(33)最高裁は、総評理論生計費を憲法上の最低生活基準とは捉えられないとして合憲判決を下したが、しかしこの控除額は、生活保護基準すら約三〇％も下回るものであった。これは、最低生活費非課税の原則への介入であると捉えられるため、明白性の審査によってさえ違憲となると考えられる。さらに第一審では、課税最低限の確定のために用いられた資料に重大な欠陥があることが確認されていた。この点、租税法については「正確な資料を基礎とする立法府の政策的・技術的な判断」に委ねられている。(34)そのため、本件控除額は手続的観点からも違憲とされる可能性が高く、またこれは裁判所の言う「明らかな裁量の逸脱・濫用」にあたるとも考えられよう。

（二）生活保護費の費用返還をめぐる訴訟についても、生存権の自由権的側面からの検討が可能である。福祉事務局職員の過誤により過支給が生じ、生活保護法六三条に基づいてなされた、行政による全額返還決定の適法性が争われた事案において、東京地裁は、全額返還が被保護者の自立を阻害するおそれに加えて、最低限度の生活保障の趣旨に実質的に反するおそれに言及したうえで、判断過程統制により処分を違法と判示した。(35)生活保護費により最低限度の生活を維持する生活困窮者に対して、費用返還という形で金銭を強制徴収することは、場合によっては最低生活を下回ることになるため、生存権の自由権的側面からして許されない。これにつき本件では、最低限度の生活を下回るか否か、その最低生活水準に及ぼす影響という、考慮すべき事項を考慮しなかった点に裁量の逸脱・濫用が認められている。

つまり、今日の判例において生存権の自由権的側面（最低生活費への侵害の有無という実体的な観点）は、考慮要素として判断過程統制の中に取り込まれることで、生存権の審査密度を上げる役割をも有していると考えられる。[36]

おわりに

今日において生存権の自由権的側面には、租税法だけに留まらず、広く最低生活保障にかかる立法・行政裁量を枠付け得る可能性が認められる。社会の縮小化が進む現代社会において、生存権の自由権的側面はますますその意義を拡大していくだろう。実際に、近年では様々な法領域において生存権の自由権的側面ないし効果が学説上主張されており、むしろその多義性が懸念される。[37] また本稿で言及した判例以外にも、生活保護基準の引下げや差押禁止財産の差押等、自由権的側面が問題とされる例は少なくない。他方で、これら全てを同じ枠組みの中で検討することの適切性が問題となる。三で見たように、同じ生存権の自由権的側面の問題であっても、（一）立法裁量と（二）行政裁量では審査手法が大きく異なる。また、そもそも（一）と（二）は真に同じ生存権の自由権的側面の類型であるのだろうか。このように考えると、かねてより学説上主張されてきた生存権の違憲審査の類型、すなわち「①生存権の自由権的側面の法的効果を求める場合、②憲法二五条を具体化する法律を前提に、行政処分の合憲性を争う場合、③憲法二五条を具体化する法律の規定の合憲性を争う場合、④立法不作為の合憲性を争う場合」に分けて、違憲審査の手法を探究するという見解にも、[38] 再考の余地があるだろう。

（1） 野中俊彦＝中村睦男＝高橋和之＝高見勝利『憲法Ⅰ〔第五版〕』（有斐閣・二〇一二年）五〇二頁〔野中俊彦〕。

（2）金子宏『租税法〔第二三版〕』（法律学講座双書・二〇一八年）二〇八頁。

（3）BVerfGE 82,60. 一九九〇年以降の諸判例の詳細は、拙稿「生存権の自由権的側面による最低生活保障：ドイツ連邦憲法裁判所の判例を素材として」一橋法学十七巻一号（二〇一八年）六五頁。本稿では、ドイツを参照するにあたり、自由権的側面を防御権、社会権的側面を給付請求権と対応させて議論を進める。

（4）一九九〇年以前の諸判例の詳細は、拙稿「最低生活保障の法理の形成と具体化（一）：連邦憲法裁判所と連邦財政裁判所の判例を素材として」一橋法学十八巻一号（二〇一九年）二七三頁を参照。なお、以下の連邦憲法裁判所判例は全て第一法廷により下されている。

（5）BVerfGE 45, 187.

（6）BVerfGE 1,97.

（7）BVerfGE 40, 121.

（8）BVerfGE 78, 104.

（9）BVerfGE 43,108.

（10）BVerfGE 61, 319; BVerfGE 66,214.

（11）基本法六条一項は、家族の最低生活費非課税のために持ち出されているため、ここでは立ち入らない。

（12）*Konrad Hesse*, Grundzüge des Verfassungsrechts der Bundesrepublik Deutschland, 20.Aufl.（1999）, S.55, Rn.116. コンラート・ヘッセ（初宿正典＝赤坂幸一訳）『ドイツ憲法の基本的特質』（成文堂・二〇〇六年）七七頁。

（13）玉蟲由樹『人間の尊厳保障の法理』（尚学社・二〇一三年）一九三頁。

（14）*Klaus Tipke/Joachim Lang*, Steuerrecht, 24.Aufl.（2020）S.107.

（15）*Hesse*, Fn.12, S.92, Rn.28.

（16）*Andreas Voßkuhle/Thomas Wischmeyer*, Grundwissen-Öffentliches Recht : Das Sozialstaatsprinzip, JuS 2015, S.693.

（17）BVerfGE 82, 60.

（18）谷口勢津夫「クラウス・ティプケ『租税正義　その理論と実際』」法学論叢一一四巻五号（一九八四年）八五頁。

（19）*Klaus Tipke*, Die Steuerrechtsordnung, Bd.1（2000）, S.427.

（20）*Andreas Merold*, Freiheit durch den Staat - Eine Auseinandersetzung mit der Reichweite und den Grenzen des verfassungsrechtlichen Existenzminimums, 2016, S.277ff.; *Monika M. Meinke*, In Verbindung mit, 2006 S.36ff.

（21）BVerfGE 122, 210.

（22）*Christian Bumke/Andreas Voßkuhle*, Casebook Verfassungsrecht, 7.Aufl.（2015）, S.43.

（23）*Dieter Birk*/Marc *Desens/ Henning Tappe*, Steuerrecht, 22.Aufl.（2019/2020）, S.58.

（24）*Philipp Dann*, Verfassungsgerichtliche Kontrolle gesetzgeberischer Rationalität, Der Staat 48（2010）S.633.; *Oliver Lepsius*, Urteilsanmerkung, JZ 64（2009）, S.260.; *Oliver Lepsius*, Rechtswissenschaft in der Demokratie, Der Staat 52（2013）S.185.

（25）*Christian Bumke*, Die Pflicht zur konsistenten Gesetzgebung, Der Staat 49（2010）, S.88.

（26）*Christian Waldhoff*, Steuerrecht und Verfassungsrecht, Die Verwaltung 48（2015）, S.88.

（27）ただし、憲法適合的解釈には「実体法的限界」と「作用＝権限法的限界」がある。*Hesse*, Fn.12, S. 31f.

（28）ドイツでは、法律の違憲判決を下す権限は連邦憲法裁判所にあるため、専門裁判所は違憲判決を下すことはできない。ドイツの裁判所制度の詳細は、渡辺康行「概観：ドイツ連邦憲法裁判所とドイツの憲法政治」ドイツ憲法判例研究会編『ドイツの憲法判例〔第二版〕』（信山社・二〇〇三年）三頁を参照。

（29）BFHE 256,339. 本判決の詳細や連邦財政裁判所の取り組みについては、拙稿「最低生活保障の法理の形成と具体化（二・完）：連邦憲法裁判所と連邦財政裁判所の判例を素材として」一橋法学十八巻二号（二〇一九年）三〇七頁。

（30）BSG Urteil vom 26.10.2017 B 8 SO 11/16 R. 本判決の詳細や連邦社会裁判所の取り組みについては、拙稿「最低生活保障の交錯的構造：連邦憲法裁判所判例と連邦社会裁判所による行政裁量の枠付け」一橋法学十九巻二号

（二〇二〇年）三三一頁。
(31) 拙稿・前掲注（3）脚注二六一に挙げた文献を参照。
(32) 最近の憂慮すべき判決として、名古屋地判令和二年六月二五日（LEX/DB 文献番号 25566516）。
(33) 最判平成元年二月七日判時一三一二号六九頁。
(34) 最大判昭和六〇年三月二七日民集三九巻二号二四七頁。
(35) 東京地判平成二九年二月一日賃社一六八〇号三三頁（一審確定）。
(36)「考慮要素審査が行われていることのみをもって審査密度が高いとすることはできないが、……考慮要素を正しく考慮すれば、全額を返還額とする結論は異なりうるとの、裁判所としての価値判断の上で結論を導いていることからすると、ある程度密度の高い審査が行われているといえる。」高木佳世子「生活保護法六三条に基づく返還額決定のあり方と実施機関の裁量の審査方法」賃社一六八〇号（二〇一七年）一七頁。
(37) 一例として、所謂制度後退禁止原則なども、検討の余地があろう。葛西まゆこ「生存権と制度後退禁止原則——生存権の『自由権的効果』再考」企業と法創造七巻五号（二〇一一年）二六頁。
(38) 樋口陽一ほか『憲法Ⅱ（注解法律学全集（二））』（青林書院・一九九七年）一五二頁（中村睦男）。

第四部　経済・労働・平和をめぐる今日的問題と歴史

民営化に対する憲法的統制
――水道民営化の憲法的考察に向けて――

小牧亮也
（岐阜大学）

はじめに

本稿は、民営化[1]に対して憲法的統制を加えるための理論枠組みを、アメリカの学説の検討を通して明らかにしたうえで（課題①）、現在日本で話題になっている水道民営化に対して、憲法学としてどのように接近すべきかを明らかにすることを目的とする（課題②）。

民営化を憲法の観点から考察する際にまず問題となるのが、国家の基礎法としての憲法[2]という伝統的な憲法観との関係をどのように考えるか、ということである。この点につき、日本では、憲法の私人間効力論を媒介として、民営化に対して憲法の要請（とりわけ権利保障）を及ぼすことの可否や是非、要否が論じられてきた[3]。しかしながら、以下のとおり、私人間効力論からの考察では不十分な点があると思われる。

第一に、私人間効力論は、権利侵害者と被害者の関係を問題にする理論であるため、民営化実施主体である公権力がどのような役割を果たすべきかを主題化できないことである。公権力による規制や監督なくして権限が付与されれば、民間事業者による恣意的な権限行使につながり得るため、民営化に際して公権力が果たすべき役割を主題化する理論枠組みが必要であると思われる（問題意識①）。

第二に、私人間効力論は、裁判所における被害者による権利救済の可能性を問題にする理論であるため、仮に裁判所において被害者による権利主張が認められたとしても、それが権利侵害行為の抑止に結び付くとは限らない、ということである。というのも、利潤追求の行動原理を有する民間事業者からすれば、仮に裁判を通じて損害賠償責任を負うことになったとしても、それ以上に権利保障のための措置を講ずるのにコストがかかるのであれば、あえてそうした措置を講じないという選択もあり得るからである。[4]したがって、裁判所による権利救済の可能性の確保にとどまることなく、権利侵害行為の抑止に資する理論枠組みが必要であると思われる（問題意識②）。

以上の問題意識を前提に、本稿は、アメリカにおける民営化をめぐる学説のうち、民営化における政府の役割に焦点を当てて体系的な理論枠組みを提示する、Gillian Metzger[5]の「私人への委任分析（private delegation analysis）」[6]を検討することにより、課題①を遂行する（一）。そのうえで、アメリカで発生した水道汚染事件の検討を通じて、本稿の理論的な立場を水道民営化に即して展開し、課題②を遂行する（二）。

本稿の基底にあるのは、中島徹が述べる「憲法論は司法審査の基準論としてのみ存在するわけではな」く、「政策選択の基準として、憲法原則を語る余地はあるはずである」[7]という問題意識であり、以下での考察も、「政策選択の基準としての憲法原則」の提示を意図している。そのため、アメリカの理論動向に対する以下の考察は、憲法論の役割についての本稿の考え方が反映されたものとなっている。

一　民営化に対する憲法的統制のための理論枠組み(8)

(一) ステイト・アクション法理

「私人への委任分析」は、ステイト・アクション法理が民営化に対応できていないという認識から出発する。ステイト・アクション法理とは、憲法上の権利は、原則として政府を拘束するものであり、一定の要件を満たした場合にのみ私人を拘束する、という連邦最高裁において確立した理論である(9)。民営化に関する多くの事例で、民間事業者の行為がステイト・アクションに該当するかがまず問題となる。

ステイト・アクション法理の民営化への対応可能性に関して、Metzger が特に問題視するのは、私人の行為に対する政府の関わりに着目してステイト・アクションを認定する判断手法についてである。その判断手法を定式化した判例として、Jackson v. Metropolitan Edison Co.(10) がある。この判例によれば、問題とされた私人の行為を州自体の行為とみなすことができるほど、両者の間に十分に密接な関係がある場合に、ステイト・アクションが認定される。

この判断枠組みについて、Metzger は、政府の関与が私人による権限濫用の蓋然性とは無関係に考慮されることを問題視する。すなわち、この判断枠組みでは、私人による権限濫用の蓋然性を低めるための政府の監督であっても、それがステイト・アクション認定の根拠とされるため、政府の監督のない広範な裁量を伴う権限を付与された私人の方が、政府の綿密な監督の下で行動する（したがって、権限濫用の蓋然性が低い）私人よりも、憲法の拘束に服しにくくなる、という事態を生じさせるのである(11)。

(二)「私人への委任分析」の概要

(一) をふまえれば、政府による関与の内実の適正性を正面から問える理論枠組み、すなわち、民営化に際して政府が果たすべき役割に焦点を当てた理論枠組みが求められる。

また、Metzger は、ステイト・アクション法理が裁判所で用いられる理論であることから、ステイト・アクションが認定されると、それは、裁判所が憲法を用いて私的主体に規制を加えることを意味し、民営化の効用を活かすための政府の規制権限を裁判所が奪う結果になることも懸念している。[12] したがって、民営化に際して政府が一定の役割を果たすべきことを義務づけつつも、その役割の内容については、政府の裁量の余地を認める理論枠組みが求められると主張する。

以上をふまえて、Metzger は、裁判所における憲法上の権利の執行可能性（あるいは執行不要性）の確保に資する何らかの措置を講じたうえで、政府は民営化しなければならず、そうした措置が講じられなければ、その民営化自体が違憲になる、と主張する。

政府に義務づけられる措置としては、（政府の裁量を認めることに対応して）複数のものが想定されており、政府は、その中から、当該公共サービスの特徴を考慮して、とるべき措置を選択することができる。紙幅の関係上、一つだけ例を挙げると、政府は、憲法（あるいはそれに相当する実体的・手続的保障）に服することの要求を私的主体に課したうえで民営化する、というものがあり、これにより、権利侵害を受けた者は、加害者たる私的主体の行為を裁判所で問題にすることが可能になる。[13]

(三) 検討

「私人への委任分析」について、本稿の問題意識との関係でのみ検討を加えておく。まず、「私人への委任分析」は、民営化に際して政府が果たすべき役割を主題化するものであり、問題意識①からすれば好意的に評価できる理論枠組みである。

ただし、政府が果たすべき役割の内実が、裁判所における権利の執行可能性の確保を念頭におくものになっている点は、問題意識②からすれば不満が残る。とりわけ、（二）で例として挙げた措置は、サービス利用者によるサービス提供者に対する権利主張を可能にするためのものでしかなく、政府が積極的に権利侵害行為の抑止に結びつく措置を講じることは想定されていない。

しかし、この点については、別の論者の見解と突き合わせると、違った見方が可能になる。それによれば、政府による積極的な措置がなくても、民間事業者に使用者責任（respondeat superior liability）を負わせれば、賠償責任を負うことを避けたい民間事業者は、主体的に権利侵害行為抑止のための措置を講ずるようになるとされる(14)。

もし権利侵害行為等の不祥事が公になれば、公衆からの批判を受けないように民間事業者が主体的に権利侵害行為を抑止するための措置をとることが期待できるが、民間事業者には原則として情報公開法制が適用されないことに加え、政府のモニタリングにより権利侵害行為の抑止を促そうにも、政府の監視能力には限界があるため、それは十分に機能するものではない(15)。使用者責任論が提唱される背景には、このような事情がある。

Metzger 自身は使用者責任に言及していないが、もし民間事業者の使用者責任が確保されるのであれば、（二）で例として挙げた措置も権利侵害行為の抑止に役立つ、とみることができる(16)。ただし、使用者責任を重視する論者であっても、使用者責任が完全な抑止につながるとは考えていないため、使用者責任を通じた抑止以外の方途も検討する必要があるだろう。

ここで注目したいのが、使用者責任を重視する論者が、民間事業者の行いが公になりにくいことを、その主張の根拠としていたことである。このことが意味するのは、公にさらされることが本来的には権利侵害行為の抑止に役立つと考えられていることである。したがって、民間事業者の公へのさらされにくさを改善できれば、すなわち、民間事業者による任務遂行過程の透明性を向上できれば、民間事業者の行いが国民・住民による監視や批判の対象となり、権利侵害行為抑止のための措置をとらせることにつながっていく、と考えることができる。

この点をふまえれば、民営化に際して、裁判所における権利の執行可能性を確保するだけでなく、民間事業者の任務遂行過程の透明性を向上させることにより（情報公開法制や内部告発者保護法制の充実化等）、民主的政治過程を通じた統制（民主的統制）を機能させることも、政府の果たすべき役割に含まれる、という考え方も成り立つはずである。

（四）小括

以上から、民営化を実施する際には、司法的統制だけでなく、民主的統制の機能条件を整えることが政府には求められると本稿は考えるが、これを日本の文脈に即した場合に何が言えるか、ということをまとめておく。(17)

まず、司法的統制に関しては、日本では、アメリカのように、憲法の適用の有無につき政府か私人かの二者択一的思考がとられているわけではなく、（判例・通説を前提とすれば）両当事者の主張する利益の衡量が認められるため、（利益衡量のあり方の問題は残るが）憲法的価値（あるいは、それと淵源を同じくする法律上の利益）の主張可能性は確保されているといえる。(18)ただし、司法的統制だけで権利侵害行為を抑止するのは困難であるため、民主的統制を通じた抑止の観点から、民営化に際して公権力が設ける措置を評価することも必要であると考えられる。

二　水道民営化の憲法的考察に向けて(19)

一で述べたように、民主的統制の機能条件として、まずは、任務遂行過程の透明性の確保が必要であるが、それは「国民・住民による監視や批判」を可能にする前提に過ぎないため、次に、そうした国民・住民の要求に応答した任務遂行がなされることを確保し得る法制度も追求されねばならない。

民営化を支える法制度のなかには、民主的正当性を有する権力機関による監督をあらかじめ組み込むものが存在する。[20]これも民主的統制の一形態と言い得るが、本稿の立場からは、権力機関による監督が国民・住民の要求に応答してなされることまでも確保されていることが求められる。とりわけ、水道事業のような人間の生存にとって不可欠な役務については、それを住民が日常的にコントロールできる仕組みがより一層求められると考えられる。

以下では、そうした視角から水道民営化を支える法制度を検証することの意義を示すために、アメリカで発生した水道汚染事件（フリント水道危機（Flint Water Crisis）[21]）を検討する。

（一）フリント水道危機

①概要

フリント水道危機は、二〇一四年四月に、財政危機に陥ったミシガン州フリント市が、財政コストを削減する目的で、長らく対価を支払って利用していたデトロイト市の水から、水質の悪い地元のフリント川に水源を変更したことに端を発した事件である。最終的には、住民の多くが鉛中毒による身体的被害を受け、レジオネラ菌による死者も出た。

フリント川の水質は腐食性が高く、にもかかわらず腐食管理が適切になされていなかったため、水源変更後間もなく、住民から水の色や臭いについての苦情が寄せられた。

水源変更から約一年後、連邦環境保護庁職員や大学教授、小児科医が、水道汚染を実証する調査報告を公表し、それがメディアにとりあげられたことにより、州当局はそれを認めざるを得なくなった。[22]二〇一五年十月に、水源は再変更され、デトロイト市から水の供給を受けることになった。

②民主的統制からみるフリント水道危機

フリント水道危機の直接の原因となったのは、フリント川への水源変更であったが、水源変更を可能にしたのは、当該地方政府の住民代表機関の権限を事実上停止するミシガン州法の存在であった。

この州法は、財政危機に陥った地方政府に対して、州知事が緊急事態管理者（Emergency Manager（EM））を任命できるとするものであり、一般に、EM法と呼ばれている。[23]EMは、当該地方政府の長や議会の地位において行動し、財政健全化のための広範な権限が与えられており、議会や長が権限を行使するにはEMの授権を必要とする。[24]

EM法により、フリント市の住民代表機関の同意なくして、フリント川への水源変更がなされた。また、水源変更後の住民からの苦情を受けて、フリント市議会は、二〇一五年三月に、水源再変更を求める議決をしたのであるが、EMはこれを承認しなかった。[25]

EMがこうした行動をとれたのは、言うまでもなく、EMがフリント市民に対して政治的責任を負っていないからである。この点につき、EMのアカウンタビリティの欠如が、問題を引き起こした要因の一つである、との指摘がなされている。[26]

このように、EM法は、住民の要求に応答した水道事業運営を困難にする、したがって、民主的統制を妨げる法制度であると評価できる。

③環境的不正義としてのフリント水道危機

EMの任命権者は州知事であるため、州知事は、自らの責任が追及されないように、州として被害拡大に対処する動機づけを一定程度もつはずである。にもかかわらず、十分な対応がなされなかったのは、フリント水道危機が人種問題・階層問題としての側面をもつことと密接な関係がある。
フリント市の住民は、約半数がアフリカ系であり、また貧困層でもあるから、[27]フリント水道危機の被害は、特定の人種・階層に偏って顕在化することとなった。そのため、フリント水道危機は、環境的不正義の問題として把握されている。[28]
「環境的（不）正義（environmental（in）justice）」は、意図ではなく結果や手続に着目した概念であり、次の二つの基本原理を含むとされる。第一に、「すべての人民が公平すなわち非差別的に扱われること」、第二に、「環境についての法や規則、方針に関する政府の決定に対して、――人種、体色、出身国あるいは収入に関係なく――すべての人民の意味ある公的な関与を提供すること」である。[29]
環境的不正義の問題としてフリント水道危機が発生したことが、被害の深刻化につながったことにつき、ある論者は、フリント水道危機の被害者は、マイノリティや貧困者であるため、「政治的に目立つもの（political salience）につながるほどの注目を集める能力を欠く傾向がある」[30]と指摘する。
社会のなかに人種・階層の分断構造が存在し、かつ、特定の人種・階層による政治的意思決定への関与が実質的に妨げられている場合には、その人種・階層を超えた政治的動員が困難になり、問題はより深刻化しやすくなる、ということをフリント水道危機は示している。

（二）水道民営化と民主的統制[31]

以上のフリント水道危機の考察から、日本の水道民営化[32]に対して言えることを要点のみ示す。

①民主的統制を妨げる法制度

民主的統制の観点から検討した場合に特に懸念されるのが、ＰＦＩ法二三条二項が、水道事業運営権者による利用料金の設定を認めており、議会の議決を不要としていることである。

ここには、住民代表機関が住民の要求に応答できなくさせられている、というEM法類似の構造を見出すことができる。ただし、地方公共団体は、あらかじめ、条例で「利用料金に関する事項」を定めることができるため（PFI法一八条二項）、その中で利用料金の上限等が定められることが想定されている。(33) とはいえ、上限の中身によっては、貧困層の生活を圧迫するほどの利用料金が設定されるおそれもあり、議会による事後的な議決が外されていることは、民主的統制の観点からは消極的に評価されるべき点といえる。

②民主的統制と社会構造

二（一）③で述べたとおり、フリント水道危機における被害の深刻さは、フリント市の社会構造と密接に関係している。したがって、フリント水道危機から得られる教訓が、ただちに日本にあてはまるとはいえない。とはいえ、日本においても貧困層は存在しており、貧困層に対して大きな影響を与える事業運営（利用料金の引き上げや給水停止の厳格運用等）がなされた場合、貧困層の声をどのように事業運営に反映させるかという課題は、日本においても共通に存在するはずである。

そして、貧困層が多数派とは言い難い日本の場合には、議会の役割がより重要になると考えられる。というのも、住民の多数派の代表でしかない独任制の長とは異なり、合議制である議会には、その審議等を通じて少数派の声を代表することが期待されているからである。(34) そう考えると、利用料金設定に対する議会による事後的な議決が外されている点は、貧困層にとってより深刻であるといえる。

おわりに

本稿は、司法的統制だけでなく、民主的統制を機能させる仕組みの有無に注目して民営化を評価する必要があることを明らかにしたうえで、水道民営化を素材に、民主的統制の内実が住民の要求に応答したものになるように、法制度だけでなく社会構造をも視野におさめた考察が必要であることを明らかにした。

以上の主張は、司法過程では実現困難なものであるため、本稿の立場は、民主的統制の機能条件の整備を、民主的政治過程を通じて実現することを目指すものとなる。これは困難な課題であるが、民主的政治過程に対して「政策選択の基準としての憲法原則」の供給を怠れば、問題解決の端緒さえも獲得できないのであり、その観点からすれば、本稿が志向する憲法論にも一定の意義があると思われる。

（1）本稿でいう「民営化」は、privatization の訳語であるが、ここでは、本稿が「政府プログラムを実施するために、あるいは、政府に代わって他者に対するサービスを提供するために、政府が私的主体を利用する」現象を検討対象とすることだけ断っておく。こうした検討対象の限定は、アメリカを比較対象国に設定することによるものである。すなわち、「ある活動領域あるいはサービス提供の責任からの政府の撤退」を指して「民営化」の語を用いる場合もあるが、合衆国憲法が政府に対して積極的な義務を課すことがほとんどないため、こうした意味での「民営化」が憲法上の問題を惹起しにくいという事情がある。Gillian E. Metzger, *Privatization as Delegation*, 103 COLUM. L. REV. 1367, 1370（2003）.

（2）芦部信喜（高橋和之補訂）『憲法（第七版）』（岩波書店、二〇一九年）三頁。

（3）君塚正臣『憲法の私人間効力論』（悠々社、二〇〇八年）四六〇‐四六四頁、同ほか『VIRTUAL 憲法』（悠々社、二〇〇五年）一〇五頁〔藤井樹也執筆〕、榎透「民営化の憲法問題に関する覚書——憲法の適用範囲からの考察」専修法学論集一一一号（二〇一一年）一八七頁、同「民間組織の活動と憲法——公私関係の変容を踏まえて」

公法研究八〇号（二〇一八年）一九九－二〇〇頁。宮下紘「民営化時代における憲法の射程――ステイト・アクション法理に対する新たな挑戦」一橋法学三巻三号（二〇〇四年）一三一七頁以下は、ステイト・アクション法理と民営化の関係を論じる。

（4）こうした懸念は、日本の不法行為制度が、制裁的機能を目的としていないことによって増大する。さしあたり、潮見佳男『民法（全）（第二版）』（有斐閣、二〇一九年）五〇一頁。

（5）最近では、「行政立憲主義（administrative constitutionalism）」に関する業績が日本でも注目されている。大林啓吾『憲法とリスク――行政国家における憲法秩序』（弘文堂、二〇一五年）一〇六頁以下。

（6）本来なら、「私人への権限委任に対する分析論」のような、日本語として伝わりやすい訳語を当てるべきところ、煩雑さを避けるため、便宜上「私人への委任分析」という訳語を当てている。

（7）中島徹『財産権の領分――経済的自由の憲法理論』（日本評論社、二〇〇七年）八頁。また、同様の憲法論は、放送サービスにおけるＮＨＫと民間放送の併存体制の合理性を（民主政や個人の自律の前提をなす）基本的情報の平等な提供の観点から基礎づける、長谷部恭男『テレビの憲法理論――多メディア・多チャンネル時代の放送法制』（弘文堂、一九九二年）一四八－一五五頁にも見られる。

（8）一（二）につき、詳しくは、拙稿「「民営化」に対する憲法的統制の可能性（一）――アメリカにおける民営刑事施設に関する裁判例を素材に」名古屋大学法政論集二五九号（二〇一四年）二九三－二九六頁。一（二）・（三）につき、同「「民営化」に対する憲法的統制に向けての理論的考察（一）――アメリカにおける学説動向を手がかりに」同二七四号（二〇一七年）八四－一一〇頁。一（四）につき、同「同（二・完）」同二七五号（同年）二六〇－二六七頁。紙幅の関係上、以下の注記は最小限にとどめている。

（9）さしあたり、芦部信喜『憲法学Ⅱ人権総論』（有斐閣、一九九四年）三一四－三二七頁。

（10）419 U.S. 345（1974）.

（11）Metzger, *supra* note 1, at 1424–25.

（12）*Id.* at 1426–29.

(13) *Id.* at 1474.

(14) Richard Frankel, *Regulating Privatized Government through § 1983*, 76 U. Chi. L. Rev. 1449, 1498 (2009).

(15) *Id.* at 1493-94.

(16) *Id.* at 1477-78.

(17) 民主的統制の機能条件の一要素である透明性を確保する制度には様々なものがあり、また、求められる透明性の水準を一義的に確定することは困難であるため、その制度の整備要求は、裁判所において実現できるものではない。だからこそ、「はじめに」の末尾で述べたとおり、「政策選択の基準としての憲法原則」の考究が必要となる。

(18) もっとも、どの主体（国か、使用者か、職員か）に賠償責任を負わせることが権利侵害行為の抑止に資するか、という論点は別途存在する。この点につき、拙稿「「民営化」に対する憲法的統制の可能性（一・完）」名古屋大学法政論集二六一号（二〇一五年）二五五－二五七頁。

(19) 詳しくは、拙稿「水道民営化の憲法的考察——フリント水道危機（Flint Water Crisis）を手がかりに」名古屋大学法政論集二八六号（二〇二〇年）六九頁以下。紙幅の関係上、以下の注記は最小限にとどめている。

(20) こうした法制度を行政の民主的正当化論の観点から検討するものとして、高橋雅人『多元的行政の憲法理論——ドイツにおける行政の民主的正当化論』（法律文化社、二〇一七年）一八二－一九四頁。

(21) フリント水道危機を紹介・検討する日本語文献として、中島徹「水への権利・序説」法学八三巻三号（二〇二〇年）一〇一頁以下（一一八－一二二頁）がある。中島は、水の適正な配分と経営形態（公営・民営）との論理関係を否定する趣旨でフリント水道危機をとりあげており、民主的統制の欠如に注目する本稿とは着眼点が異なる。

(22) Flint Water Advisory Task Force, Final Report 15-21 (2016) [hereinafter Task Force Report].

(23) Mich. Comp. Laws §§ 141.1541-141.1575.

(24) *Id.* § 141.1549 (2).

(25) Task Force Report, *supra* note 22 at app.v 11.

(26) *E.g.*, Task Force Report, *supra* note 22 at 1; Brie D. Sherwin, *Pride and Prejudice and Administrative*

Zombies: How Economic Woes, Outdated Environmental Regulations, and State Exceptionalism Failed Flint, Michigan, 88 U. Colo. L. Rev. 653, 699（2017）.

（27）Task Force Report, *supra* note 22 at 15.

（28）*See*, e.g., Benjamin J. Pauli, Flint Fights Back: Environmental Justice and Democracy（2019）.

（29）Task Force Report, *supra* note 22 at 54.

（30）David A. Dana, *Escaping the Abdication Trap When Cooperative Federalism Fails: Legal Reform after Flint*, 44 Fordham Urb. L.J. 1329, 1346（2017）.

（31）中島徹「憲法学における「公共財」――個人の自律、市場の自律性、政府の存在理由」西原博史編『岩波講座憲法二 人権論の新展開』（岩波書店、二〇〇七年）一一一頁以下は、市場主義の万能性を批判的に検証したうえで、水の供給を市場に委ねる際には、自律の前提条件が確保されるように、政府による監視が求められると主張する（一三〇頁）。この主張に即していえば、本稿が以下で述べることは、政府による監視が住民の要求に応答してなされるように、民主的統制の機能条件を確保することの重要性である。

（32）二〇一八年の水道法改正により、水道事業への導入が容易となったコンセッション方式（この方式自体はＰＦＩ法に基づく）を念頭においている。同方式の詳細な説明として、板垣勝彦「水道法の改正――民営化と保障責任」法学教室四六六号（二〇一九年）四二頁以下。

（33）宇賀克也「水道法改正と地方公共団体の責務」行政法研究二九号（二〇一九年）iii－iv頁、友岡史仁「水道事業の経営規律と水道事業基盤強化の法的課題」行政法研究三一号（二〇一九年）八七頁。

（34）現実の地方議会が「期待」どおりに機能しているかは別問題であり、地方議会の代表機能の強化に資する理論と実践が必要であることは言うまでもないが、この点は本稿の課題を超える。

〔付記〕本稿は、JSPS科研費JP20K13311および「非営利・協同総合研究所いのちとくらし」研究助成による研究成果の一部である。

「消費者」の二重性と国家

大野悠介
（下関市立大学）

はじめに

本報告の目的は、流通政策の観点及びモーリス・オーリウ流の制度論を背景とした経済と社会の区別から「消費者」概念を分析し、もって国家干渉に対する目的による統制という問題の端緒を摑むことである。

本稿で扱う職業の自由（憲法二二条一項）については、「営業の自由」や規制目的二分論を中心として議論が積み重ねられてきたことは周知のとおりである。しかしながら、憲法学において、「流通」という観点から諸判例を分析したものは、管見の限りない。特に小売市場ないし小売業はかねてより日本の商学における研究の対象となっていた[1]にもかかわらず、小売市場判決の評釈類でその研究成果が（少なくとも前面において）参照されたことはないのではないか。本稿はその意味で、「流通と憲法」という問題を扱う一つの試みでもある[2]。

一　「消費者」による経済と社会の架橋

（一）〈流通過程における消費者〉と〈「生身の人間」としての消費者〉

本稿では、〈消費者法二条一項の消費者〉のような制定法の適用範囲を規律する「消費者」を対象としない。[3]本稿で扱うのは、まず、民法上の抽象的人格としての「人」とは区別された、脆弱性を備えた存在としての〈「生身の人間」としての消費者〉である。[4]消費者法という分野はこのような「消費者」の特殊性に着目して、民法とは異なる権利やルールを探求してきたものと解される。しかし、流通という観点から眺めた場合、「消費者」はそれとは異なる様相を見せる。それは、生産・流通・消費（以下では、これらを併せて「流通」と呼ぶ。）の過程において、「貨幣を支出することで消費財を購入する」[5]者であり、「消費財を使用することで用益を得る」という意味での「消費」を含まない「消費者」である。本稿ではこれを〈流通過程における消費者〉と称する。

さて、本稿では流通という観点から、定義の困難な「経済」というものについても、「財の流通過程」として捉えることとする。[6]このように経済を理解した場合、競争法（独占禁止法）が維持しようとする「公正且つ自由な競争」（独占禁止法一条）は、経済を効率的に作動させる仕組みであると解される。そして、このような競争においては、需給によって決定されるが故に誰も支配することのできない「価格」によって各自の経済活動が統制される（価格機構）[7]。このような競争が機能している価格機構における経済アクターたる消費者を〈流通過程における消費者〉として本稿は理解しているのである。

しかし、消費者法においてはこのような消費者の他に、先述の〈「生身の人間」としての消費者〉が論じられている。〈「生身の人間」としての消費者〉はいかにして登場したのだろうか、というのが次の問題である。

（二）消費者問題と「生身の人間」

日本で消費者保護法が制定されたのは一九六八年のことであるが、そこには消費者問題の表面化があった。日本で消費者問題が取り沙汰された背景には、高度経済差成長に伴い、大量消費・大量生産の時代であったことや技術が飛躍的に向上したこと等が挙げられる。[8]そのような情勢においては、〈流通過程における消費者〉は商品知識の獲得が困難となり事業者の表示に依存するようになる（情報の非対称性）だけでなく、その表示は勢い誇大ないし虚偽のものとなる傾向が生じる。そのため、事業者が商品の価格決定権を握り価格機構が機能しなくなる。その意味で消費者問題とは経済における競争の問題であり、ニセ牛缶事件（牛缶の肉が鯨肉であったという事件）を契機として、一九六二年に景品表示法が独禁法の特例法として定められたのもそのように理解できる。

他方、消費者問題を「消費者生活に関して社会に生起する現象」[9]として捉えるのであれば、そこには食品衛生法が対象とするような商品の安全性に関するものも含まれる余地があり、実際、森永ヒ素ミルク事件（一九五五年）等の生命・身体に対する侵害を大規模に生じさせるような事件もまた消費者問題として挙げられる。こうした種々の消費者問題に直面した日本が、先の消費者保護法を制定したのである。そのため、日本の消費者法はそもそも経済問題以外のものを含んでいた。[10]

また、学説上も二つの消費者問題が混在していたと思われる。〈「生身の人間」としての消費者〉[11]を強調し、その経済的従属性を出発点として消費者の権利を主張した上で、経済法を構成した正田彬は、このような〈「生身の人間」としての消費者〉の権利として①生命・健康の権利（生活の自由）、②商品を正しく特定させる権利（正しく必要な表示をさせる権利）、③商品の取引条件に参加する権利（価格決定に参加する権利)、④必要な情報の提供を受ける権利を提唱する。[12]

しかし、このカタログを眺めると、正田の「生身の人間」には、「現実的なあり方をした」という意味と「肉体を持った」という意味とが混在しているように思われる。消費者問題との関係で言えば、前者が経済問題としての消費者問題(ニセ牛缶事件等)と関わり、後者は安全問題(森永ヒ素ミルク事件等)と関わる。確かに②③④は、〈「生身の人間」=現実的なあり方をした消費者〉に着目し、そのような消費者に助力して競争を維持するための経済(法)上の権利(つまり、〈流通過程における消費者〉の権利)として理解できるが、①は〈「生身の人間」=肉体を持った消費者〉の権利であり、経済(法)とは関係ない「それ以前の問題」[13]である。

(三)〈「生身の人間」=肉体を持った消費者〉と「経済/社会」の架橋

では、経済(法)以前の問題に関わる、換言すれば、経済のアクターではない〈「生身の人間」=肉体を持った消費者〉とは、一体何者なのだろうか。[14]

ここで、肉体を保護する、つまり人間の生命・身体の保護が目的となるような場を措定し、警察目的と絡めて、そのような場を「社会」と呼ぼう。この「社会」は「生命・健康の確保(安全の確保)」が政府の責務とされるような人間の共同体であり、〈「生身の人間」=肉体を持った消費者〉はそのような意味での「社会」のアクターとして理解できる。

このように理解した場合、「消費者」という言葉は、経済のアクターである〈流通過程における消費者〉と社会のアクターである〈「生身の人間」=肉体を持った消費者〉を共に含み、経済と社会を架橋するようになる。[15]

（四）「経済／社会」の区別と「消費者」の区別

①オーリウ流の制度と「経済／社会」の区別

しかし、「架橋」というためには、経済と社会が別個のものであるということを示さなければならない。そのため、モーリス・オーリウの制度論を援用し、このことを示す。もっとも、オーリウ制度論に関する私の理解については、紙幅の関係上、別稿[16]に委ね、本稿の議論に関連する限りで記述する。

オーリウの制度（institution）は一定の理念（idée）の下に諸力が動態的に均衡して安定しているものである。『公法原理』[17]の記述順序からして制度の基礎にある社会組織（organes sociaux）について、オーリウは次のように述べている（〔　〕は筆者注[18]）。

あるシステム（systèm）が組織化（organisé）されるのは、区別された者（agents séparés）がシステムの存続（生命）に関連する相違の職（fonctions différenciées）を引き受けた時である……社会組織という現象においては、者の区別（séparation）と職の異別（différenciation）という二つの段階を分けなければならない……社会組織は、職が異別化する傾向にあるが故に区別されるのではなく、力（pouvoir）を競うが故に区別され、諸力（forces）の均衡によって始まるのである。

また、オーリウは、「制度と規約」[19]論文において、団体と株式会社、職と株式、職に付随する権利と株主権とを対応させて説明している。

これらの記述からして、オーリウにおいて制度ないし社会組織は、理念の下に力が競争・均衡したところに生成され、職が配分された体系（システム）と理解できる。逆に言えば、職はこのような制度

〈社会組織〉の存在を前提としている。

このような構図においては、制度の区別は、理念の区別によることとなろう。そして、先述のように、社会は人間の生命・身体の保護が目的となるような場であり、経済は財の適正な流通確保が目的となるような場であって、両者は別個の制度として理解される。

とすると、アクターは各制度の職を保有して、その職に付随する諸権利（本稿では、略して職権と呼ぶ。）を行使することになる。そして、その職権は「システムの存続（生命）に関連する」もの、つまり理念が内在的に課せられたものである。したがって、理念を超えるような職権行使は許されない。

②国家の介入と「消費者／生活者」の区別

このような理解に基づけば、国家にも「者」たる資格、つまりアクターたる資格を認めるとすれば、国家もまた特定の制度の職に得た上で、その職権を行使することになる。そして、社会と経済が別個の制度である以上、各々は別個の職を内包しており、国家はそれらの職に応じた職権を行使することになる。ただしその職権は、経済なら経済の、社会なら社会の理念が内在的に課されているものであり、したがって、国家の職権行使は経済または社会の理念に拘束される。

また、国家以外の法的人格者（自然人、団体）についても同様であるところ、主として自然人が担う「消費者」は、〈流通過程における消費者〉と〈「生身の人間」＝肉体を持った消費者〉に区別され、前者は経済の、後者は社会の職であることになろう。こうして制度の観点から区別された「消費者」について、以下では、前者を〈消費者〉、後者を〈生活者〉と呼ぶこととする。[20]

二　国家干渉の統制

（一）本稿の観点と国家干渉との関係

以上の観点からると、国家干渉の正当性は、国家に認められた職権行使の正当性として理解され、その職から逸脱するような権利行使は許されない。これを職権逸脱と呼ぶとすれば、職権逸脱と言えるためには、Ⓐ職を有していることを示し、その上で、Ⓑ形式的に見て職の範囲外であると言えなければならない。職が理念によって内在的に画されていることからすれば、Ⓐは国家目的[21]として認められている理念かどうかであり、Ⓑは当該干渉がその理念に合致するかどうか、という問題であろう。

（二）本稿の観点と小売市場判決の欠点

このことを踏まえると、小売市場判決（最大判昭和四七年一一月二二日刑集第二六巻九号五八六頁）は「社会経済の調和的発展」という統一的な目的を掲げている点で問題がある。

①小売商業調整特別措置法（商調法）の二側面

小売市場判決で問題となった商調法は競争政策の側面と社会政策の側面を有していた。

まず、競争政策の側面から見る。田島義博によれば、競争政策にはⒶ「大企業と中小企業の間の競争を可能ならしめるため」の調整政策・中小小売業を育成する振興政策といった競争の補完と、Ⓑ「中小小売業を温存しようとする」保護政策という競争の否定があり、調整政策は振興政策と連携しない場合、保護政策に堕する可能性がある。[22]石原武政によれば、商調法は振興政策が伴っておらず保護政策的な色彩が強かった。[23]もっとも、まず、法の建前においては、過小・過多な中小小売商業において、百貨店等の大企業・購買会・生協等の「外部からの圧迫」を阻止する法律であり、「外部」との競争の調整ではあった。また、商調法が許可制としているのはあくまで小売市場とするための店舗の貸付または譲渡であり（三条）、「内部」の者による小売市場の開設自体は規制されていなかった。石原によれば、（実在したかどうかは別として）「次々と市場を造ることによって暴利を貪っている」悪質市場業者が「外部からの攪乱」者として排除の対象とされたのである。[24] さらに、「明らかに、不当廉売ないし不当な顧客誘引とみなされるような競争も例外ではなかった」[25] のであり、競争の公正さの問題、〈消費者〉に関わる問題が背景にあった。以上を踏まえると、商調法は保護政策的色彩が強かったとしてもなお、競争自体は否定しておらず、対象となっている小売商業の内外における競争を適切なものたらしめるための競争補完機能を有する法律であったと解される。

では、社会政策としての側面はどのようなものだったか。石原によれば、その参入障壁の低さから「資金も経験や技能もない者が生活の糧を求めて参入した」が故に戦後急速に復興した小売業は、「雇用機会の問題として、あるいは失業問題の裏返しとして捉えられていた」という意味で、「最大の社会問題のひとつであった」[26]。また、このような小売業者が扱っていたものは食料品があり、そのため食品衛生への懸念も物語られていた。そのため、食品管理の粗雑さは極端なケースであったとしても、適度な競争（小売市場の濫設防止）が求められた。[27]

以上を本稿の観点からまとめると、商調法は中小小売商における競争を維持し、その経営を安定化させることで、「〈消費者〉／〈生活者〉」の利益を守り、「労働者」の失業を防止する役割を期待されたといえる。

②弊害の種類から見た小売市場判決とその欠点

小売市場判決は「過当競争による弊害が特に顕著と認められる場合についてのみ、これを規制する趣旨である」として、「過当競争による弊害」がありうることを認めている。その「過当競争による弊害」は、一つとしては問題となっていた法律が示すような「中小小売商の経営が著しく不安定となるおそれ」（五条一号）だろう。それが「弊害」と評価されるのは、経済の問題として理解されているからである。

しかし、最高裁はさらに進んで、「社会経済の均衡のとれた調和的発展」を持ち出し、その下での積極的な国家干渉の合理性を判断している。経済上の弊害への対処だけであれば、社会というものを持ち出す必要はないし、逆もまた然りである。それにもかかわらず、「社会経済の均衡のとれた調和的発展」を提示したのは、本稿の観点を加味すれば、いわば「社会経済の均衡のとれた調和的発展」を理念とする制度を据えて、先に述べた商調法の背景にあった諸問題を「社会経済の均衡のとれた調和的発展への弊害」という一種類の弊害に関する問題にまとめ上げ、商調法をその問題解決の手段として捉えたものと解釈できる。本稿の観点からすれば、（経済上の弊害が問題となる）経済と（社会上の弊害が問題となる）社会は区別される別個の制度であるが、[28] 小売市場判決は両者を区別せず一つの制度を措定しているのである。

このような大雑把な捉え方は、商調法が経済政策と社会政策の両側面を有していたことから理解できなくもないが、やはり問題があろう。というのも、このような目的の統合は国家の職の拡大であり、[29] 統合が自由に許されるとしたら、国家の職権逸脱という思考は形骸化し、職権の範囲内であることを前提とした職権濫用に収斂することになるからである。また、実際問題としては、「弊害の種類」が厳格に特定されず、その結果、行為の目的適合性が正確に行われなくなる恐れもある。さらに、制度間の調和という目的は様々な制度の全体を見回す必要があるため、片方の側の当事者でしかない被規制者の主張よりも、様々な情報を保有し利害を調整したという立法者の意見の方が説得的であることが多くなる、つまり構造的に合憲になりやすい。

③本稿の観点からの提案

本報告の観点からすれば、「〈消費者〉／〈生活者〉」（さらに「〈労働者〉／〈生活者〉」）のように「経済／社会」を架橋する問題という意味で複合的な問題でも、制度（理念）ごとに判断することになる。法律制定行為という形での国家干渉が目的Aとの関係で権限逸脱（違憲）と判断されたとしても、他の目的Bとの関係ではまだ判断されておらず、あくまでAという目的で（それを理念に据える制度の文脈で）干渉することが否定されるに過ぎない。その場合、法律の文言は据え置かれるとしても、その目的Aとの関係では無効になっていると解される。例えば、社会目的との関係では無効な商調法の許可制について、経済目的との関係で有効であるとして文言を残した場合、社会目的で適用したと解される行政処分は根拠規定のないものとして違法である、と考えられる[30]。

おわりに

以上、オーリウ制度論を背景とした理念による「経済／社会」の区別、そして「消費者／生活者」の区別という本稿の観点から、小売市場判決の欠点を指摘した上で、あるべき分析方法を提示した。

本稿で示された構想は、従来あまり明確に区別されていなかったと思われる経済と社会というものを積極的に区別する。その区別は理念の相違、当該制度を当該制度たらしめ他と区別しているところのものの相違[31]による。本稿では、財の適正な流通確保を理念（目的）とする制度たる経済と、人間の生命・身体の保護を理念（目的）とする制度たる社会とを区別した。この区別は、「流通と憲法」という領域を拓くものとなろう。本稿はその領域の端緒として位置づけられる、一つの試論である。

（1）例えば、石原武政『公設小売市場の生成と展開』（千倉書房、一九八九年）、同『小売業における調整政策』（千倉書房、一九九四年）、田島義博「小売商業調整政策」久保村隆祐＝田島義博＝森宏『流通政策〔第三版〕』（中央経済社、一九八五年）八三頁以下。

（2）なお、書籍の流通に関して、拙稿「書籍流通制度と憲法理論・試論」があるが、これは再販売価格維持契約の許容の憲法学的な是非について論じたものであって、流通を正面から扱ってはいない。

（3）大村敦志のいう「技術的消費者概念」を主として想定している。参照、大村敦志『消費者法〔第四版〕』（有斐閣、二〇一一年）二三－二八頁。

（4）ここでいう「消費者」は、大村のいう「原理的消費者概念」に相当する（大村・前掲注三）一九－二三頁）。なお、消費者像について、参照、岩本諭『競争法における「脆弱な消費者」の法理』九八－一〇〇頁、川和功子「消費者像についての一考察（一）・（二・完）」同志社法学六三巻三号（二〇一一年）一－一七頁・六三巻四号（二〇一一年）一一三－一三八頁。

（5）参照、大驛潤『流通政策の理路』（千倉書房、二〇一九年）一－五頁。

（6）小野塚知二は、このような経済過程に欲望の充足という目的を付与して「経済」を定義する（同『経済史』（有斐閣、二〇一八年）六四頁）。それは経済が様々な領域に関わってくることを意味しているが、本稿ではそのような過程自体の維持を考察したいため、多様な目的（欲望）は措き、そのような流通過程自体を「経済」と呼ぶ。

（7）岸井大太郎＝大槻文俊ほか『経済法〔第八版補訂〕』（有斐閣、二〇一九年）六－七頁。

（8）参照、黒田武「消費者保護基本法制定の背景と内容」公正取引二二四号（一九六八年）七頁、木本綿哉「最近の経済事情と消費者の権利」法セミ三二三号（一九八二年）一〇一－一〇三頁、正田彬「わが国における消費者問題の意義と性格」家政学雑誌三七巻一号（一九八六年）四頁、及川昭伍＝田口義明『消費者事件 歴史の証言』（民事法研究会、二〇一五年）四頁。

(9) 日本弁護士連合会編『消費者法講義〔第五版〕』一四 - 一七頁［斎藤雅弘執筆］。

(10) 消費者の権利の宣言としてしばしば引用されるケネディ大統領の「消費者の利益保護に関する大統領特別教書」(President John F. Kennedy. Special message to Congress on protecting consumer interest, 15 March 1962, https://www.jfklibrary.org/asset-viewer/archives/JFKPOF/037/JFKPOF-037-028, accessed 2020-5-11.) では、「安全である権利」が語られていると理解されている（恐らく元は the right to be protected against unsafe or worthless drugs and other products であろう）。

(11) 参照、正田彬『消費者の権利』（岩波書店、一九七二年）、同『消費者の権利〔新版〕』（岩波書店、二〇一〇年）。

(12) 同右〔旧版〕二五 - 三七頁・〔新版〕二八 - 四〇頁。なお、④の権利は新版で登場した。

(13) 今村成和「消費者の権利と経済法」現代法ジャーナル一九七三年四月号（一九七三年）五頁。また参照、奥島孝康「消費者の権利と独禁政策」法時四七巻二号（一九七五年）七五 - 七六頁。

(14) 「現実的なあり方をした」人間は法学の人間像に関する根深い問題を含んでいるため、本稿ではこれ以上言及しない。

(15) そのことが表れているのが、「商品ないしはサービスを取引を通して購入して生活に組み入れる市民の行動」として「消費生活」を捉える正田の理解である（正田・前掲注（八）三頁）。ここでは商業学（流通）における「貨幣を支出することで消費財を購入する」ことと「消費財を使用することで用益を得る」こととが混同されている。

(16) 拙稿「「場」としての国家／「人」としての国家」法政論究一一九号（二〇一八年）六九頁以下、同「【l'État／l'institution nationale】の制作・試論」法政論究一二二号（二〇一九年）三七頁以下、同「具体的人間観・社会法と人権論・憲法上の権利論」慶應法学四三号（二〇一九年）九八 - 一一三頁。

(17) Maurice Hauriou, *Principes de droit public*, 1re éd, Sirey, 1910.

(18) Ibid, p.16.

(19) Maurice Hauriou, «L'institution et le droit statutaire», *Recueil de legislation de Toulouse*, 1906, p.139.

(20) この点、消費者問題が本報告のような「消費者」と「生活者」の双方に関わることを認めつつ、取引との関連性の強さの点で「消費者」という言葉で消費者政策を論じたのが鈴木深雪であった（鈴木深雪『消費者政策――消費者生活論〔第五版〕』（尚学社、二〇一〇年）一二頁）。その限りで、本稿の思考と近いが、あくまで同一平面上の程度の違いと捉えている点が異なる。

(21) 国家目的については、例えば、国家目標規定との関係で、小山剛「国家目的と国家目標規定」小山剛＝駒村圭吾編『論点探求憲法〔第二版〕』一三頁以下のほか、石塚壮太郎の一連の論稿（「国家目標規定と国家学――その基本権制約ドグマーティクへの照射――」法政論究九七号（二〇一三年）三三五頁以下、「社会国家・社会国家原理・社会法―国家も酷評既定の規範的具体化の一局面」法政論究一〇一号（二〇一四年）一九七頁以下、「国家目標規定の憲法理論的意義――「憲法理論」との対話／具体化法との接続――」比較憲法学研究二九号（二〇一七年）一三九頁以下）がある。また、ドイツの国家目的論の歴史については、栗城壽夫「ドイツ国家目的論史小考」同『一九世紀ドイツ憲法理論の研究』（信山社、一九九七年）三五七頁以下〔初出：法雑二五巻二・三号（一九七九年）〕。

(22) 田島・前掲注（一）八五―八六頁。

(23) 石原『小売業における調整政策』前掲注（一）三頁。

(24) 同右四四頁。

(25) 同右二四頁。

(26) 同右三一―三二頁。もっとも、一般に「労働問題」は「社会」問題とされ、その権利は「社会権」とされるが、「労働者」は労働力を商品として提供している者であり、その意味で「経済」のアクターである。「労働者」概念も「消費者」概念と同様に、「生身の人間」性を強調された結果、「経済」と「社会」を架橋するものとなったように思われる。しかし、本報告の観点からすれば、「労働者／生活者」は分けて考えるべきであり、そのため、これを「社会」問題と呼称することには疑問がある。

(27) 同右二〇―二一頁。

(28) なお、薬事法判決(最大判昭和五〇年四月三〇日民集二九巻四号五七二頁)は、「経済上の弊害」に対処するための「流通の合理化のために流通機構の最末端の薬局等をどのように位置付けるか、また不当な取引方法による弊害をいかに防止すべきか、等の経済政策的問題」と「国民の保健上の目的からされている本件規制」とを区別している(五八五頁)。

(29) つまり、「諸利益の調整」というものを国家の目的に掲げた瞬間、国家は諸利益を超越した存在として、「諸利益の調整」を錦の旗として介入してくる存在として立ち現れてくるのである。国家の目的を積極的に定めることなく、国家の目的を諸利益の調整(例えば、人権相互の衝突を調整する)ところに求めた結果そのような国家が現れるのであり、憲法学は国家の干渉をなるべく排除しようとしてかえって強力な国家を召喚してしまっていることになる。なお、あらゆる属性から逃れる「個人」を強調してきたこともこのような事態と無関係ではないだろう。

(30) その意味で、延々と拡大しうる法令の適用範囲を画定していく役割が、国家目的論にはあると考えられる。

(31) 制度と目的についての私見は特に、拙稿「【l'État／l'institution nationale】の制作・試論」前掲注(一八)参照。

自衛隊による「国際貢献」と憲法

奥野恒久
（龍谷大学）

はじめに

予定されていた二〇二〇年度春季研究総会の全体テーマは、「憲法学の可能性―一九八九年から二〇一九年の狭間で」であり、憲法理論をめぐる状況に大きな変動があったと考えられる四つの領域が検討対象とされた。そのなかで私に与えられた課題は、「自衛隊の国際貢献」である。周知の通り、「国際貢献」なる言葉は、一九九〇年前後、とりわけ湾岸戦争を契機に声高に叫ばれ、自衛隊の海外活動に道を開くとともにその後の改憲論を彩るキーワードとなる。そこで本稿では、「国際貢献」論の実像を歴史的に概観し、それと向き合う憲法論のいくつかを取り上げてその可能性を検討する。

あらかじめ私の立場を明らかにしておくと、私は、日本国憲法の非軍事平和主義は国内的には軍事や軍部による人権侵害を抑止し、軍部の政治への介入を阻止する点で[1]、また対外的には他国の軍備拡大を理由に自国も軍備拡大をするという止めどない軍拡合戦（「安全保障のジレンマ」）と不信の連鎖に陥ることを防止するのみならず、それとは根本的に異なる安全保障構想を示し得る点で[2]、極めて今日的な意義を有すると考えている。自衛隊についていえば、存在そのものが違憲であり、その海外活動や権限拡大は「二重の意味での違憲(3)」だと考えている。

以下、「国際貢献」として始まった自衛隊の海外活動を確認することから始めたい。

一　「国際貢献」から「積極的平和主義」へ

(一)「国際貢献」論の登場

戦力の不保持を規定する憲法九条二項のもとで、「直接侵略及び間接侵略に対し我が国を防衛することを主たる任務とする」(自衛隊法旧三条)自衛隊を保持するにあたり、政府は、憲法は自衛権を否定していないとして、その合憲性の弁証に努める。そして、「自衛のための必要最小限度の実力」の保持は憲法上許されるという政府統一見解として定着させる(4)。そこから、集団的自衛権行使の禁止、先制攻撃の禁止といった原則が確立される。いわゆる「専守防衛」論である。また、自衛隊創設時の一九五四年六月二日、参議院本会議では「本院は、自衛隊の創設に際し、現行憲法の条章と、わが国民の熾烈なる平和愛好精神に照らし、海外出動はこれを行わないことを、茲に更めて確認する」という決議を採択している。「海外出動はしない」、これが自衛隊の原点であった。

一九八九年に「冷戦」が終結する。だが、一九九〇年にはイラクがクウェートを侵攻・併合し、国連安保理決議六七八号の採択によりアメリカを中心とする多国籍軍がイラク攻撃を行う(湾岸戦争)。当時の海部俊樹内閣は、アメリカの要請を受け自衛隊を後方支援部隊として参加させる「国連平和協力法案」を提出するが、強い反対世論により廃案となる。そして日本はこの戦争に一三〇億ドルの経費を提供するものの、クウェート政府による感謝広告に日本の名前がなかったこともあり、日本は「カネだけ出して汗や血を出さない」、「一国平和主義」だという批判が国内外から生じる（湾岸戦争の「トラウマ」）。これへの反応が、「国際貢献」論の直接的な出自となる。「国際貢献」論には、登場の段階から「軍事的」貢献という含意があったのである。

「国際貢献」論の大合唱のなか、海部内閣は、湾岸戦争終結後に、自衛隊法の「雑則」規定である旧九九条を用いて、自衛隊の掃海艇をペルシャ湾に派遣する。一九九二年には、宮沢喜一内閣が「国連平和維持活動等協力法」を成立させ、その後、カンボジア等にPKOとして自衛隊を派遣している。このように、「海外出動はしない」との自衛隊の原点を捨て去るためのキーワードが、「国際貢献」論であった。

（二）「国際貢献」イデオロギー

一九九〇年代の日本外交を『『国際主義』の覚醒」と積極的に評価する議論がある。国際政治学者の添谷芳秀は、自衛隊派遣を含めたカンボジア和平への積極的関与、宮沢首相による慰安婦問題への取り組み等をあげて「冷戦直後の世界の趨勢に沿ったもの」で、「過剰な自己抑制でもなく日米安保への依存でもない、新たな外交の境地を拓く潜在的可能性を示していた」と主張する。[5]だが、当時の日本外交の背景を、「冷戦」の終結と湾岸戦争の「トラウマ」に見るこの立場は、「国際貢献」を要請・支持する日本社会の構造についての分析が十分でない。

渡辺治は、「国際貢献」論の起源を一九八〇年代の中曽根康弘内閣時代に求める。その背景には、一九八〇年代以降の「アメリカ帝国主義の世界秩序再編＝帝国主義同盟化の要請と日本企業の多国籍化」があるとし、一九八〇年代の日本を、プラザ合意（一九八五年）以後の日本資本の海外進出を中心に、「日本における現代型帝国主義の追究期」と把握する。[6]その証左のごとく、一九九一年には、経団連、日本商工会議所、経済同友会の財界三団体がそろって、[7]日本が経済大国になったとの認識のもと、世界の平和と繁栄に積極的に貢献すべきとして、自衛隊の活用と安全保障理事会の常任理事国入りを目指すよう訴えている。資本進出によって海外に膨大な「権益」を持つようになった日本の多国籍企業が、海外での経済活動の保護を含む国際秩序を維持するため、自衛隊の海外活動を求めたというのが真相であり、「国際貢献」はそのイデオロギーとして機能したといえよう。[8]

また、一九九〇年代の国民意識について、和田進は、「日本資本主義のありようを無批判に肯定する『豊かな生活の維持・確保』の意識は、『豊かな生活確保』のための安定的な秩序維持のための軍事力行使の体制の確立を肯定する意識へと転換する可能性を有している」[9]と指摘する。

国連を通じての「国際貢献」がプラスイメージで語られがちななか、樋口陽一は「『武力による平和』に対する基本的な考え方の点で」、国際連合憲章と「憲法九条の掲げる理念との間に断絶があることを、あいまいにすべきではない。反対に、そのことを明らかにしたうえではじめて、日本国憲法がひとつの積極的な選択をしていることの積極的な意味を、国際社会に訴えることが可能になるはずである」[10]と、日本が主体的に憲法九条の積極的意味を追求することを主張している。

(三) 対米重視路線の下での「専守防衛」からの離脱

一九九四年に北朝鮮で核開発疑惑が浮上するなか、一九九五年二月、ジョセフ・ナイが「東アジア太平洋戦略報告（ＥＡＳＲ）」を発表し、「日米関係は、アメリカの太平洋安全保障政策と地球規模の戦略目的の基盤」だとの認識を示す。「アメリカの世界的パートナーとなりうる自衛隊へ」というのが「ナイ・レポート」の意図だとされる。[11]一九九六年四月、橋本龍太郎首相とクリントン大統領との首脳会談で「日米安全保障共同宣言」が発表され、在日米軍の行動領域を安保条約六条の「極東」から「アジア太平洋地域」へと拡大するとともに、日米安保協力のあらたな役割分担を示す。これを受けて一九九七年九月、「日米防衛協力のための指針（ガイドライン）」が改定される。北朝鮮の核疑惑への日米間の対応を想定したとされるこの新ガイドラインでは、「日本周辺地域における事態で日本の平和と安全に重要な影響を与える場合（周辺事態）の協力」として、後方地域支援なる軍事協力を自衛隊のみならず、国家行政機関、地方自治体、民間人にも要請できるとした。この新ガイドライン体制を法的に可能にしたのが、一九九九年五月成立の周辺事態法である。

二〇〇一年九月のアメリカでの同時多発テロ後、小泉純一郎政権は、テロ対策特別措置法を成立させて自衛隊をインド洋に派遣する。二〇〇三年三月にアメリカ等がイラク攻撃を始めると、今度はイラク復興支援特別措置法を成立させてイラクへと自衛隊を派遣する。このイラク攻撃は国連安保理決議の採択されないなかアメリカの「単独行動主義」によるもので、「国際法違反であることは、国際法学者の間では常識であると言ってよい[12]」と指摘されている。こう見てくると、一九九四年以降の自衛隊の海外活動は、専ら対米関係によるものであって、国連を通じての「国際貢献」ではない。イラク戦争時に小泉首相が「アメリカを支持することは日本の国家利益にかなう」（二〇〇三年三月五日衆議院予算委員会）と語ったように、国益を掲げそのための対米支援、自衛隊派遣という論理である。

二〇〇四年に防衛計画の大綱が改定される。これまでの大綱は、「専守防衛」のもと国土防衛に必要な「限定的かつ小規模の侵略事態」に備える「基盤的防衛力構想」に立っていたが、二〇〇四年大綱は「新たな脅威や多様な事態に実効的に対応し得るものとする」に改める。また「国際社会の平和と安定が我が国の平和と安全に密接に結び付いている」との認識を示し、自衛隊の目的が「グローバルな安全保障環境の改善」へと向かう。そしてこれらを実行するための制度編成も進む。二〇〇六年には自衛隊法三条が改定され、これまで付随的任務であった海外派遣が本来任務とされ、二〇〇七年には防衛省が発足し、さらに海外派遣を主任務とする中央即応連隊が創設されている。

（四）日本の覇権志向を支える「積極的平和主義」

国益を掲げそのための対米支援という論理をさらに押し出し、実質的に「専守防衛」論を捨て去ったのが、第二次安倍晋三政権である。安倍政権下の二〇一三年一二月に閣議決定された「国家安全保障戦略について」は、「政府の最も重要な責務は、我が国の平和と安全を維持し、その存立を全うすることである」とし、国家安全保障を国政の最高価値に位置づける。そして、「国の他の諸施策の実施に当たっては、本戦略を踏まえ、外交力、防衛力等が全体としてその機能を円滑かつ十分に発揮できるよう、国家安全保障上の観点を十分に考慮するものとする」と述べ、技術・情報・教育・研究等の分野にいたる「国家総動員」体制を構築しようという。この閣議決定に登場し、以来、安倍政権が頻繁に用いるキーワードが、「国際協調主義に基づく積極的平和主義」（以下、「積極的平和主義」）である。(13)

二〇一四年七月一日、安倍政権は従来の政府の憲法九条解釈を変更する閣議決定を行うが、ここでは憲法九条下での「平和」観の大転換が試みられる。すなわち、これまで憲法の平和主義により禁じられていた、ＰＫＯでの自衛隊の「駆けつけ警護」に伴う武器使用や「任務遂行のための武器使用」を「積極的平和主義」の立場から一定の制約の中で認めるとし、「武力の行使」を行う他国軍への後方支援を「積極的平和主義」の立場から「必要な場合がある」としたのである。「積極的平和主義」なる概念は、「軍事力」によって「平和」を創出しようというものであり、しかもそれは「我が国にとって望ましい国際秩序や安全保障環境を実現していく」ためのものだというのである。

二〇一八年一二月に閣議決定された「防衛計画の大綱」は、「我が国にとって望ましい安全保障環境を創出する」、「積極的な共同訓練・演習や海外における寄港等を通じて平素からプレゼンスを高め、我が国の意思と能力を示す」、「米軍の活動を支援するための後方支援や、米軍の艦艇、航空機等の防護といった取組を一層積極的に実施する」という。「プレゼンス」なるキーワードが多用されているが、意味するところは、米軍との共同訓練や米軍への後方支援を積極的に進めることによって、日本の軍事的存在感を高め安全保障をはかるというのである。

ところで、二〇〇九年以来、日本は「海賊対策」としてソマリア沖に自衛隊艦船を派遣し、ジブチに陸上自衛隊の基地をつくりアフリカに拠点化を進めている。民主党政権下の二〇一一年以降、日本は国連PKO南スーダンミッション（UNMISS）に自衛隊を派遣してきた。二〇一九年一二月には、安倍政権下で自衛隊の中東派遣を閣議決定し二〇二〇年には派遣している。この派遣につき、中東史研究者の高林敏之は「ジブチ自衛隊基地の中東における拠点基地としての機能をさらに定着させることをねらいとしたものだ(14)」と主張する。こう見てくると、日本の覇権志向がアメリカの覇権主義と一体となり、それを軍事的に支える体制が着々と整備され、実行されているのである(15)。

二　憲法九条解釈論の動向

(一)　リベラル・デモクラシーの固守か、「日本的特殊性」の強調か

自衛隊の海外活動が進められるなか、自衛隊をめぐる憲法学説にも変容が見られる。二〇〇〇年代になって、自衛隊を違憲としない政府解釈を受け入れている憲法学者は数多くいるとされるが(16)、その代表的存在は「穏和な平和主義」を説く長谷部恭男であろう。周知の通り長谷部は、一方で九条の文言は一義的に答えを定めた「準則」ではなく、解釈を特定の方向に導く「原理」の条項だとし、他方で非軍

事平和主義は、「平和の実現や回復につながるか否かという帰結主義的考慮とは独立」した「善き生き方」（道徳的選択）に基づく「絶対平和主義」だと批判する。(17) 長谷部は、「外敵侵攻の可能性があるとき、政府が実力でそれに対処する余地を全く認めない結論は、明らかに非常識である」との認識のもとに、制憲時の議論を含め、九条のテクストは「頼りにならない」、「テクストに示された理念は尊重しつつも、良識に沿った意味を文脈に即して探究することが求められる」という。(18) ここには、公私区分によって、リベラル・デモクラシーを固守する観点から九条解釈問題への私的価値の介入を封じるという意図とともに、万一日本が武力攻撃を受けたとしても、不健全なナショナリズムやパニック的思考に陥ることを抑止するという現実的考慮があると思われる。(19)

それに対し、「制憲者意思を、憲法科学的に確定することは可能だ」とする佐々木弘通は、制憲者意思は「『戦力』不保持」であり、この規範の基盤に日本固有の歴史的経験があることを指摘する。(20) さらに佐々木は、武装国家が戦争で犠牲者を出すのに対し、非武装国家は戦争を行わずすぐに敵国家の占領下に入るため、個人のプロパティを保全するには、非武装国家の方が優位だとする。(21) そして、「戦争をしない」という「日本らしさ」「日本的特殊性」を近代立憲主義という普遍的原理と対立的に捉えるのでなく、特殊性と普遍性とを不即不離と捉えることを提唱するのである。(22)

ここにリベラル・デモクラシーを固守することを主眼とする長谷部と、歴史的・国民的共同体験を基盤とした「日本的特殊性」を強調する佐々木との対立を見て取ることができる。憲法が国家単位で制定されることからして、ある国の憲法がその国民の歴史的共同体験に基づいて特殊性を有することは何ら不思議ではない。それどころか、その特殊性が独特の国民意識や国民運動を形成し、それが今度は憲法規範を支えるということもあるはずである。

(二) 安保関連法成立後の九条論の課題

二〇一四年の政府による九条解釈の変更を機に、九条論の焦点は集団的自衛権行使をめぐるものへ移行し、長谷部を含む圧倒的多数の憲法学説は「集団的自衛権は違憲」という通説を形成する。[23] だがこの動向に対し、高橋和之は「憲法学は、……自衛隊の憲法適合性問題を棚上げし、政府の九条解釈との整合性を問うことしかできなくなっていた」、と指摘し、つづけて立憲主義は「国民の支持なくしては生気をもちえない営為である。立憲主義を護れという呼びかけは、したがって、憲法と現実の乖離を説明し指針を与える理論なくしては、虚ろにしか響かないだろう」と主張する。[24] このような憲法と乖離する現実を生みだしてきた歴代政権の責任を不問にするわけにはいかないが、同時に現実を変革する指針が求められていることも確かである。

非軍事平和主義について「明らかに非常識」と評する長谷部に対しても、非軍事による安全保障構想を示すことで、それは私的な道徳的選択でなく公的な政策指針となりうるはずである。もちろん、安全保障政策の提言など憲法学だけで担えるものではなく学際的な研究によるしかないが、日本国憲法から規範的に導かれる政策指針を示すことは憲法学の役割であろうし、戦後日本の憲法学は重厚な蓄積を有している。[25]

三　平和的生存権論の深化

(一) 加害者にならない権利、殺さない権利

一九九〇年代以降の自衛隊の海外活動に、理論的・実践的に対峙するにあたって注目されたのが、平和的生存権である。湾岸戦争時の多国籍軍への戦費支出と自衛隊掃海艇のペルシャ湾派遣に対し、その

差止と損害賠償を求めた市民平和訴訟において、平和的生存権の侵害が主張された。ここでは、平和的生存権の内容として加害者にならない権利や、殺さない権利も含まれている。[26]このような主張は自衛隊イラク派遣違憲訴訟でも展開される。憲法前文二段は、「われらは、全世界の国民が、ひとしく恐怖と欠乏から免かれ、平和のうちに生存する権利を有することを確認する」と述べる。日本国民は、世界中の人々が平和的生存権を有することを自覚している、言い換えると、日本国民は戦争や貧困で傷つく世界中の人々に思いを馳せる、との立場を明らかにしている。それゆえ、日本国憲法のこの立場にコミットしつつ「自己の運命に国家を引き受けよう」としている者にとって、日本がアメリカの戦争に協力し加害の側に立つことは、自らの存在を否定されたかのような苦痛を強いられるであろう。だとすると、裁判を通じてでもその救済がはかられるべきである。

だが、平和的生存権について、そこでいう平和とは「理念ないし目的としての抽象概念であって、それ自体が独立して、具体的訴訟において私法上の行為の効力の判断基準になるものとはいえ」ないとして、[27]裁判所はその裁判規範性を認めることに消極的であった。そのようななか、二〇〇八年に名古屋高裁が「平和概念の抽象性等のためにその法的権利性や具体的権利性が否定されなければならない理由はない」として、「裁判所に対し当該違憲行為の差止請求や損害賠償請求等の方法により救済を求めることができる場合がある」と判示した。[28]もっとも本判決も、控訴人らの平和的生存権は侵害されていないとして、訴えを斥けている。名古屋高裁の認めた平和的生存権の侵害とは、戦争協力を強制されるといった危機的事態を想定しており、その範囲は極めて限定的である。だが平和的生存権の裁判規範性をともかく語ってみせたことが重要であり、裁判規範性の論証にあたっては名古屋高裁の理解を基点にその意味付けを充実させるべきであろう。

二〇一五年の安保関連法の成立を受け、主に平和的生存権が侵害されたとして、その違憲性を問う訴訟が全国で提起されている。なかでも、従来「付随的審査の衣をまとった抽象的審査」と批判されることの多かった、立法不作為を含む立法行為に対する国賠訴訟が新たな展望を開く可能性を有している。「立憲主義の破壊」と評される昨今の政治状況下において、客観的な憲法秩序の維持機能を裁判所に託すという意図とともに[29]、最高裁も在外選挙権判決や再婚禁止期間判決において、従来の国賠訴訟の要件を緩和するとともに、「最高裁は個別救済の観点からはその必要性が必ずしも認められない場合であっても、あえて憲法保障機能を重視することもありうべし、という方向に踏み出しているように見える」[30]といった変化が伺えるからである。私としては、裁判所による憲法秩序維持機能に期待を寄せるものの、加害者にならない権利を含む平和的生存権を広く実現するには、やはり国会論戦、選挙、市民運動といった民主的プロセスによらざるを得ない、と考えている[31]。

（二）憲法上の権利としての平和的生存権

浦田一郎は、平和的生存権についても、「裁判上の権利性」と区別された「憲法上の権利性」を重視し、運動や政治の場面を念頭に「広く柔軟な人権概念を形成することにも、意識的に取り組む必要がある」と主張する[32]。世界の人々の平和的生存権を実現するという課題は、日本が国際社会に対していかなる役割を担うべきか、というかつてよりなされてきた議論と重なる。丸山真男は、一九六〇年代に、日本国憲法前文の「人間相互の関係を支配する」普遍的理念とは、「専制と隷従、圧迫と偏狭」の除去、「植民地主義の廃止、人種差別の撤廃」に向かっている国際社会のイメージだとする。そして憲法前文は「平和構想を提示したり、国際紛争の平和的解決のための具体的措置を講ずる」[33]など「日本から国際社会を律する普遍的な理念を現実化する」よう政府に義務付けている、と主張した。

さらに憲法学は、一九七〇年代半ばから提唱された「構造的暴力」論や、一九九〇年代に登場した「人間の安全保障」論といった国際的な平和理論も吸収して、平和的生存権の概念構成を試みてきた(34)。そのさい、日本国憲法が平和の問題を、「人権」の問題として、すなわち国家の視点ではなく個人の視点で把握していることを重視したのである。

本稿の注目する、加害者にならない権利や殺さない権利という平和的生存権の内容は、たとえば「安保法制に反対するママの会」のスローガン「だれの子どももころさせない」という形で広がり、共感を得た。私はかつて、イラク戦争後の二〇〇七年の世論調査を分析し、「多くの国民は、災害時での援助活動や『復興支援』を含むいわゆる『国際貢献』と、『武力行使』とを全く異質のものととらえ、前者には好感を持つ反面、後者には強い抵抗がある」と指摘し、日本国民の平和意識は、「戦争の悲惨さ自体に対する憎悪とそこで人が傷つくことへの強い感受性を伴った意識ではなかろうか」と述べた(35)。もちろん、自衛隊やその海外活動の実情が国民に十分知らされておらず、また多忙な日々と多様な困難に直面している国民の側も、九条問題等にリアリティを持って向き合える日常ではない。だが、たとえば安保関連法制定時のように政権が九条に反する政策を強行し、九条改憲を現実的俎上にのせたとき、憲法問題にリアリティをもった国民は憲法九条を「抵抗の旗印」のごとく支持し、日本が「戦争をする国になる」ことを拒む意識を呼び起こすのではなかろうか(36)。九条には、国民意識と結びついた日本独特の法的条項以上の意味があるように思われる。

おわりに

本稿では、日本の覇権志向がアメリカの覇権主義と一体となってあらわれているとの認識を示した。

このような路線への対抗構想は既にいくつか提案されている。渡辺治は、日米安保条約の見直し・廃棄のうえで、東北アジアの平和保障システムと一体となっての自衛隊の縮小・解体という道筋を描く。(37)自衛隊の解体については、水島朝穂による「自衛隊の平和憲法的解編構想」という詳細な検討があり、(38)東北アジアの平和保障については、山内敏弘による研究がある。(39)

そのうえで、より大きな議論になるが、一九九〇年代に、浦部法穂、浦田一郎、和田進といった憲法学者から「豊かさの問い直し」という課題が提起された。(40)日本の覇権志向の根底にあるのは、「我が国の繁栄」なり「国益」の追求であるが、この根底自体を問い直そうとの提起であった。二〇一一年の東日本大震災以降、政府は覇権志向を強める一方で、災害の多発や感染症の拡大もあって、多くの国民は自分らしく生きていくこと自体の難しさを痛感している。改めて、「国益」や経済成長を絶対視する国家のあり方を問い直す作業が必要なように思われる。(41)

（1）憲法九条のこのような意義については、下記の文献を参照。樋口陽一「戦争放棄」樋口陽一編『講座・憲法学2』（日本評論社、一九九四年）一一〇頁以下、上田勝美『立憲平和主義と人権』（法律文化社、二〇〇五年）一九一頁以下、青井未帆「九条・平和主義と自衛隊」安西文雄ほか『憲法学の現代的論点〔第二版〕』（有斐閣、二〇〇九年）八三頁以下、石川健治「民主主義・立憲主義・平和主義」法律時報一一三四号（二〇一九年）八八頁以下。

（2）安全保障構想の一つとして非武装永世中立構想が検討されてきた。たとえば、澤野義一『平和憲法と永世中立』（法律文化社、二〇一二年）。

（3）参照、上田勝美・大久保史郎・山下健次「憲法学者アンケート・周辺事態法案は違憲である」週刊金曜日二五五号（一九九九年）二〇頁。

（4）一九七二年一一月一三日、第七〇回国会・参議院予算委員会五号二頁、吉國一郎内閣法制局長官。

(5) 添谷芳秀『安全保障を問いなおす』(NHK出版、二〇一六年) 七三頁以下。
(6) 参照、渡辺治『講座 現代日本一』(大月書店、一九九六年) 一三七頁以下。
(7) 経団連「世界とともに生きる企業人たるわれわれの決意」一九九一年五月、日本商工会議所「国際情勢の動向と日本の進路」同年九月、経済同友会「日本の進路」同年一〇月。
(8) 参照、森英樹「『国際貢献』論と国連」渡辺治ほか『「憲法改正」批判』(労働旬報社、一九九四年) 二四九頁以下。
(9) 和田進『戦後日本の平和意識』(青木書店、一九九七年) 二五二頁以下。
(10) 樋口・前掲書 (1) 一一六頁。
(11) 前田哲男『自衛隊』(岩波新書、二〇〇七年) 三八頁。
(12) 松田竹男「自衛隊のイラク派兵と国際法」法律時報九四五号 (二〇〇四年) 四八頁。
(13) ヨハン・ガルトゥングの言葉と似ていながら、それとは全く異なる安倍政権の「積極的平和主義」を批判的に検討したものとして、澤野義一『脱原発と平和の憲法理論』(法律文化社、二〇一五年) 一四一頁以下。
(14) 高林敏之「中東『追加派兵』はなぜ危険なのか」月刊憲法運動四九〇号 (二〇二〇年) 九頁。
(15) 日本の覇権志向という理解について、三島憲一「醜悪で滑稽な覇権志向」世界二〇二〇年一月号一五四頁以下を参照。
(16) 長谷部恭男『憲法の良識』(朝日新書、二〇一八年) 二十四頁。
(17) 長谷部恭男「平和主義と立憲主義」ジュリスト一二六〇号 (二〇〇四年) 五六頁以下。
(18) 長谷部恭男「憲法の未来」長谷部恭男編『論究憲法―憲法の過去から未来へ』(有斐閣、二〇一七年) 四五〇頁以下。
(19) 長谷部・前掲書 (18) 四五七頁。
(20) 佐々木弘通「非武装平和主義と近代立憲主義と愛国心」憲法問題一九 (二〇〇八年) 九〇頁以下。麻生多聞も歴史性と制憲者意思を重視する観点から、長谷部説を批判する (麻生多聞『憲法九条学説の現代的展開』(法律文化社、二〇一九年）四三頁以下。
(21) 佐々木・前掲書（19）九七頁以下。
(22) 佐々木・前掲書（19）一〇〇頁。
(23) 参照、木村草太「集団的自衛権の三国志演義」憲法問題二八（二〇一七年）一二八頁以下。
(24) 高橋和之「第七版はしがき」芦部信喜・高橋和之補訂『憲法 第七版』（岩波書店、二〇一九年）vi頁。
(25) 主な書籍として、和田英夫ほか『平和憲法の創造的展開』（学陽書房、一九八七年）、深瀬忠一ほか編『恒久平和のために』（勁草書房、一九九八年）、深瀬忠一ほか編『平和憲法の確保と新生』（北海道大学出版会、二〇〇八年）、水島朝穂『平和の憲法政策論』（日本評論社、二〇一七年）。
(26) 参照、浦田賢治「平和的生存権の新しい弁証」浦田賢治編『立憲主義・民主主義・平和主義』（三省堂、二〇〇一年）五七九頁。
(27) 最高三小判一九八九年六月二〇日民集四三巻六号三八五頁。
(28) 名古屋高判二〇〇八年四月一七日判時二〇五六号七四頁。
(29) このような意図から精力的に議論を展開しているのが、青井美帆である（青井未帆「憲法判断をめぐる司法権の役割について」学習院法務研究一二号（二〇一八年））。
(30) 棟居快行「安保法制違憲国賠訴訟における抽象と具体の交差」毛利透ほか編『憲法訴訟の実践と理論』（判例時報社、二〇一九年）一九二頁以下。
(31) 平和的生存権の実現の場を民主的プロセスに求める議論として、麻生多聞『平和主義の倫理性』（日本評論社、二〇〇七年）一八三頁、奥平康弘「『平和的生存権』をめぐって（下）」世界七八一号（二〇〇八年）一〇五頁、小林武「『安全保障』法制に対する違憲訴訟について」愛知大学法学部法經論集二〇六号（二〇一六年）六二頁以下。
(32) 浦田一郎「平和的生存権」樋口編・前掲書（1）一四〇頁以下。
(33) 丸山真男『後衛の位置から』（未来社、一九八二年）四四頁以下。
(34) たとえば、浦部法穂「平和的生存権と『人間の安全保障』」深瀬忠一ほか編『平和憲法の確保と新生』前掲書

(25) 二三頁以下。

(35) 奥野恒久「改憲・改革を受容する国民意識」民主主義科学者協会法律部会編『改憲・改革と法』(法律時報増刊、二〇〇八年) 五二頁以下。

(36) 奥野恒久「民主的非軍事平和主義の展望」中村浩爾ほか編『社会変革と社会科学』(昭和堂、二〇一七年) 三〇頁。

(37) 渡辺治『戦後史のなかの安倍改憲』(新日本出版社、二〇一八年) 三五〇頁以下。

(38) 水島・前掲書 (25) 一七頁以下。

(39) 山内敏弘『「安全保障」法制と改憲を問う』(法律文化社、二〇一五年) 二一七頁以下。

(40) 浦部法穂「『経済大国』と改憲論」渡辺ほか・前掲書 (8) 二九九頁以下、浦田一郎『現代の平和主義と立憲主義』(日本評論社、一九九五年) 四六頁以下、和田・前掲書 (9) 二五六頁以下など。

(41) かつて私は、アンチ覇権主義としての「小国主義」に言及したことがある (奥野恒久「平和的生存権と憲法九条」憲法研究所・上田勝美編『平和憲法と人権・民主主義』(法律文化社、二〇一二年) 五四頁以下)。最近では、千葉眞「『小国』平和主義のすすめ」思想一一三六号 (二〇一八年) 八三頁以下がある。

「七三一部隊」問題
――その「隠蔽」がもたらしているもの――

莇　昭　三
（医師）

はじめに

「七三一部隊問題」とは、先の「アジア太平洋戦争」中、主に、中国ハルピン市近郊の平房で、日本の権力機構（陸軍）が、中国人―一部朝鮮人、ロシヤ人等を含む―約三千人を拘束し、「細菌戦開発の目的等々」で一人一人を「実験対象」として、全員が「殺害」された有史以来の大事件・大惨事である。更に「敵陣（中国）」に細菌（ペスト菌等）を散布し、「無差別」の殺戮を実験、実施した部隊による戦争犯罪のことである。しかし、「七三一部隊」での「マルタ（犠牲者）」を使用した個々の「研究」過程や殺害状況、そして「細菌戦」の実態等は、関係者の「沈黙」及び実験資料の「焼却」及び「秘匿政策」等のために、未だその全貌は解明されていない。更に終戦直後、アメリカ（GHQ）はこの「七三一部隊」の「細菌戦情報」を独占取得するために、七三一部隊関係者の「尋問」を「戦犯に問わない」として特別に対処し、関係資料を押収して、「関係者」を免責したために、有史以来の人類の「大汚点」が、事実上「隠蔽」され、未解明のまま今日に及んでいる。

一　「七三一部隊」の隠蔽・免責

（一）「七三一部隊問題」の「沈黙」と倫理的配慮の放棄

第二次大戦後アメリカは、ナチスの医学犯罪をニュールンベルグ裁判で裁き、新しい医の倫理綱領ニュールンベルグ綱領を創り、その後のヘルシンキ宣言（「世界医師会」）の骨格ともなったのである。一方、アメリカは七三一部隊問題を「隠蔽し続け」たのは、戦後始まった東西の「冷戦」という政治的軍事的背景のためであった(1)。

アメリカ軍（GHQ）は日本に進駐すると直ちに七三一部隊員の調査を開始した。一九四五年九月、アメリカ陸軍のデトリック細菌戦研究所(2)ミュレイ・サンダースは内藤良一元軍医と接触したが、この後で七三一部隊関係者の戦犯免責の確約をし(3)、その後ノバート・フェル、エドウイン・ヒル等が七三一部隊関係の医学者の尋問調査を継続している。E・ヒルは「調査の結果集められた証拠の情報は、われわれの細菌戦開発にとって貴重なものである。それは日本人科学者による数百万ドルの費用と数年の研究成果である。…このような情報は人体実験につきまとう良心の咎めに阻まれてわれわれの実験室では得られないものである。このデータを入手するためにかかった費用は二五万円であり、実際の研究コストに比べればほんのわずかの額にすぎない(4)」と述べ、端的に第二次世界大戦後の新たな「米ソ冷戦」下でのアメリカの思いを記している。

これらの研究者は、早くも一九四五年十月の時点での日本の研究者との議論において、「倫理的問題をすべて放棄した(5)」のである。つまり、「七三一部隊でのマルタの殺害、細菌戦等の倫理的側面の追求」を頭から除外してしまったのである。したがって「七三一部隊問題」についての「沈黙」は、将にアメリカ政府の思惑であり、日本での元七三一部隊員や関連した医学者たちの今日までの「沈黙」の一つの根源ともなっているのである。

今アメリカ政府に問いたいのは、終戦後、日本で収集した七三一部隊関係の資料を全面的に公開すること、七三一部隊での「マルタ殺害者とその関係者を無条件に免罪」にしたことを反省することであろう。

（二）戦後の、日本政府の「七三一部隊問題」に対する基本的態度

一九五〇年三月一日、衆議院外務委員会で聴濤克己議員が七三一部隊長・石井四郎について質問している。殖田法務大臣の答弁は「……細菌戦術に関する日本人戦争犯罪人の問題につきましては、政府としてはこれに関与すべきでない、こう考えております……」「……政府はそういう事実を聞いてはおりますが、これを調査する権能も持たず、またこれを調査する必要もないのであります[6]」と。その後、一九五二年、アメリカと日本の「サンフランシスコ平和条約」が発効する。一九八二年四月六日の参議院・内閣委員会で、榊利夫議員は「関東軍防疫給水部に所属していた軍人軍属」と「生体実験」について質問している。その質問に対する外務省安全保障課長の答弁は「……ご指摘のような事実、それに関する記録というようなものがあるかどうかこの点は承知しておりません[7]」であった。

更に、一九九七年一二月一七日、参議院で栗原君子議員は「……朝日新聞によると（一九八六年九月一九日）、……アメリカの陸軍記録管理局長ジョン・H・ハッチャーが、七三一部隊より収集した資料を箱詰めにして日本政府に返したと述べているが、これらの資料はどこにあるのか…」と質問した。

これに対し佐藤（防衛庁防衛局長）は「…昭和三三年（一九五八年）に……返還を受けまして……防衛研究所に……四万件の資料を保存し……、しかし細菌戦の関連を示す資料は存在していない…、関東

軍防疫給水部の記述が……四件確認されており……、細菌戦との関連は……ございません」と答弁。(8)

更に、一九九九年二月一八日、田中甲参議院議員は「……アメリカからの返還資料について……」質問している。之に対して野呂防衛庁長官は「……（生体実験を行なっていたとされる）当該部隊の具体的な活動状況につきましては確認できる資料は存在していない、……」と述べている。(9)

更に二〇一二年六月一五日、服部良一衆議院議員が、七三一部隊が細菌戦を実施したという「金子論文」の発見を踏まえて、日本政府が細菌戦を実施していたという問題を追及している。(10)これに対し玄葉国務大臣は「……政府内部に資料が見当たらないというのが実態でございます」とこれまでと同様の回答であった。

以上のように、七三一部隊問題についての日本政府の今日までの基本的姿勢は、「政府が関知できない問題」として、全ての責任を放棄しているのである。

二　中国の細菌戦被害者の損害賠償訴訟と日本政府

一方、二〇〇二年八月二七日、七三一部隊細菌戦国家賠償請求訴訟（原告・中国人被害者一八〇名）の判決で、東京地裁は七三一部隊等の旧帝国陸軍防疫給水部が、生物兵器に関する開発のための研究及び同兵器の製造を行い、中国各地で細菌兵器の実戦使用（細菌戦）を実行した事実を認定した。すなわち、判決は、「七三一部隊は陸軍中央の指令に基づき、一九四〇年の浙江省の衢州、寧波、一九四一年の湖南省の常徳に、ペスト菌を感染させたノミを空中散布し、一九四二年に浙江省江山でコレラ菌を井戸や食物に混入させる等して細菌戦を実施した。ペスト菌の伝播で被害地は八カ所に増え、細菌戦での死者数も約一万人いる」と認定したのである。(11)

しかし、原告の請求（謝罪と賠償）に関しては全面的に棄却。そして判決は「我が国が何らかの補償等を検討するとなれば、……どのような内容の対処をするのかは、国会において、……様々な事情を前提に、高次の裁量により決すべき性格のものと解される」とし、問題の解決は政府の対応にあるとした。

三　七三一部隊問題と「日本医師会」、「日本医学会」

（一）「七三一部隊」問題についての日本医師会の認識

第二次世界大戦後に新生した「世界医師会」は、ナチスドイツの医師のおこなった人体実験等の非倫理的行為への反省、及び医師としての国際的な連携の必要性が確認されて一九四七年に結成されたのである。したがって世界医師会は、ドイツ及び日本の医師会の加盟の前提条件として前の大戦中に両医師会が行った「医学犯罪」への反省を正式に求めた。

「日本の医師を代表する日本医師会は、この機会に戦時中に敵国人に対して加えられた残虐行為を公然と非難し、また行われたと断言され、そして時として行われたことが周知とされる患者の虐待行為を糾弾するものである[12]」。

これは日本医師会が世界医師会（ＷＭＡ）への加盟に際し、要求されて、一九四九年に作成した声明文である。この声明は「七三一部隊」の存在及びそこでの非人道的行為については、きわめて曖昧な認識と見解を表明したものにすぎない。戦後七〇年間、「日本医師会」が七三一部隊問題について公式に「発言」したのは、この曖昧な声明だけである。つまり、日本の医者たちが戦争中に残虐行為をしたらしいが、遺憾である」と戦後から今日まで、一回述べたに過ぎない。日本医師会にとっては、「七三一部隊問題」は全く他人事で、反省の必要性などは一切ないと言わんばかりである。

一方左記は、新生ドイツ医師会の、世界医師会加入を求めた「声明」（一九四九年九月提出、一九五〇年一月修正）である。一読してわかるように、日本医師会との差異は歴然としている。

「ドイツ医師が個人的及び団体的に第三ドイツ国会当時に沢山の残酷及び虐待行為への参加及び被実験者への許可なくして人体に対する残忍な実験の計画及びその実行を認めなければならなかったことを、憤怒を以てせねばならなかったし又遺憾に思った。

幾百万人の人類の死の結果をもたらしたこれらの行為と実験を実行したため、ドイツ医学は医学の道徳的伝統を犯し、医学の名誉の質的低下を来し、そして戦争及び政治的怨恨のために医学を売春的に使用したことを我々はみとめる。有罪犯人は罰せられた。ある者は連合国裁判により、他の者はドイツ裁判により罰せられた。

独裁の制度がこれらの行為を看破することを不可能にし、そして自由なる意見の凡ゆる表明を抑制したことを我われは遺憾に思う。それ故我々は、ドイツ及び他の国で一九三三年來医師によって犯された罪を嫌悪し排斥する。

この声明を世界医師会に提出するに当り、我々は将来ドイツ人医師がかように医学を裏切ることを全力を以て防止することに努めることを、医学及全世界に対しておごそかに誓う。（以下、略）」[13]

（二）アメリカのフランツブラウ医師の勇気

米カリフォルニア大学のフランツブラウ教授が「七三一部隊問題から目をそらすことは、日本の医師が自ら品位をおとしめることだ」と唱え、一九九六年、二〇〇四年、七年、八年と、世界医師会の「準会員会議」で、日本医師会に釈明を求める決議案を提出してきたことは、特筆すべき「勇気」であった。

この問題提起は、毎回否決されたが、日本やアメリカの権力者たちの「隠蔽」政策に対置する「人

民」の一条の「良心」の芽吹きでもあった。(14)

(三) 七三一部隊幹部軍医、幹部技師の戦後

敗戦後、部隊に所属した幹部医師たちは、それぞれの出身大学との関係で、各大学医学部や研究機関の幹部として、全員受け入れられている。(15)

日本政府も各専門「医学会」も、七三一部隊関係者は「戦犯」を問われていないという立場から、その受け入れを追認したのである。敗戦の混乱のなかにあり、就職が極めて困難な一般国民とは雲泥の差であった。

(四) 戦後、一片の反省もない関係医師たちの策動

「日本学術会議」(一九四八年七月創設)は戦後あらたに創設されたものである。その第一三回総会は一九五二年十月二四日に開催されている。「朝鮮戦争」での「細菌戦」の有無が当時国際的に注目されていた時期でもあり、七三一部隊の行なった「細菌戦」を反省していた日本学術会議の一部の科学者たちは、日本政府に「細菌兵器使用禁止に関するジュネーブ条約の批准」の促進に関する決議案を提案(平野義太郎、福島要一等)(16)した。

しかしこの決議案は「七部」(医学関係部)の会員からの反対提案で「否決」された。その反対理由は「現在日本では戦争を放棄しているのであるから、戦時に問題になる条約を批准するのは筋違い……」「……細菌は兵器として今日ほとんど実用になりませんから、どうかその点でご安心ください……」等々であった。この反対提案の急先鋒は、木村廉(当時名古屋市立医科大学学長、戦時中―京大教授・細菌学、陸軍防疫研究所嘱託)戸田正三(当時金沢大学学長、戦時中―京大医学部教授、陸軍防疫研究所嘱託、京大からの七三一部隊派遣医学者の取りまとめ役)であった。(17)

また戦後、「七三一部隊」での「人体実験」等の「業績」を学会誌に発表したり、多くの医師が「七三一部隊等での業績」を学位申請論文等としても提出している。[18]

このように、日本医師会及び各専門別「医学会」は七三一部隊での反倫理的研究について、「戦後」も何の反省もないのである。これは追認したと言わざるを得ないのである。

四　京都大学医学部資料館の展示パネル撤去事件

二〇一四年二月に起きた、京都大学医学部資料館の展示パネルの「一部分が撤去」された事件である。撤去されたパネルは京都大学病理学教室の「教室年表」である。その年表には教授もふくめ教室員の在任、転勤の状況が明示されており、「七三一部隊」との関係も明示されていたからであろうと推測されている。[19][20]

この「展示」と「撤去」―七三一部隊問題を真摯に反省しようという立場とこれにあくまで反対しようとする立場の相克―これが今日の日本医学界の認識、立場のすべてを表現していると思はれる。

この京大病理学教室問題をみても、ニュールンベルグ裁判後のドイツ医学会の「反省」、医療倫理の確立の過程と日本のそれとを比較検討することは、今日きわめて大切な課題である。

(1) P・ウィリアムズ／D・ウォーレス著　西里扶甬子訳「七三一部隊の生物兵器とアメリカ」かもがわ出版、二〇〇三年一六四‐七頁

(2) 米国陸軍感染症医学研究所、一九四三～六九年は生物兵器プログラム施設

(3) 常石敬一編「標的・イシイ」大月書店、一九八四年、三〇八頁

（4）S・H・ハリス「死の工場」、二八七頁、柏書店
（5）W・ラフルーア編著「悪魔の医療史」、一五〇頁、勁草書房
（6）聴濤克己の「国会での質問と討論」
（7）榊利夫、同右
（8）栗原君子、同右
（9）田中甲、同右
（10）服部良一、同右
（11）松村高夫「旧日本軍による細菌兵器攻撃の事実」月刊保団連・1102号、二〇一二年
（12）一九四九年三月三〇日・日本医師会長高橋明
（13）日本医師会雑誌、二六巻一号、一九五一年七月
（14）西山勝夫「世界医師会総会準会員会議における日本医師会に対する戦争責任の追及について」一五年戦争と日本の医学医療研究会誌（以下、会誌と略）五巻一号、二〇〇四年、四八頁
（15）高杉晋作「七三一部隊細菌戦の医師を追え」徳間書店
（16）第13回日本学術会議総会議事録、
（17）十五年戦争と日本の医学医療研究会編「NO　MORE七三一日本軍細菌戦部隊」二六一頁
（18）西山勝夫「731部隊関係者等の京都大学医学博士論文の構成」会誌、一三巻一号、九‐四〇頁、及び西山勝夫、「戦争と医学」、文理閣、一九九～二三六頁
（19）京都新聞、二〇一四年五月二十日、「表現が不適切との声があったため撤去」
（20）杉山武敏「京大病理学教室史における731部隊の背景」会誌、一〇巻一号、一‐十頁

執筆者の莇氏が原稿脱稿後に急逝なさったため、校正等の作業をご同僚の横山隆氏が引き受けてくださいました。謹んで感謝と哀悼の意を表します。（編集委員会）

内灘闘争にみる労働組合の平和運動
――漁婦の「浜返せ〜」の叫びが「平和運動」になった――

西尾雄次
（内灘町前教育長）

はじめに

内灘闘争は、一九五三（昭和二八）年に石川県内灘村で起きた我が国初の米軍基地反対運動であった。この運動は初期の頃には米軍の試射場接収に反対する地元民だけの運動であった。しかし、後に労働組合・学生・文化人等がこの寒村漁民の闘いを大々的に支援するようになってからは戦後初の大規模な基地反対運動となっていった。本稿では地元漁民の「浜返せ〜」という極めてローカルでプリミティブな叫びが全国規模の反戦平和運動へと進化していったなかで最大の支援勢力となっていた労働組合が果たした役割とその存在意義について考えてみたい。

一　戦争と労働組合

日本には労働組合運動の消長が「戦争と平和」に色濃く影を落とした象徴的な時代があった。一九三一（昭和六）年の満州事変に端を発し一九四五（昭和二〇）年の広島・長崎への原爆投下で敗戦を迎えたいわゆる「十五年戦争」期間がその時代であった。為政者にとって国力の全てを戦争遂行力に収斂させる総力戦体制確立を図ることは喫緊の課題であり、とりわけ争議行為を伴う労働運動の存在は重大な懸念材料であった。

泥沼化しつつあった日中戦争の打開と将来の米英との開戦に備えた政府は、一九三八（昭和一三）年頃からは大政翼賛会運動によって総力戦体制の完成を急いだ。その一環として「労働組合」を解体し、社長以下の全従業員が参加する組織へと改変する産業報国会運動が国策として遂行され、「労働組合」は次々と「産業報国会」に改組されていった。それによって我が国の労働組合は一九四〇（昭和一五）年頃までにはほぼ消滅していた。この当時、日本社会を覆っていた時代状況は、人類学者泉靖一の「遥かな山々」に記されている次の言葉からも覗い知ることができる。

「太平洋戦争を始めるまえに、そのころの政府は、一人の個人といえども漏れることのない統合的組織によって、日本の社会を再編成しようとこころみた。大政翼賛会は日本内地での組織の中心であった」「戦争という名のもとで、政府のすべての行為にたいする批判は封ぜられ、すべてを肯定することだけが、国民に許された唯一の自由になってしまったのである。」

かくして、労働組合も消滅させられ、総力戦体制が整えられて行くなかで日本はあたかも集団駆け足さながらに自国民や他国民の膨大な犠牲を生み出しながら破局への道をひた走ったのであった。

二　戦後の労働組合復活

戦後の労働組合は、一九四五（昭和二〇）年十月にＧＨＱが出した覚書によって復活した。その覚書の中でＧＨＱは治安維持法・治安警察法の廃止や政治犯の釈放とともに労働運動を促進する方針を打ち出したからであった。これはＧＨＱの進める民主化政策のなかで、婦人解放、農地解放とともに労働運動の復活と促進が重要な項目とされていたからであった。これを受けて、戦前に各事業所や工場ごとに組織されていた「産業報国会」はそのまま衣替えするような形で「労働組合」へと組織化されて行った。ちなみに、日本の労働組合が世界の大勢とは異なり企業別の組織となっているのはこうした「産業報国会」からの脱皮という歴史的な背景があるとも言われている。ともあれ、このＧＨＱの覚書によって労働組合員数は一年後の一九四六（昭和二一）年末には九〇万人に達し、その後も急速な拡大が続き四年後の一九四九（昭和二四）年末には六八〇万人を超えるまでになっていた。

同時にまた、労働組合の結成を支援し、労使の交渉上の対等性を確保し、労働関係の原則や基準を法定し、労働条件の適正化をはかることなどの労働基本権が一九四六（昭和二一）年一一月に日本国憲法で宣明されたことは、戦後の労働運動にとって画期的なことであつた。この新憲法のもとで労働組合法、労働関係調整法、労働基準法、職業安定法、失業保険法等が制定されていったからである。

三　漁師の妻たち

内灘村は、日本海に突き出た能登半島付け根の砂丘地帯に位置する六千余人の漁村であった。我が国初の米軍基地反対闘争である「米軍内灘試射場接収反対運動」は、サンフランシスコ講和条約・日米安全保障条約の発効からほぼ一年後の一九五三（昭和二八）年に内灘村で繰り広げられた。後に『内灘闘争』と呼ばれるこの基地反対闘争は、延長約九㎞の試射場のほぼ中央部に接収未完地として残されていた権現森（約三万坪の民有地）を拠点に極めて過激な形で展開された。それは漁民が大挙して座込む権現森の目前で試射砲弾が炸裂するというものであった。そして、この危険な座込みを中心的に担ったのが出稼漁で男たちが出払っていた漁師の妻たちであった。座込みする漁師の妻たちの中には赤子を抱いた母親たちも大勢いたのであった。

かつて北陸地方で漁師の妻たちが歴史に登場した運動としては一九一八（大正七）年に隣県・富山県で起きた『米騒動』があった。米穀業者等によるコメ買占めと売惜しみによる米価高騰に憤った富山県魚津の漁民の妻たちによる米穀商店打ち毀しに端を発した『米騒動』を新聞が「越中女一揆」と報じるとたちまち全国各地に拡散し、最終的には一道三府三十八県で数百万人が参加するものとなり、その鎮圧に軍隊まで動員される日本史上最大規模の民衆蜂起となった。

内灘や魚津の漁師の妻たちに共通していたのは、海上で漁をしてきた男たちが、漁を終えて上陸すると獲れた魚の処理一切を、担ぎ売りでの販売も含めて妻たちに託していたことであろう。そうした生業の分業の中で漁師の妻たちは、自律的な思考と行動を慣習的に培っていたと言えるだろう。そうした環境に培われた漁師の妻たちの精神風土が、内灘と魚津の例に見るような果敢な行動に結びついたように思われるのである。

「浜返せ～！」と絶叫して危険地帯に座込みを続け、地引網漁という生業の場を死守しようとした内灘の漁師の妻たち、理不尽な米価の高騰に憤激した魚津の漁師の妻たち、その両者に共通するのは海と言う大自然に生きる漁民に特有な極めてプリミティブな思考と感性であった。しかし、魚津の漁師の妻たちの行動が米『騒動』と呼ばれたのに対し、内灘の漁師の妻たちの行動は『闘争』と呼ばれることになった。内灘の漁師の妻たちの行動が『騒動』としてではなく、『闘争』として社会から概ね肯定的に評価されたのは、隆盛著しかった当時の労働組合運動が内灘の漁師の妻たちの行動と連携し、反戦平和の『闘争』との位置づけをもたらしたからであった。それはまた視点を変えれば、新憲法が労働運動に確たる位置づけを明記し保護した時代とそれが無かった旧憲法の時代との差異でもあった。

四　絶対反対と条件付き反対

『内灘闘争』は、朝鮮戦争（一九五〇年六月二五日～一九五三年七月二七日）中に我が国がサンフランシスコ講和条約の発効（一九五二年四月二八日）によって独立した直後に起きた米軍基地反対運動であった。内灘の海辺で漁師の妻たちが必死の形相で着弾危険区域に座り込むその激しい反対運動は日本初の「草の根民主主義」を象徴する運動だとも言われている。しかし、戦争も平和も概して多元的で重層的なものであり、一刀両断的な歴史観で断ずることはできないのである。『内灘闘争』もまた村民の間では絶対反対と条件付き反対という側面を持っていた。それは朝鮮戦争勃発の報に接した吉田首相が思わず「天祐」と漏らしたと伝えられるように戦争特需が舞い込むことで低迷している日本経済を蘇生させる好機到来と捉える人たちがいたからである。漁村内灘の接収事情もまた複雑なものがあった。戦後の漁業危機に苦しんでいた内灘の船主・網元層にとっての試射場接収問題もまた吉田茂と似通った視点があった。同時にまた、当時の内灘村には六つの漁村集落があったが、それぞれの集落ごとでの漁業形態の違いを反映してその反対運動にも微妙な温度差があったからである。

後に大阪市立大学教授となった宮本憲一が金沢大学助手であった頃、一九五三（昭和二八）年九月の雑誌『世界』に金沢大学の進藤牧郎・鈴木寛ら二名の教官と共に「内灘村　―その政治・経済構造―」と題する論文を掲載した。その中で宮本らは船主・網元層が多くいる大根布集落の反対と終始一貫、強力な反対闘争を繰り広げた北部集落西荒屋との対比を挙げている。しかし、それぞれ地域内においても船主・網元層と貧漁民層との間に隠れた対立が存在していたことをも明らかにしている。「最初の反対運動は南部の中流層のヘゲモニーの下に、地元漁業に利害のある船主・網元を含めた闘いであった。しかし、この中で船主・網元層というのは下層の網元をのけては浜漁業に力を入れていない。接収反対で政府にたてついて補償金を失うよりは、ここで妥協して漁業補償地をもらい、開拓・干拓を実施してもらう方がいいのである。また中流層もその多くが潟漁業や農業に主力を置いているので、抵抗を最後までつづける力をもたない。こうして貧漁民は最後まで闘う唯一の階級として、船主・網元が政府と妥協する気配を明らかにして来た時から、これと正面から対決しなければならなくなった。」(「世界」掲載論文「内灘村　—その政治・経済構造—)

その中で、宮本は「北部地区の貧漁民が終始一貫して接収反対で闘ったのは、地区内の船主・網元による収奪が過酷であり、このため僅かな生活の支柱としての浜を無くしたことが非常に大きく影響したためである。そして、それが浜を守ろうとする共同体意識としてこの北部集落を一致して強力な反対闘争へ動かしていった」として、地区内における階級間の関係がこの闘争に強く作用していると述べているのである。

五　「オカカたち」と労働組合

内灘村では漁民の妻たちのことを「オカカたち」と呼んでいた。それ故、内灘闘争は〝「オカカたち」の闘い〟と表現されることもある。彼女らは炸裂する砲弾を前に権現森での座り込みもすれば、支援に訪れた労働組合員に対しても直情径行の体で思ったままの言葉で直言して憚らない。また、国政の場に出向いて緒方副総理らにも直談判を行った。さらに総評大会に招かれて壇上に立ち、会場全体が感動の拍手鳴りやまぬくらいの支援の訴えも行った。

その中で「オカカたち」と労働組合との関係で二つのエピソードが印象的である。一つは、北陸鉄道労働組合に関わるものである。北陸鉄道労働組合は「軍需物資輸送拒否闘争」を二度にわたって行った。北陸鉄道は、試射砲弾等の軍需物資が国鉄金沢駅まで国鉄によって運ばれてきた後、金沢駅から北陸鉄道浅野川線の電車に載せて約六㎞離れた内灘の試射場専用貨物駅まで運んでいた。その北陸鉄道労働組合員が反対闘争で「オカカたち」の支援に訪れた時に彼女たちから「あんたらが砲弾を運ぶから試射が出来るんや、あんたらが電車を止めればいいんや」と強く迫られ、軍需物資輸送拒否闘争が真剣に検討されたという。そして、北鉄労組は一九五三（昭和二八）年六月一四日に第一次軍需物資輸送拒否四八時間ストを決行し、七月一一日には第二次軍需物資輸送拒否九六時間ストを決行した。また、七月八日に「オカカたち」十二名が上京し、国会前での座り込みを行い、翌日には緒方副総理らとも面談した。一一日には折からの総評大会に出席して挨拶を行った。この内灘の「オカカたち」の挨拶の模様は、「この大会を通じて最も感動的な場面は、内灘の婦人代表による挨拶であった。この五人のおばさんたちを見た時、議場の人々はその思想と立場の如何を問わず人間として、日本人として、内灘米軍基地化のすべての問題を諒解したのであった。簡明朴訥な、しかも切々たる訴えを聴き、心の底からの共感と憤りをもって、まさに熱狂的な拍手を送った。」と、後日の「総評」紙上でも紹介されたが、大きな感動と共感をもって報じられたのであった。このようにして内灘村の漁民の妻たち「オカカたち」の素朴な思いからの闘いは、彼女らの積極果敢な行動力によって労働界に強いインパクトを与え、炭労、国労、私鉄総連、日教組、自治労、官公労等々と瞬く間に燎原の火のように支援の環が広がっていったのであった。

おわりに

憲法による基本的人権の保障、思想・結社・表現の自由の保障、幸福追求権の保障、労働基本権の保障それらはみな新憲法によってもたらされたものであった。そして、「反戦平和の闘い」としての内灘闘争もまた労働組合を復活させた新憲法から生まれたものであった。

近時、多くの労働組合は、賃上げや待遇改善には熱心だが、それ以外にはさしたる関心を示さないようである。とりわけ、労働者にとっても安寧な生活を保障する最大の要素であるはずの『平和』に関して関心が希薄そうである。こうした近視眼的な労働組合の状況に不安が感じられてならない。

かつて辛酸をなめるような戦争体験をした労働者たちが、『平和』の尊さ知り尽くし、その深い思いを内灘の「オカカたち」の支援に込めた「内灘闘争」の意義を今一度振り返りたいと思うのである。

そして、今こそ私たちは、泉靖一が「戦争という名のもとで、政府の全ての行為にたいする批判は封じられ、すべてを肯定することだけが、国民に許された唯一の自由になってしまう」と語った『平和』が壊された時に訪れた社会の様相を深く心に刻まなければならないのである。

参考文献

泉靖一著作集七（一九七二年　読売新聞社）
内灘闘争資料集（一九八九年　内灘闘争資料集刊行委員会）

書評

實原隆志『情報自己決定権と制約法理』（信山社、二〇一九年）

玉蟲由樹
（日本大学）

ドイツ連邦憲法裁判所が一九八三年の国勢調査判決において承認した「情報自己決定権」は、日本のドイツ基本権論研究において最も人気のあるテーマの一つである。

その理由は、情報自己決定権が現代の情報化社会において中心的な意義を有する基本権であることに求められよう。個人にかかわる事柄も含めて、あらゆる事物が情報化され、様々な場面で利用される現代社会において、「情報」についての処理・利用権限をめぐる多様な主体間の攻防は、個人の人格の面でも、民主的な社会秩序の面でも重要な意味をもってきた。

これに対して、情報自己決定権が需要視されるもう一つの理由は、それがドイツ連邦憲法裁判所の基本権理解を如実に語るものであることにある。明文の根拠のない情報自己決定権の承認は、実質的に新たな基本権の創出であった。連邦憲法裁判所は、この新たな基本権のコンセプトや射程、制約のあり方、さらには制約の正当化についての論証作法など、あらゆる点に自らの基本権理解を投影してきた。情報自己決定権の定式化とその後の展開は、連邦憲法裁判所の基本権理解を最も色濃く反映している。

日本の学説においては、前者の側面が参照されることが多い一方で、後者の側面についての研究は、国勢調査判決における情報自己決定権を素材に、三段階審査の枠組みを明らかにした松本和彦による先駆的業績（松本和彦『基本権保障の憲法理論』（大阪大学出版会、二〇〇一年））を除けば、それほど多くはない。本書は明らかに後者の問題を体系的に論じようとする点において独自の意義をもつ。

本書は、「第一部　情報自己決定権の保護領域」、「第二部　情報自己決定権に対する介入と、その正当化」、「第三部　情報自己決定権と他者の利益の衝突」の三部構成をとる。このなかで著者は、情報自己決定権を対象として連邦憲法裁判所がとってきた解釈戦略をつぶさに観察し、それらをめぐる学説の対応も検討しながら、ドイツにおける基本権保障の特色をあぶりだしている。

第一部においては、ドイツにおける「広い保護領域論」が検討の主たる対象とされる。著者は、まず情報自己決定権について「広い保護領域」理解が妥当してきたことを明らかにする。こうした理解は、たとえばアレクシーによって肯定的に評価され、二〇〇〇年頃までは、情報自己決定権のみならず、基本権保障全般について「広い保護領域」が前提とされてきたという（第一章）。しかし、その後、とりわけ学説においてベッケンフェルデ、ヴァール、ホフマン・リームらによる「保障内容」の限定論が登場したことで、状況の変化が生じた（第二章）。この状況の変化の原因の一つとして著者が着目するのが、基本権の保護領域が広がることによって生じる裁判所の権限の拡張という問題である（第三章）。

第二部では、情報自己決定権に対する介入とその正当化の論理が取り扱われる。第一部の検討において、「広い保護領域」理解とそれにともなって必然的に生じる裁判所の権限拡張に肯定的な評価を与えた著者にとって、現実の社会状況のもとで重要となるのは情報自己決定権に対する制約の問題である。そこで、著者は具体的介入事例として、Nシステムとサイバーパトロールの問題を取り上げる（第一章)。これらが問題となった連邦憲法裁判所の判例においては、それぞれの事案における公権力の措置の基本権介入該当性や介入の重大性、さらには介入の根拠となる法律・規定の明確性・特定性、措置の比例性が問題となったが、なかでも著者は措置の具体的な法的根拠の問題を重視する。このため、第二章では、とりわけ「技術的手段など、物理的ではない手段が用いられる行為に具体的な法律的根拠が必要かどうか」という観点から、ドイツにおける介入概念と措置に対する法律上の授権の要否との関係性が検討されている。第三章においては、授権法律の必要性に関する憲法上の根拠づけが検討される。著者は、二〇一七年のGPS捜査最高裁判決で日本でも再び脚光を浴びた「法律の留保」に関する議論をドイツにおける同種の議論と比較しながら、具体的な立法によらない情報収集活動が一般的である日本においては、しばしば措置の根拠として用いられる警察法二条一項等が十分な特定性を有しているかどうかが問題とされなければならないと指摘する。本書の立場では、授権法律の必要性および特定性の憲法上の根拠が憲法三一条に求められており、情報自己決定権に対する介入の合憲性は「憲法一三条で保護されている情報自己決定権が、憲法三一条の要請する『特定性の要請』を満たさない法律・規定によって制約されていないか」という問題に帰着すると評価されている。

第三部で検討されるのは、情報自己決定権と他者の権利・利益との衝突状況である。情報自己決定権が広い保護領域をもち、介入に対して強い保護を受けてきた経緯からすれば、このような権利主張は私人同士の関係にも影響を与えうる。そこで著者は、このことが問題となった具体的事例として「子の出自を知る父親の権利」に関する二〇〇七年の連邦憲法裁判所判決を取り上げる。本判決およびその後の法改正の状況等を踏まえて出される結論は、私人間での情報自己決定権の保障は「警察等による情報収取活動に対する場合ほどには強いものではありえない」というものである。

以上のように、本書では、情報自己決定権を素材としながら、基本権の保護領域の問題、それに対する介入の問題、介入があった場合の憲法上の正当化の問題、さらには私人間での保障の問題といった基本権保障全般にかかわる重要問題が検討されている。連邦憲法裁判所がその手で生み出した情報自己決定権は、他の明文で保障された基本権とは異なり、先に掲げた諸問題についてほぼ白紙の状態にあったものであり、その後の保障の展開は連邦憲法裁判所の憲法解釈権限がいかんなく発揮される場面でもあった。それゆえ、本書が明らかにする「広い保護領域」理解や、介入にあたっての授権法律の必要性、その特定性の要請といった情報自己決定権の特徴は、連邦憲法裁判所の基本権理解を検証する格好の材料ともいえるだろう。

また、本書の特徴として、それぞれの問題について、単にドイツの状況が紹介されるだけではなく、常に日本の状況との対比が試みられていることが挙げられる。ドイツにおける情報自己決定権保障のダイナミズムを日本の京都府学連事件以来の判例の立場や学説の立場と対照しながら論じていくことによって徐々に明らかになる両者のズレが本書のハイライトの一つであることは疑いがない。

評者の関心を引いたのは、著者が基本権介入にあたっての授権法律の特定性という要請を日本国憲法上、三一条に根拠をもつとした点である（第二部第三章）。ドイツにおける議論のように法治国家原理や基本権保障そのものといった抽象的な根拠づけをしなくとも、日本国憲法の場合、手続保障を明確に示した三一条がある以上、そこに根拠づけを見出すべきとした著者の意図は十分に理解できる。ただ、介入の授権規範が目的や端緒、対象範囲、介入主体などを十分に特定していることを要求する特定性の要請が、「手続の適正」にそのまま収まるものであるのかは、やや疑問でもある。この点については、著者のさらなる論証を期待したい。

阿部純子『「プロセス」による自由の追求　「プライバシー」をめぐる裁判所の憲法解釈の正当性』（敬文堂、二〇一九年）

今井健太郎
（志學館大学）

一　プライバシーの権利は、「新しい人権」として承認されている人権観念の代表格である。アメリカでも、明文規定されていないものの、修正第五条および修正第十四条を根拠とする実体的デュー・プロセス理論のもとで、承認されてきた。近年では、同性婚を容認する判決などで大きな議論となっている。

本書における筆者の試みは、アメリカのプライバシー権をめぐる問題を取り上げながら、その権利としての法的正当化がどのようにして可能なのかについて論じることにある。筆者は、プライバシー権を主張する裁判所の解釈権限の正当化の議論からアプローチしようと試みる。その際に、民主主義を可能にするという点で裁判所の活動に重要な意味を与える理論として、かつて注目された「プロセス理論」(1)を参照しながら議論を展開していく。

二　まず序章は、デュー・プロセス条項の解釈から導き出されたプライバシー権の実体的内容を保障する役割について、裁判所と立法府のどちらが適任かという議論がLawrence判決に存在していた点を確認する。それを踏まえて、第一章は、人身保護令状管轄権に対する連邦最高裁判所の上訴審としての役割に着目することで、連邦最高裁が憲法解釈の最終的判断者になることの意味を論じる。ここで題材とした人身保護令状がイギリスのコモンロー上の救済として発展してきたことに鑑み、第二章では、イギリス法におけるコモンロー思想を検討する。コモンローとは「裁判官によって明確な意味を持って創出された法の集合体」（二二〇頁）であることから、裁判所の判断プロセスが正当化されると説く。そして第三章では、イギリスの伝統を受け継いだアメリカにおいて、コモンローと成文憲法および裁判官の法解釈権限のあり方について検討がなされる。

続く第四章は、同性婚をめぐるアメリカの議論を素材に、裁判所による立法裁量の審査について考察する。特に、連邦法上の婚姻を異性婚に限定する婚姻防衛法（DOMA）を違憲としたWindsor判決を取り上げ、デュー・プロセス条項の自由の保障の意義について検討する。さらに第五章では、A．バグワットの「構造的アプローチ」を参考に、裁判所の用いる基本的権利の観念について考察する。そこでの議論から、少数派を含む個人の自由を保護することで、民主主義を支える適正な法的プロセスを保障する役割が裁判所にあると指摘する。第六章では、憲法の適正手続保障の観点から、英米法の議論を参考にしつつ、日本の人身保護制度の問題について検討する。それにより、憲法が保障する自由を実行するという手続的側面と裁判所の役割を指摘する。

終章では、本書の素材であるプライバシー権が私法的権利から公法的権利へと発展していった過程に鑑みて、公法の形式的側面と公私区分における個人主義の議論を取り上げる。そして、具体的個人が善き生を営むことに対する妨害を排除する裁判所の権限行使は正当化されるべきであると主張する。

三　筆者は、プライバシー権を保障する裁判所の権限とその役割の正当化に関する制度原理の考察を展開する。「プライバシーがどのような実体的内容を有するのかという実体的な議論に先行して行われるべき重要性を有する」（iv頁）と認識するからである。そこで、正当化のロジックとしてプロセス理論を参照する。この点について、二点だけ指摘しておきたい。

まず一つ目だが、筆者はプロセス理論を単なる参照ツールとしてではなく、憲法解釈方法論そのものとしての導入まで試みているのではないかという点である。「おわりに」で、「裁判所が判決において個人の自由を保障する意義は、新たな権利の創設というより、個人の自由を保障するための制度などを政治部門に対して考慮するよう強制する力にある」としており、「プロセス理論が保障する個人の自由への追求は、裁判所や立法府を含む政府の権限行使のあり方に対し法的な力をもつほど重要な意義をもつ」と筆者は結論付ける（五四六‐五四七頁）。ここでは、第五章で論じられたバグワットの「構造的アプローチ」が大きな影響を及ぼしているものと推測させられる。バグワットは、権利条項は政府の行為に制約を課すものであるとして、政府の統治構造や政治プロセスの観点から憲法の特徴を理解する（四一〇頁）。これはJ．H．イリィが展開したプロセス理論の代表制補強論と共通のロジックを有する。そのことから、バグワットの理論は新型のプロセス理論と考えることもできる。かつて、松井茂記がイリィのプロセス理論を積極的に紹介したように、(2)筆者もバグワットの新型プロセス理論の紹介を最終的に担うつもりなのだろうか。

それならば、筆者の議論とバグワットとの異同が問われなくてはならない。筆者によれば、バグワットは現代の権利論を批判しており、権利は政治的な意味のものであり、個人のものではなく人民のものであると説明する（四一二頁）。憲法の意味をすべて政府権限の観点から考察するバグワットにとって、権利主体を人民とするのは議論の重要な核心であるようにみえる。一方、筆者は権利主体を個人としており、理論の前提を採用しない（四四九頁）。この差異をどのように説明するのか。前出の筆者の結論がバグワットを参照した上で出されたとするならば、あえて個人を権利主体とすることで理論的整合性が問われることにならないか疑問である。その理論に依拠することがどこまで正当たり得るのか。また、参照に値するのか。この点について、筆者には引き続き詳細な検討とさらなる詳解を求めたい。

二つ目に、近年のアメリカでの議論との比較である。そもそも権利保障の実現は、裁判所の判決だけの成果ではないとされる。保障の実現を求めて社会的な運動を展開する市民が存在することを忘れてはならない。そうした市民の社会運動による世論の高まりを受けて、最終的に裁判所が権利を承認するに至ったのである。よって、裁判所の役割は実際にはそこまで大きいものではないという議論が存在する。(3) 裁判所の役割を主張する筆者は、こうした議論をどのように考えるのか。もっとも、裁判所の判決は最終的に権利保障実現のお墨付きを与えるものであって、その役割は決して小さくないという立場をとるのであれば、(4) 本書との差は小さく、むしろ親和性を有する可能性を否定できないであろう。

いずれにせよ、本書は人権保障と裁判所の役割という議論に対し、極めて刺激的で論争誘発的な知を提供してくれる。そうした試みを展開する筆者の勇敢さも含めて、本書は現代の憲法解釈方法論を考察するにあたり、大変重要な研究業績であると評したい。

（1）阪口正二郎『立憲主義と民主主義』（日本評論社、二〇〇一年）。

（2）松井茂記『二重の基準』（有斐閣、一九九四年）。
（3）David Cole, *ENGINES OF LIBERTY* (Basic Books, 2016)。
（4）今井健太郎「著書紹介：市民社会の活動家による憲法価値の実現（David Cole, *ENGINES OF LIBERTY*, Basic Books, 2016)」［二〇一七―二］アメリカ法（二四三頁）。

憲法理論研究会活動記録

（二〇一九年六月〜二〇二〇年五月）

一　研究活動

(1)　概観

二〇一九年六月からの年間テーマを、「憲法の可能性」として研究活動を行った。研究総会のみならず、月例会においても、年間テーマを意識しつつ報告を依頼するとともに、従来の枠組みを引き継ぎ、月例会において二名の報告者を立てた。新型コロナウィルスの影響により、一時、研究会の活動を中止せざるを得ない事態となった。

(2)　七月ミニ・シンポジウム「天皇の代替わりと憲法」（二〇一九年七月二〇日、専修大学神田校舎）

【報告者】榎透会員（専修大学）「『生前退位』をめぐる憲法問題―今後の象徴天皇制のあり方を考えるために―」／佐々木弘通会員（東北大学）「憲法・天皇制・皇室祭祀」／原武史氏（放送大学）「天皇・皇后のパフォーマンス―昭和期の行啓・平成期の行幸啓」

(3)　夏季合宿研究会（二〇一九年八月二七日〜二九日、ホテル金沢兼六荘、【幹事】石川多加子会員（金沢大学）・土屋仁美会員（金沢星稜大学））

【報告者】小牧亮也会員（名古屋大学・院）「民営化に対する憲法的統制―水道民営化の憲法的考察に向けて」／山﨑皓介会員（北海道大学）「部分無効と立法者意図」／春山習会員（早稲田大学）「憲法学とはどのような学問か？フランス第三共和制の場合」／菅沼博子会員（一橋大学・院）「ドイツにおけるヘイトスピーチ規制と警察―宗教冒瀆表現関連事案の検討を中心に―」／莇昭三氏（医師）「『七三一部隊問題』を考える―今何が問われているのか？―」／西尾雄次氏（内灘町議会議員・同町前教育長・風と砂の館前館長）「〝あげ底の独立〟に憤った地・内灘」

(4)　月例会

二〇一九年

《六月例会》（六月一五日、拓殖大学茗荷谷キャンパス）

【報告者】内野正幸会員（中央大学）「政治的、宗教的または営利的な宣伝・主張を伴った市民会館会議室などの利用」／渋谷秀樹会員（立教大学）「憲法訴訟の現在と未来―司法権と違憲審査権の関係を中心に」

《一〇月例会》（一〇月一三日、大阪大学豊中キャンパス）

【報告者】松本奈津希会員（一橋大学・院）「生存権保障の可能性―自由権的側面の現代的意義を考える―」

《一一月例会》（一一月一六日、中央大学多摩キャンパス）

【報告者】瑞慶山広大会員（九州産業大学）「法の表示理論はいかにして憲法理論でありうるか？」／吉岡万季会員（中央大学・院）「憲法上の親の権利：その必要性と問題性」

《一二月例会》（一二月二一日、中央大学後楽園キャンパス）

【報告者】植野妙実子会員（中央大学名誉教授）「『家庭教育支援』をめぐる諸問題」／成嶋隆会員（新潟大学名誉教授）「憲法教育論・再訪」

(5)　新型コロナウィルスの影響により、二〇二〇年五月に予定していた春季研究総会が中止となった。

(6)　憲法理論叢書二七号『憲法の可能性』が二〇一九年一〇月敬文堂より出版された。本号には、二〇一八年六月から二〇一九年五月までの研究報告と活動の記録などが収められている。

二　事務運営

(1)　概観

二〇一九年六月から二〇二〇年五月までの事務運営は、二〇一八年一〇月に発足した運営委員会、加藤一彦運営委員長（東京経済大学）、斎藤一久事務局長（東京学芸大学・名古屋大学）及び事務局によって行われた。なお二〇二〇年四月に斎藤事務局長が名古屋大学に異動したことから、事務局を東京学芸大学から名古屋大学に移転した。

(2)　事務総会

a　通常事務総会は、春季研究総会が中止となかったことに伴い、代替として郵送による投票が実施された。一三名の入会申込、二〇一九年度決算、二〇二〇年度予算案及び会計監査の選出（江藤英樹会員（明治大学）の後任として、水谷瑛嗣郎会員（関西大学・早稲田大学）が選出。任期は二年）について承認された。

b　臨時事務総会　開催されなかった。

(3)　運営委員会

a　構成

この期の運営委員会は、二〇一八年一〇月に発足した以下の運営委員によって構成されていた。

愛敬浩二（名古屋大学・早稲田大学）、青井未帆（学習院大学）、新井誠（広島大学）、植松健一（立命館大学）、植村勝慶（國學院大學）、上村都（新潟大学）、江島晶子（明治大学）、榎澤幸広（名古屋学院大学）、大河内美紀（名古屋大学）、岡田順太（獨協大学）、加藤一彦（東京経済大学）、木下智史（関西大学）、小山剛（慶應義塾大学）、斎藤一久（東京学芸大学・名古屋大学）、齊藤正彰（北海道大学）、宍戸常寿（東京大学）、志田陽子（武蔵野美術大学）、只野雅人（一橋大学）、建石真公子（法政大学）、寺川史朗（龍谷大学）、糠塚康江（東北大学）、南野森（九州大学）、毛利透（京都大学）、安原陽平（沖縄国際大学・獨協大学）、山元一（慶應義塾大学）〔なお、任期は、二〇二〇年一〇月まで。〕

b　二〇一九年度第二回運営委員会（二〇一九年一二月二一日、中央大学後楽園キャンパス）

今後の研究計画（二〇二〇年三月・一〇の月例会、二〇二〇年五月の春季研究総会、二〇二〇年八月の夏合宿）、次期の運営委員の選挙管理委員の提案（塚本俊之会員（香川大学）・岡田健一郎会員（高知大学）・鎌塚有貴会員（三重短期大学））、次期年間テーマを「憲法と市民社会」とすること、編集委員会の体制、五名の入会申込、日本学術会議の会員・連携会員の候補者推薦について審議・承認された。憲法理論叢書二七号の編集状況、五名の退会申出が報告された。

c　持ち回りによる運営委員会（二〇二〇年一月〜五月）

新型コロナウィルスなどへの対応のため、複数回、メールによる持ち回り審議を実施した。

春季研究総会の日程変更・中止、運営委員選出選挙及び事務総会投票の郵送による実施、それに伴う選挙管理委員の交代（緊急事態宣言による移動制限があることも踏まえ、選挙管理委員を事務局のある東海地区から選出し直すこととし、塚本俊之会員（香川大学）、岡田健一郎会員（高知大学）から、菅原真会員（南山大学）、小牧亮也会員（岐阜大学）へ）、憲法理論叢書二八号（三月月例会・研究総会の報告予定者の原稿掲載、刊行を一二月に変更）、事務局員交代（（吉川智志会員（帝京大学）から安原陽平会員（獨協大学）へ、望月穂貴会員（早稲田大学・院）から菅野仁紀会員（中央大学・院）へ、斉藤拓実会員（宮崎産業経営大学）から塚林美弥子会員（東京学芸大学））へ、八名の入会申込について審議・承認された。二名の退会申出が報告された。

(4)　運営委員選挙管理委員会

二〇一九年第二回運営委員会において、塚本俊之会員（香川大学）、岡田健一郎会員（高知大学）、鎌塚有貴会員（三重短期大学）の三名が選挙管理委員に選出された。運営委員会の持ち回りで、緊急事態宣言による移動制限があることも踏まえ、選挙管理委員を事務局のある東海地区から選出し直すこととし、塚本俊之会員（香川大学）、岡田健一郎会員（高知大学）から、菅原真会員（南山大学）、小牧亮也会員（岐阜大学）への交代が承認された。菅原真会員を互選にて委員長に選出した。

二〇二〇年五月に持ち回りで、運営委員選挙及び事務総会投票の関係書式の確認を行い、投票期間を二〇二〇年六月一〇日から七月九日までとする選挙・投票公示がなされ、被選挙人名簿、事務総会議案、投票用紙が発送された。

二〇二〇年七月一一日に開票が行われ、運営委員選挙については得票数の順位が確定し、また事務総会投票については賛成一〇一票、反対〇票となり、同月一二日に運営委員長宛に選挙・投票結果が報告された。

(5) 憲法理論叢書編集委員会

憲理研叢書二七号の編集は、志田陽子会員（編集委員長・武蔵野美術大学）、植村勝慶会員（國學院大學）、根田恵多会員（福井県立大学）、馬場里美会員（立正大学）の四名によって行われた。

現在、二八号の編集はこの四名によって行われており、持ち回りで編集委員会が開催され、タイトル『憲法学のさらなる開拓』、構成案、執筆要項及び締切が決定された。

(6) 執行部及び事務局の構成

二〇二〇年五月現在の執行部は、加藤一彦運営委員長と斎藤一久事務局長により構成され、事務局は斎藤一久事務局長、事務局員として、小川有希子会員（帝京大学）、菅野仁紀会員（中央大学・院）、田中美里会員（一橋大学・院）、塚林美弥子会員（東京学芸大学）、安原陽平会員（獨協大学）からなる。

三　会員移動

(1) 新入会員（一三名）

高橋正明（帝京大学）、関沢修子（二松学舎大学）、曽我部真裕（京都大学）、朱穎嬌（京都大学・院）、小西葉子（一橋大学）、秋山肇（筑波大学）、兵田愛子（関西大学・院）、柴田正義（名古屋大学・院）、吉原裕樹（弁護士／兵庫大学）、柴田竜太郎（一橋大学・院）、小林宇宙（一橋大学・院）、小泉俊（一橋大学・院）、菅野仁紀（中央大学・院）（申込順・敬称略、二〇二〇年六月実施の事務総会投票により承認）

(2) 退会者（七名）

船木正文氏、松井幸夫氏、森英樹氏、大村泰樹氏、

中島徹氏、辻村みよ子氏、鈴木真澄氏（申出順、二〇二〇年八月発行の通信により報告）

※長年にわたる本会へのご協力に心より感謝申し上げます。

〔氏名の後の所属は原則として当時のものを使用しています。助教、助手又は研究員などについては、実態が多様なため所属大学名のみを使用し、非常勤先の場合も大学名のみを記載しております。敬称略の点を含めて、どうかご了解ください。〕

憲法理論研究会規約

一九九二年七月二〇日決定
一九九二年八月二〇日施行
一九九七年五月一一日改正
二〇一〇年五月　九　日改正
二〇一八年五月一三日改正

（名称）
第一条　本会は、憲法理論研究会（Association for Studies of Constitutional Theory）と称する。

（目的）
第二条　本会は、次のことを目的とする。
一　日本国憲法の基本理念の擁護
二　総合的で科学的な憲法理論の創造
三　会員間の、世代を越えた自由で学問的な交流と協力の促進

（事業）
第三条　本会は、前条の目的を達成するため、次の事業を行う。
一　学術研究総会の開催
二　研究会の定期的開催
三　研究成果の公表
四　前条第一号及び第二号に掲げる目的を共有する内外の学術機関・団体との交流の促進
五　その他必要と認められる事業

（会員）
第四条　次に掲げる者は、会員二名の推薦に基づき、事務総会の承認により、本会の会員となることができる。
一　憲法を研究する者であって、本会の目的に賛同する者
二　本会の目的に賛同し、本会の事業に協力する者

（会費）
第五条　会員は、別に定めるところにより、会費を納入しなければならない。

（事務総会）
第六条　本会の運営に関する基本方針を決定する機関として、事務総会をおく。
2　事務総会は、原則として毎年一回、運営委員会委員長（以下「委員長」という。）が招集する。ただし、必要と認められる場合は、随時開催する。

（運営委員会）
第七条　本会に運営委員会をおく。
2　運営委員会は、事務総会の決定を受け、本会の運営に関する事項を審議する。
3　運営委員の定数及び選出方法は、別に定める。

4　運営委員の任期は二年とし、再任を妨げない。
5　運営委員会に委員長をおく。委員長は、運営委員の互選による。
6　委員長は、運営委員会を招集し、その議長となる。
7　委員長は、本会を代表する。

（事務局）

第八条　本会の事務を処理するため、事務局をおく。
2　事務局は、事務局長及び事務局員をもって構成する。
3　事務局長は、運営委員会の推薦に基づき、事務総会で選出する。
4　事務局員は、会員のなかから、事務局長が委嘱する。委嘱に際しては、運営委員会の承認を必要とする。

（編集委員会）

第八条の二　本会の研究成果を公表するために、編集委員会をおく。
2　編集委員会は、編集委員長及び編集委員をもって構成する。
3　編集委員長及び編集委員は、委員長の推薦に基づいて、運営委員会で選出する。

（会計年度）

第九条　本会の会計年度は、毎年四月一日から翌年三月三一日までとする。

（会計の承認）

第九条の二　会計については、運営委員会の審議を経た上で、事務総会の承認を得なければならない。

（会計監査）

第一〇条　本会の会計につき監査を行うため、会計監査をおく。
2　会計監査は、委員長の推薦に基づき、事務総会において選出する。
3　会計監査の任期は二年とし、再任を妨げない。
4　会計監査は、毎会計年度末に監査を行い、その結果を事務総会に報告するものとする。

（改正）

第一一条　本規約は、事務総会において、出席会員の過半数の賛成により改正することができる。

附　則

本規約は、一九九二年八月二〇日より施行する。

附　則

本規約は、一九九七年五月一一日より施行する。

附　則

本規約は、二〇一〇年五月九日より施行する。

附　則

本規約は、二〇一八年五月一三日より施行する。

Constitutional Theory Review

No.28 December 2020

Further Development of the Constitutional Theory

Contents

Association for Studies of Constitutional Theory

編集後記

今年度、新型コロナウィルスのためにさまざまな苦戦と工夫を余儀なくさせられたことは、会員すべてに共通だと思う。その中、コロナ禍によって起きた憲法問題、深刻化した憲法問題、コロナ禍に動じることなく取り組みが必要な憲法問題が山積してきた。目立つ部分だけでも、新安保法制、公文書の取り扱い、文化芸術領域で生じた問題、憲法五三条問題など、憲法の理念が理解されているとは言い難い出来事が積み重なり、さらに本書の編集も一段落と思われた一〇月初旬、日本学術会議任命拒否問題が報じられた。精密な理論構成は各研究者に譲るとして、放置黙認すれば「学問の自由」や学術関係者の「表現の自由」に深刻な禍根を残す出来事である。当会でも運営委員会で緊急の討議を行い、運営委員会として下記の声明を発表することとなった。これは次年度、二九号に載せるべき内容ではあるが、運営委員の一人でもある編集委員長の記として掲載する。

　このように足元が激しく揺れる中で、当会でも、オンラインによる研究集会など開催方法の開拓とあいまって、研究内容の面でもアクチュアルな問題と基礎理論とをつき合わせて新たな局面を開拓する試みが次々に行われ、それが本書にも反映されている。この状況下で、意欲的な論稿、挑戦的な論稿、開拓の足場固めとなる貴重な歴史検証や運動史の論稿を寄せてくださった執筆者各位、そして約二ケ月の刊行の遅れをご海容くださった読者の方々に、心から感謝したい。

　本書の編集にあたっては、植村勝慶（國學院大學）、馬場里美（立正大学）、根田恵多（福井県立大学）各会員と志田（武蔵野美術大学）が作業にあたった。末尾ながら、こうした変則のスケジュールにきめ細かい対応をいただいた敬文堂・竹内基雄社長に、心より感謝を申し上げたい。

（編集委員長　志田陽子）

日本学術会議第25期新規会員
任命拒否に関する声明

2020年10月10日
憲法理論研究会運営委員会

憲法理論研究会運営委員会は、2020年10月２日付の日本学術会議総会の要望書を支持し、６名の会員候補者の具体的な任命拒否理由の速やかな開示および６名の会員への任命を求める。

以上

憲法学のさらなる開拓〈憲法理論叢書28〉

2020年12月15日　初版発行　　定価は
カバーに表示してあります

編　著　憲法理論研究会
発行者　竹内基雄
発行所　㈱敬文堂
東京都新宿区早稲田鶴巻町538 平成ビル1F
電話（03）3203-6161㈹
FAX（03）3204-0161
振替　00130-0-23737
http://www.keibundo.com

印刷・製本／信毎書籍印刷株式会社
ISBN 978-4-7670-0240-8　C3332

憲法理論叢書①

議会制民主主義と政治改革

本体二七一八円

憲法理論叢書発刊にあたって**吉田善明**／「代表」の再発見？**樋口陽一**／議会制民主主義の憲法問題**杉原泰雄**／議員立法のあり方**中村睦男**／議会制民主主義論と「責任」の概念**吉田栄司**／「国民内閣制」の理念と運用**高橋和之**／「政治改革」と財界・労働組合・自民党**塚本俊之**／小選挙区制と憲法第九条**大宮武郎**／日本における政治倫理制度の現状と問題点**清水英夫**／「政治改革」と小選挙区制導入問題**隅野隆徳**／フランス第五共和制と政党**永山茂樹**／イギリスにおける選挙区制改革論議の歴史と現段階**小松浩**／アメリカ憲法における政党**越路正巳**／ドイツにおける政党への公的助成**加藤一彦**／選挙制度と代表制**只野雅人**／アメリカ合衆国の予算制度の特質とその変動**佐藤信行**／サッチャーリズムと地方制度改革**妹尾克敏**／ドイツ連邦議会防衛監察委員**水島朝穂**／ロシアの法文化と議会制民主主義**竹森正孝**／書評・**岩間昭道**／**藤野美都子**

憲法理論叢書②

人権理論の新展開

本体二七一八円

人権類型論の再検討のために**北川善英**／人権主体としての個人**樋口陽一**／権力と人権**笹沼弘志**／「外国人の参政権」再論**浦部法穂**／外国人の人権**樋口和彦**／女性と人権**武田万里子**／子どもの人権**丹羽徹**／最近のドイツの基本権論について**栗城壽夫**／イギリスにおける「市民的自由」の保障と「国会主権」**倉持孝司**／「アジア型」人権論の試み**安田信之**／中国型人権の深層構造**針生誠吉**／ユーゴスラヴィア憲法と人権**工藤繁裕**／人権の国際的保障をめぐる理論問題**横田耕一**／国際人権保障の観点からみた国際人権条約と憲法の関係**江島晶子**／ＥＵの超国家的性質とフランスにおける欧州市民権の位置づけについて**大藤紀子**／人権は一つ？　それとも二つ？**萩原重夫**／書評・**市川正人**／**浦田一郎**／**岡田信弘**

憲法理論叢書③

人権保障と現代国家

本体三〇〇〇円

現代人権保障における国家の関与**大須賀明**／法人と「人権」**芹沢斉**／それでも基準は二重である！**長谷部恭男**／国の「基本権保護義務」**小山剛**／反啓蒙思想あるいはもう一つの啓蒙思想の憲法学に向けて**阪本昌成**／人権の基本原理としての「個人の尊厳」**根森健**／ドイツにおける胎児の生命権と妊娠中絶判決**嶋崎健太郎**／教育情報の開示とプライバシーの権利**内藤光博**／現代国家と自由**右崎正博**／表現の自由の守備範囲**内野正幸**／青少年保護（健全）育成条例における「有害図書類」規制と表現の自由**清水睦**／教育人権の権利性**永井憲一**／教育と宗教に対する国家の関与**小泉洋一**／大学審議会と大学の自治**青木宏治**／現代の平和と人権**太田一男**／沖縄における憲法訴訟**金城睦**／アメリカ支配下の自治権と人権保障**井端正幸**／那覇市米軍用地違憲訴訟と平和主義・地方自治**永山茂樹**／書評・**長岡徹**／**久保健助**／**野中俊彦**／**畑尻剛**

憲法理論叢書④

戦後政治の展開と憲法

本体二七一八円

議会制民主主義と政権交代**吉田善明**／議会と民意**岩間昭道**／議会制の原点と現点**糠塚康江**／「多数派」民主主義の再検討**近藤敦**／戦後における政党と憲法**上脇博之**／財政議会主義の五〇年**小沢隆一**／宗教法人法と課税問題**笹川紀勝**／地方分権と沖縄基地問題**仲地博**／戦後五〇年と地方自治**緒方章宏**／憲法改正手続と司法審査**久保健助**／アジア太平洋地域の人権憲章構想**稲正樹**／「人権」と「市民的自由」の間**植村勝慶**／ドイツにおける国家目的論の再考**石村修**／「法治国家」論から「立憲主義的民主主義」論へ**山元一**／書評・**元山健**／**吉田栄司**／**小野善康**／**長谷川憲**／**福岡英明**

憲法理論叢書⑤

憲法五〇年の人権と憲法裁判

本体二八〇〇円

わが国違憲審査の五〇年―総論的概観**小林武**／憲法裁判の五〇年**植野妙実子**／憲法裁判所案の系譜と問題点**畑尻剛**／憲法訴訟論の問題と課題**戸松秀典**／最高裁判決における憲法訴訟要件論の問題点**渋谷秀樹**／憲法訴訟論の展開と裁判実践**諸根貞夫**／外国人の参政権と国籍条項**後藤光男**／〈社会権〉の保障と個人の自律**西原博史**／教育裁判における教育人権論の展開**成嶋隆**／平等権論の問題点と課題**安西文雄**／アメリカ司法審査制の連邦的特質**森山弘二**／討議理論による人権の基礎づけについて**渡辺康行**／九〇年代のフランス憲法院**今関源成**／朝鮮開化期における人権思想の継受**國分典子**／書評・**岡田俊幸**／**横坂健治**／**矢口俊昭**

憲法理論叢書⑥

国際化のなかの分権と統合

本体二八〇〇円

地方自治の五〇年について思うこと**杉原泰雄**／統合と分権のなかの公共性**鳥居喜代和**／グローバリズム立憲主義下の地方自治権論の課題**大津浩**／地方分権推進委員会の勧告と市町村合併**小林博志**／統合の手段としての日本のODAと憲法の平和主義**清水雅彦**／リゾート法満一〇年**藤原信**／イギリスにおける「地方分権」**松井幸夫**／フランスにおける地方分権と住民投票**福岡英明**／ベルギーの連邦化**武居一正**／ヨーロッパ地方自治憲章の一〇年**廣田全男**／欧州統合とドイツ憲法**岡田俊幸**／欧州統合とフランス憲法学**南野森**／「ヨーロッパ人権基準」の確立における主権と人権**建石真公子**／阪神・淡路大震災と憲法論の課題**浦部法穂**／『こだわり』から『かかわり』へ**孝忠延夫**／ボランティアと日本国憲法**近藤真**／学問の自由・大学の自治の保障からみた大学教員の任期制**根森健**／書評・**鴨野幸雄**／**緒方章宏**／**柳井健一**

憲法理論叢書⑦

現代行財政と憲法

本体二八〇〇円

新ガイドラインと日本の軍事化**岡本篤尚**／行政機構の改革と憲法**宮井清暢**／市場、規制、憲法**中島徹**／ドイツ宰相の基本方針決定権限の由来**毛利透**／平和・福祉憲法と行財政**北野弘久**／フランスにおける国家による経済介入**多田一路**／ドイツにおける税務訴訟の現実と税務行政**三木義一**／社会保険制度の改革・再編と行財政**坂本重雄**／社会権の今日的課題**中村睦男**／財政構造改革と生存権**柳眞弘**／財政からみた社会保障**藤野美都子**／臓器移植における脳死の憲法問題**柏﨑敏義**／四日市反公害と私**澤井余志郎**／「盗聴立法」について**倉持孝司**／書評・**本秀紀**／**小林武**／**角替晃**

憲法理論叢書⑧

憲法基礎理論の再検討

本体二八〇〇円

近代個人主義と憲法学**中山道子**／憲法学と思想史の対話**愛敬浩二**／レッセ・フェール憲法学への新たな視座**飯田稔**／僕らの生き苦しさと人権論**石埼学**／アファーマティブ・アクションと正義**穐山守夫**／宗教に対する便宜供与**山崎英壽**／意見表明の自由の限界としての個人的名誉保護**上村都**／下級教育における個人情報保護**伊藤良弘**／放送の自由―その理念と制度**鈴木秀美**／アメリカにおける人種差別的ヘイトスピーチ**長峯信彦**／中国の「市民社会」研究について**古川純**／EU／ECの民主主義はどこまで可能か**鈴木眞澄**／ウェストミンスター・モデルの動揺**小松浩**／統治構造から見た日本国憲法史**横尾日出男**／憲法社会学的考察による沖縄県民投票の意義と問題点について**中富公一**／憲法運動の今日的課題**奥野恒久**／文化財保護法と松代大本営**大日方悦夫**／書評・**武藤健一**／**立山紘毅**

憲法理論叢書⑨

立憲主義とデモクラシー

本体二八〇〇円

国家・国民・憲法**栗城壽夫**／憲法規範の私人間適用と、私法規範の「憲法化」**樋口陽一**／イギリスの憲法改革**元山健**／人権保障における Bills of Rights の意義と役割**江島晶子**／現代フランスにおける憲法裁判と立憲政治**蛯原健介**／フランス革命期における「国民主権」原理と外国人参政権**菅原真**／優生政策と憲法学**村山史世**／日本国憲法の『原点』と『現点』**横田耕一**／平和主義をめぐる「改憲」と「護憲」の論理**澤野義一**／改憲と「改革」の底流と憲法学の課題**小沢隆一**／戦争非合法化論と日本国憲法**河上暁弘**／韓国の大統領制政府形態の進化と展望**鄭永和**／議院内閣制と大統領制**近藤敦**／日本の地方自治と「自治体憲法学」**大津浩**／韓国地方自治制の現況と課題**李憲煥**／朝鮮半島の統一の展望と課題**閔炳老**／書評・**池端忠司**／**小山剛**／**江藤英樹**

憲法理論叢書⑬

"危機の時代"と憲法

本体二八〇〇円

人類生存の憲法論覚え書浦田賢治／憲法にとって、何が「危機」なのか水島朝穂／松川事件伊部正之／危機の時代の「表現の自由」大石泰彦／アメリカにおける「アイデンティティの危機」？志田陽子／「国家による自由」の特質と問題点榎透／公安警察の暴走と脅かされる言論社会内田雅敏／ヒトゲノム・遺伝子解析研究の現場から竹之下誠一／「安全・安心」イデオロギーと統治の「危機」清水雅彦／司法の閉塞状況と裁判官制度改革宮本康昭／「マニフェスト選挙」論の背景と問題点小松浩／ヴァイマル憲法崩壊期の憲法救済的改憲論植松健一／今日の改憲問題の起源金子勝／今日における改憲論の諸相結城洋一郎／カナダにおける憲法改正とカナダ権利自由憲章三三条佐藤信行／書評・市川正人／諸根貞夫／大藤紀子

憲法理論叢書⑭

"改革の時代"と憲法

本体二八〇〇円

現代改憲論と憲法学横田耕一／グローバルな立憲主義のかたち君島東彦／憲法改正国民投票制をめぐる現況井口秀作／スイスにおける国民投票の現状と問題奥田喜道／なぜ政教分離なのか長岡徹／憲法裁判の『壁』を越えた亀川裁判津留雅昭／合祀はいやです浦部頼子／障害のある人の権利保障植木淳／「公私区分」再考巻美矢紀／政党政治の変容上脇博之／内閣法制局の憲法学は高度な政治学である中村明／プロフェッションの危機の時代と法律家小沢隆一／委任立法への事後的議会統制田中祥貴／財政の危機？新村とわ／書評・西原博史／倉田玲／河上暁弘／江藤英樹／稲正樹／麻生多聞

憲法理論叢書⑮

憲法の変動と改憲問題

本体二八〇〇円

日本国憲法六〇年と改憲論議の問題点山内敏弘／防衛省昇格問題と憲法九条青井未帆／ロシアの国民投票法竹森正孝／ポスト「冷戦」・EU統合時代におけるイタリア憲法体制の変容高橋利安／教育基本法の「改正」とその法的問題／今野健一／教育基本法改正問題への一視点寺川史朗／緊急事態と憲法川岸令和／ドイツの憲法変動小山剛／対テロ法制と不文憲法の「変動」柳井健一／障害者自立支援法と障害をもつ人の人権武川眞固／単独の個人以外の権利高木康一／ドイツにおける名誉保護をめぐる憲法論議と人格的尊厳濵口晶子／法の下の平等と格差社会岡田順太／信教の自由と選択的助成問題福嶋敏明／外国人の身柄収容とデュープロセス大野友也／えん罪の構図水谷規男／書評・加藤一彦／佐藤修一郎

憲法理論叢書⑯

憲法変動と改憲論の諸相

本体二八〇〇円

議員定数不均衡訴訟の過去と現在**野中俊彦**／ステイト・アクション法理の根底にあるもの**宮下紘**／多文化社会における「国籍」の憲法学的考察／**栗田佳泰**／J・ルーベンフェルドの憲法解釈方法論に関する覚書**佐々木くみ**／司法審査の可能性と現代行政国家**尾形健**／ドメスティック・バイオレンスをめぐる法政策**小島妙子**／アメリカにおける市民権法と表現的結社の自由との相克**金澤誠**／カナダにおける多文化主義**菊地洋**／フランスにおける国家の非宗教性原則の運用と共和主義**江原勝行**／現代フランスにおける「裁判権力」論と権力分立**阿部智洋**／第一回ミニ・シンポジウム　国家の基本権保護義務**小山剛**／「国家の基本権保護義務論」とは何か？**根森健**／日本国憲法における基本権保護義務論の可能性**玉蟲由樹**／「個人に優しい改憲論」と立憲主義**西原博史**／民主主義という観点からみた統治構造改革と憲法改正手続法**川﨑政司**／「立憲主義」論からみた現在の日本における憲法改正論議**山元一**／書評・**石川裕一郎**／**浦田一郎**／**木下智史**

憲法理論叢書⑰

憲法学の最先端

本体二八〇〇円

EU憲法論の困難・可能性・日本との関連**中村民雄**／「セックスワーク」・性的自己決定権・人格権**中里見博**／遺伝子プライバシー論――「遺伝情報」は例外か？　**山本龍彦**／基本権の間接的侵害理論の展開――**斎藤一久**／アメリカ合衆国における保護義務論とその含意**松村芳明**／裁判員裁判の合議体の公共的討議の場としての特質**柳瀬昇**／イギリス人権法における議会主権と憲法的対話**岩切大地**／合衆国の公教育における政府権限の限界**中川律**／フランスにおける病院の非宗教性**中島宏**／憲法の ratio **福島涼史**／いわゆる "Gewaltmonopol" について**岡田健一郎**／韓国併合――憲法と国際法の問題に即して**笹川紀勝**／書評・**麻生多聞**／**只野雅人**／**三宅裕一郎**

憲法理論叢書⑱

憲法学の未来

本体二八〇〇円

科学より哲学へ――憲法学の発展？**愛敬浩二**／〈自由の条件としての国家〉と現代憲法学**小貫幸浩**／憲法解釈における比較憲法の意義**新井誠**／信教の自由と政教分離原則の衝突？**神尾将紀**／公務員の内部告発と修正第一条**牧本公明**／アメリカ連邦最高裁における「政府言論の法理」についての覚書**横大道聡**／ドイツ憲法抗告と「憲法」の観念**鵜澤剛**／環境国家と環境憲法の理論**藤井康博**／インターネットにおける「有害」情報規制の現状**小倉一志**／第二院の憲法保障機能**木下和朗**／「最高裁・国籍法違憲判決を考える」・報告①**近藤博徳**／報告②**木村草太**／コメント**戸波江二**／志布志事件**野平康博**／憲法理論研究会小史**金子勝**／書評・**渡辺康行**／**青井未帆**／**斎藤一久**

憲法理論叢書⑲

政治変動と憲法理論

本体二八〇〇円

天変地異と憲法**高見勝利**／福島第一原発事故後の政治システムのあり方**奥田喜道**／民主党政権下における政治主導実現のための改革について**曽我部真裕**／「政治主導」と憲法――「国会中心」構想の可能性**本秀紀**／二院制研究の今日的課題**岡田信弘**／民営化における多元的行政の民主的正当化**高橋雅人**／市民立法の意義と課題**大江洋**／フランス憲法改正による議会手続の変容**徳永貴志**／刑事裁判への「国民参加」とは何か？**今関源成**／刑事裁判は変わったか？**石塚伸一**／「国民の司法参加」「裁判員制度」の教育をめぐる課題**渡邊弘**／刑事的正義と共和主義**成澤孝人**／司法という名の公共性の空間**柳瀬昇**／公務員の政治的自由と政治活動禁止規制の広汎性**船尾徹**／公務員の政治的自由――コメント**石村修**／憲法上の間接差別法理に関する予備的考察**白水隆**／イジメの憲法学**中富公一**／身近にある憲法問題**山村晋**／書評・**毛利透**／**藤井樹也**

憲法理論叢書⑳

危機的状況と憲法

本体三〇〇〇円

憲法学とリスク**棟居快行**／アメリカ憲法とリスク――テロのリスクとテロ対策のリスク**大林啓吾**／国家の環境リスク事前配慮と個人の権利――〈3・11〉後の原子力**藤井康博**／リスク社会と実定法としての憲法**土方透**／国家・賭け・個人**蟻川恒正**／貧困からの自由とは何か**遠藤比呂通**／「生存」権を超えて――二五条へのひとつの視座**遠藤美奈**／貧困からの自由と生存権――国際人権法の観点から**申惠丰**／ポジティヴ・アクションの合憲性**辻村みよ子**／「意味の秩序」と平等**駒村圭吾**／人権（論）の分岐点**佐々木允臣**／公教育の中立性と客観法的統制**棟久敬**／「靖国合祀取り消し訴訟」判決を問う**菅原龍憲**／合衆国判例における「動機審査」・覚書**黒澤修一郎**／比例原則における事実と価値**淡路智典**／日米における司法権発動の具体的要件の背景と枠組み**成瀬トーマス誠**／憲法解釈論としての四段階責任論と責任追及制論の提唱**吉田栄司**／中国の民事裁判における憲法の間接適用とその課題**呉東鎬**／スペインにおける憲法改正の実質的限界論**野口健格**／憲法の言語と社会の言語**高橋基樹**／書評・**浦田一郎**／**西原博史**

憲法理論叢書㉑

変動する社会と憲法

本体二八〇〇円

ステイツ・オブ・デモクラシー――ポピュリズム・熟議民主主義・アーキテクチャ**吉田徹**／立法過程の法的統制――立法裁量・立法目的・立法事実**木村草太**／「政府の憲法解釈」の論理構造とその分析**横大道聡**／福祉・「平等」・憲法**葛西まゆこ**／大阪都構想と大阪維新**上山信一**／大阪都構想と地方政府の形態**岡田順太**／地方自治保障の憲法原理と大都市特別制度**大津浩**／象徴天皇制と憲法学**横田耕一**／原発と憲法**草薙順一**／日本とドイツにおける国籍概念の比較**中村安菜**／列挙されていない権利の保障は何を意味するのか**中曽久雄**／「人間の尊厳」対「人間の尊厳」**押久保倫夫**／多元化・重層化する表現規制とその規律――表現の自由・アーキテクチャ・パブリックフォーラム**成原慧**／受刑者の権利保障――国際人権の可能性**河合正雄**／イギリス障害者差別禁止法（DDA）における平等取扱原則の意味**杉山有沙**／EU食品安全分野の予防原則における健康権の保障**土屋仁美**／アメリカ連邦最高裁における「保護されない言論」の考え方**城野一憲**／書評・**岡田健一郎**／**岩切大地**

憲法理論叢書㉒

憲法と時代

本体二八〇〇円

ドイツ基本法とその周辺―公論による正当化三島憲一／人権理論における「科学的方法」と本質主義の縛り西原博史／Leben und leben lassen!――平和の「科学」、自由の「哲学」西村裕一／戦後憲政史における主権・代表制・選挙権論辻村みよ子／実名報道の自由／知る権利？榎澤幸広／個人の尊厳原理から見た実名犯罪報道、及び、その憲法学上の位置づけ井上知樹／実名犯罪報道と無罪推定の原則飯島滋明／「少国民」世代の憲法研究者の願い杉原泰雄／参議院改革から立法府改革へ大山礼子／現代フランスの刑事法改革にみる法と政治の相互作用石川裕一郎／政治的意思決定における女性参加をめぐる議論彼谷環／適用違憲と違憲審査基準内野正幸／憲法の正統性の時間論的分節化吉良貴之／現代社会と主権―政治体の結合から門輪祐介／企業の社会的責任と人権尊重芹沢斉／イタイイタイ病裁判・裁判後の住民の闘い青島明生／イギリスにおける在外選挙制度宮内紀子／書評・福嶋敏明／實原隆志

憲法理論叢書㉓

対話と憲法理論

本体二八〇〇円

大学自治・制度的保障論・客観的価値決定論小貫幸浩／フランスにおける大学の自治と「憲法ブロック」南野森／アメリカの大学自治と制度理論中林暁生／市民・公務員・教育公務員安原陽平／学問の自由と「中央集権」堀口悟郎／公共領域における「地位の平等」の象徴的宣言巻美矢紀／家族、出自、ジェンダー問題をめぐる領域での平等吉田仁美／今回の風営法改正問題、実際の動き、これからの方向性斉藤貴弘／NOON摘発の状況と弁護団の主張水谷恭史／ダンス営業規制をめぐる憲法論新井誠／復興事業としての用地取得と憲法菊池優太／フランスにおけるBaby Loup事件とライシテ原則適用拡大の試み中島宏／奴隷的拘束禁止の憲法上の意義小池洋平／多様性の価値とAffirmative Action茂木洋平／死刑・被害者・基本権千國亮介／マスメディアの情報操作の弊害藤井正希／書評・高橋雅人／尾形健

憲法理論叢書㉔

対話的憲法理論の展開

本体三五〇〇円

イギリス憲法における政治的立憲主義者の格闘成澤孝人／「立憲主義」の日独比較――憲政史の観点から赤坂幸一／アメリカにおける「立憲主義」の現在大河内美紀／世界のグローバル化と立憲主義の変容山元一／京都朝鮮第一初級学校威力業務妨害事件冨増四季／ドイツ憲法から考えるヘイトスピーチ規制毛利透／アメリカにおけるヘイト・スピーチ規制の歴史と現状奈須祐治／討議空間の均一化と「プレス」の「内部規律」水谷瑛嗣郎／「サイバーパトロール」の法的性質實原隆志／トランスナショナル憲法の構造西土彰一郎／法律制定後における立法者の憲法上の義務入井凡乃／フランス財政法制の転回と国家像岩垣真人／フランスにおける執行権の政治責任原理とその「刑事化」三上佳佑／イタリア共和国憲法における「地域国家」と連邦制芦田淳／ベルギーの第六次国家改革（二〇一二―一四）と連邦化のゆくえ武居一正／神奈川県臨時特例企業税条例事件について松本賢人／憲法二四条によるジェンダー差別是正の可能性川口かしみ／生殖補助医療における法の役割建石真公子／対テロ戦争における手続的デュー・プロセス保障今井健太郎／憲法構成権力の概念浦田賢治／憲法と教育法の研究五〇年永井憲一／書評・小沢隆一／吉田仁美

憲法理論叢書㉕

展開する立憲主義

本体三〇〇〇円

緊急事態序説長谷部恭男／B・アッカマンのemergency constitution論・再考木下智史／フランスにおける緊急状態をめぐる憲法ヴォードヴィル村田尚紀／緊急事態に対する「行政による統制」？高橋雅人／緊急権と「外見的立憲主義」長利一／裁判所における国際法規範の「参照」手塚崇聡／憲法の「拷問禁止」規範阿部純子／デュー・プロセスの概念史清水潤／憲法上の「権利」と利益について金原宏明／憲法における「私人間効力」論の現状分析平松直登／人民主権の実現と裁判所の果たすべき役割川鍋健／わが国における「司法審査と民主主義」論の経緯と展望市川正人／「反多数決主義という難問」の存在意義に関する若干の考察金澤孝／フランスにおける人種差別表現規制について光信一宏／「保護されない言論」と内容規制菅谷麻衣／同性婚をめぐる合衆国最高裁の「論理」的展開上田宏和／「患者の自己決定権」の憲法上の定位について牧野力也／生存権と責任辻健太／川内原発稼働差止訴訟について工藤伸太郎／書評・植木淳／西土彰一郎

憲法理論叢書㉖

岐路に立つ立憲主義

本体二八〇〇円

日本における憲法パトリオティズム論の展開斎藤一久／婚姻・家族とフランス憲法―解釈論への示唆齊藤笑美子／政治プロセスにおける衆議院解散の位置植松健一／司法権＝違憲審査制のデザイン宍戸常寿／憲法のデザイン横大道聡／司法部の立ち位置と最高裁憲法判例の展開千葉勝美／違憲国賠訴訟の憲法訴訟としての可能性井口秀作／ドイツ連邦憲法裁判所における「主張可能性の統制（Vertretbarkeitskontrolle）」の展開山本真敬／フランスの政治裁判権における司法官の位置づけ橋爪英輔／学校における信教の自由と裁量審査、合理的配慮栗田佳泰／私企業における労働者の信教の自由馬場里美／思想・良心の自由に基づく法義務免除森口千弘／公的機関の公益通報者保護の憲法的意義牧本公明／科学技術に関する規範形成過程における民主的正統性の意義小川有希子／日本におけるヘイトスピーチ斉藤拓実／楠瀬喜多と女性参政権公文豪／近代フランス憲法思想における法・法律・自由水林翔／書評・成原慧／新井誠

憲法理論叢書㉗

憲法の可能性

本体三二〇〇円

ドイツの連邦憲法裁判所の固有性と一般性畑尻剛／アメリカにおける憲法裁判の現在福嶋敏明／フランス憲法院の事後的違憲審査（QPC）九年間の動向池田晴奈／民主化三〇年と韓国の憲法裁判水島玲央／「価値決定」としての学問の自由栗島智明／ヨーロッパの放送の自由の比較法的特質波多江悟史／人権としての国籍の可能性館田晶子／ハンセン病隔離政策と日本国憲法徳田靖之／憲法判例を通して家族を考える作花知志／アメリカ連邦最高裁の判例法理における「宗教に対する敵意」の位相根田恵多／信教の自由の保護領域と制約の正当化山本健人／社会保険における『脆弱』な人々の排除と包摂嵩さやか／「脆弱さ」と貧困・排除笹沼弘志／児童虐待についての権利論からの検討岩元惠／枠組的権利としての生存権石塚壮太郎／立法不作為事案と国家賠償法「二」条の理論的な親和性青木誠弘／スコットランド地域自治保障から見た憲法的制定法の法的意義本庄未佳／ドイツにおける予算概念の変遷鎌塚有貴／書評・大野友也／河北洋介

（＊価格は税別です）